JN109559

TOEIC® L&Rテスト
全パート完全攻略
問題集

小石裕子 著

アルク

はじめに

本書は、『はじめて受けるTOEIC® L&Rテスト全パート完全攻略』(以下『はじめて』)の学習を終えた方々からの「もっと練習したい」「鉄則を確実に定着させたい」という声に応えるために生まれました。

そうした皆さんのご要望を受け、以下の3つのステップから成る問題集が実現しましたので、ぜひスコアアップにお役立てください。

1.「鉄則」の再確認

この「全パート完全攻略」シリーズの核は、何と言っても問題パターンの分析と、それを解くための27の鉄則です。最初にこれらをさっと再確認して、問題に取り組む準備をしましょう。

2.「鉄則」を使って肩慣らし

1で問題パターンと鉄則を思い出したら、「鉄則」を使って練習問題を解き、各パートの問題パターンと攻略法を再確認しましょう。

3.「時短模試」で本番を想定した実践練習

公開テストと同じ2時間というまとまった時間が取れない方のために、4分の1サイズ(4本)とハーフサイズ(2本)の「時短模試」を計6本用意しました。気軽に本番と同じ形式のテストにチャレンジできます。レベルも「易しめ」と「普通」があるので、ご自分の使える時間やレベルに合わせて取り組んでみてください。

練習問題や模試は解きっ放しにせず、間違った問題も正解した問題も正解の根拠を確かめるようにしてください。そうすることで似た問題が出たときに自信を持って答えることができます。

また、公開テストと同じサイズ・レベルの模試を受験したい方は、時短模試から抽出した200問の完全模試もダウンロード特典として用意しています(詳しくはp. 8)。

本書が皆さんの英語学習の一助になることを祈っています。

 小石裕子

contents

本書は、大きく以下の①〜③で構成されています。

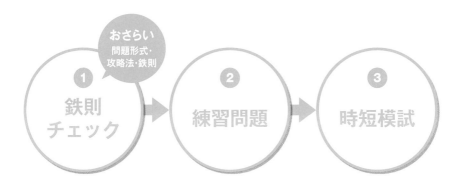

① 問題形式／攻略法／鉄則のチェック

パート別の問題形式、攻略法、鉄則を、最初にさらっとおさらいします。そして、「鉄則チェック」のコーナーで例題を解きながら、鉄則を再度実践的に確認してください。各問題の解答・解説の下には、鉄則を覚えるための「確認クイズ」もあります。この準備段階をしっかり経ることで、その後の練習問題の効果がより高まります。

② 練習問題

各パートの設問にはそれぞれタイプがあり、それによって攻略法も違ってきます。本書ではその攻略法のコツとして、27の鉄則を紹介しています。練習問題では、実際に問題を解いて、各設問のタイプとそれに合わせた攻略法（鉄則）を瞬時に結び付けるトレーニングをします。

③ 時短模試

最後は模試で実戦感覚を養います。本書ではこの模試を「時短模試」と名付け、皆さんがご自分の実力や使える時間に合わせて使い分けられるように、以下の6種類を用意しました。

▶ 4分の1サイズの「**クオーター**」 **易しめレベル×2**、**普通レベル×2**
▶ 2分の1サイズの「**ハーフ**」 **易しめレベル×1**、**普通レベル×1**

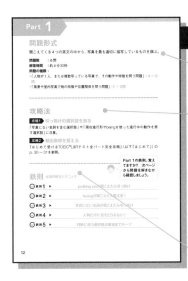

おさらい

問題形式

各パートの問題形式を確認してください。

攻略法

各パートの攻略法を簡潔に紹介していま
す。『はじめて受けるTOEIC®L&Rテスト
全パート完全攻略』（以下『はじめて』）を
お持ちの方は、リマインドとしてお使い
ください。お持ちでない方はぜひ入手さ
れることをお勧めします。

鉄則

『はじめて』で紹介した鉄則を、パートご
とに再掲しています。攻略法同様、リマ
インドとして活用、あるいはさっと目を
通してイメージしてみてください。

鉄則チェック

パートごとに問題を解きながら、鉄則が
身に付いているかを確認します。鉄則が
初めての方は、ここで解法ポイントを確
認してください。
問題の解答・解説ごとに設けられている
「確認クイズ」は、鉄則の要点確認に活用
しましょう。

次ページに続く

本書の構成と使い方

❷ 練習問題

練習問題を解いて、鉄則を使いこなせているか確認しましょう。
Part 3、Part 4では「先読み」「一気読み」の練習もできるようになっています。
Part 5以降のリーディングパートでは、タイマーを用意して、時間を計りながら挑戦してみてください。

❸ 時短模試

【別冊】時短模試

「時間がない」「いきなり2時間のフル模試はきつい」といった方用に、本番の4分の1サイズを4本と2分の1サイズの模試を2本、合計6セットを用意しました。それぞれ「易しめ」と「普通」のレベルを用意しているので、ご自分の使える時間や実力に合わせて挑戦してください。

時短模試の解答・解説

解答・解説は本体の最後にあります。紙がクリーム色のページです。

⬇ ダウンロード特典

公開テストと同じ200問模試を時短模試から抽出した問題で作成し、PDFで無料提供しています。音声同様、ダウンロードセンターからダウンロードしてください。

470点、600点、730点、800点の予想必要正解数

皆さんがご自分の目標スコアをより具体的にイメージできるように、それぞれに必要とされるおおよその正答数を一覧にしました。本書の攻略プログラムは、以下の正答数に従って組まれています。

セクション	パート	問題数	目標470点 L 255 R 215	目標600点 L 330 R 270	目標730点 L 400 R 330	目標860点 L 445 R 415
リスニング L	Part 1	6	3〜4	4〜5	5〜6	5〜6
	Part 2	25	14〜15	18〜19	20〜21	22〜23
	Part 3	39	18〜19	26〜27	28〜30	33〜34
	Part 4	30	13〜14	18〜19	20〜21	24〜25
	小計	100	48〜52	66〜70	73〜78	84〜88
リーディング R	Part 5	30	13〜14	17〜18	21〜22	26〜27
	Part 6	16	6〜7	8〜9	10〜11	14〜15
	Part 7	54	25〜26	30〜31	35〜36	42〜43
	小計	100	44〜47	55〜58	66〜69	82〜85
	合計	200	92〜99	121〜128	139〜147	166〜173

 600点狙いならLで7割、Rで6割。730点狙いならLで8割、Rで7割正解を目指してください。

本書のマークについて

 》 音声を聞くときは、本書各ページにあるこのマークの番号のファイルを呼び出してください。

 》 英文音声は本番と同様、アメリカ、イギリス、カナダ、オーストラリアの4カ国の発音で収録されています。苦手な発音は繰り返し聞いて慣れるようにしましょう。

 著者、小石裕子先生による、解説で触れられなかったティップスやコメントです。

 》 練習問題と時短模試のPart 7には、音読練習などに使える読み上げ音声があります。

【無料】本書の学習用音声の入手方法

本書の学習用の音声を、以下の方法で無料提供しています。

スマートフォンの場合

英語学習booco【無料】

アルクが無料提供しているアプリです。リピート再生や数秒の巻き戻し・早送り、読み上げスピード調整、学習記録、目標設定などが可能です。また、電子版の購入もできます。

【手順】

①英語学習boocoのダウンロード

スマートフォンに、アルクが無料提供しているアプリ英語学習boocoをダウンロード。

※App Store、Google Playから「booco」で検索も可能

← QRコードを読み取って
   boocoをインストール

②本書を探す

ホーム画面下の「さがす」ページで、書籍名や、商品コード7023021、著者名で検索。

③本書の音声をダウンロード

パソコンの場合

以下のサイトで本書の商品コード7023021で検索してください。p. 373〜378の解答用紙のPDFもこちらからダウンロードできます。

アルクのダウンロードセンター
https://portal-dlc.alc.co.jp/

Part

1

写真描写問題

頻出語彙・表現を押さえ、「鉄則」を確認して、確実に得点できる力を培いましょう。

600点 目標正解数	730点 目標正解数
6問中 4〜5問	6問中 5〜6問

問題形式

聞こえてくる4つの英文の中から、写真を最も適切に描写しているものを撰ぶ。

問題数 ：6問
解答時間 ：約4分30秒
問題の種類：
・「人物が1人、または複数写っている写真で、その動作や特徴を問う問題」：4 ～ 5
問
・「風景や室内写真で物の特徴や位置関係を問う問題」：1 ～ 2問

───

攻略法

攻略1 ▶ 引っ掛けの選択肢を知る

「写真にない名詞を含む選択肢」や「現在進行形やbeingを使った進行中の動作を表す選択肢」に注意。

攻略2 ▶ 頻出表現を覚える

『はじめて受けるTOEIC®L&Rテスト全パート完全攻略』（以下『はじめて』）のp. 30 ～ 31を参照。

───

> Part 1の鉄則、覚えてますか？　次ページから問題を解きながら確認しましょう。

鉄則 　必須の解法テクニック

✅ **鉄則1** ▶ 　　　　putting onが聞こえたら引っ掛け

✅ **鉄則2** ▶ 　　　　beingが聞こえたら要注意！

✅ **鉄則3** ▶ 　　　写真にない名詞が聞こえたら引っ掛け

✅ **鉄則4** ▶ 　　　　人物だけに気をとられない！

✅ **鉄則5** ▶ 　　　判断に迷う選択肢は最後までキープ

鉄則チェック

問題を解きながら、鉄則を確認しましょう。ここでの問題やp. 16からの練習問題には頻出表現が散りばめられているので、知らない単語がないかも確認してください。

●音声を聞いて写真の描写として最も適切な文を(A) ～ (D)から選びましょう。
解答用紙 >> p. 373　解答・解説 >> p. 14

 1.

 2.

写真上：Ann Dudko ©123RF.COM　**13**

1. 正解 (C)

【音声】
(A) A worker is putting on a hat.
(B) A man is kneeling by a vehicle.
(C) A toolbox has been put on the floor.
(D) A ladder is leaning against the wall.

【訳】
(A) 作業員は帽子をかぶりつつある。
(B) 男性は車のそばにひざまずいている。
(C) 工具箱が床に置かれている。
(D) はしごが壁に立て掛けられている。

【解説】
(A)のように、写真では表現しにくい、「身に着けつつある」という「**動作の進行状態**」を**表す**putting onが聞こえてきたら引っ掛けです［鉄則1］（ちなみにwearing［すでに身に着けているという状態］なら正解）。(B)のvehicle（車両）と(D)のladder（はしご）は**写真に写っていない**ので正解候補から即外せます［鉄則3］。(C)の工具箱は確かに床に置かれている状態なので、これが正解です。
人物が大きく写っているとどうしてもそこに注意が行きがちですが、**人物の背後や周りを描写した文が正解になることもある**と意識しておきましょう［鉄則4］。

語注　kneel 動 ひざまずく　vehicle 名 車両

確認クイズ

［鉄則1］（　①　）（　②　）が聞こえたら引っ掛け
［鉄則3］写真にない（　③　）が聞こえたら引っ掛け
［鉄則4］（　④　）だけに気を取られない！

確認クイズの答え：① putting　② on　③名詞　④人物

2. 正解 (A)

【音声】
(A) Some grass is growing near the wall.
(B) The gate has been wide open.
(C) The bricks are being laid on the path.
(D) Some signs are posted on the door.

【訳】
(A) 草が壁の近くに生えている。
(B) 門が大きく開かれている。
(C) レンガが小道に敷かれつつある。
(D) 幾つかの掲示がドアに貼られている。

【解説】
(A)は、すぐには**正解、不正解が判断しにくい**ですね。そういうときは、(A)には、頭の中で△を付けるか、忘れそうなときは、マークシートの記号部分に鉛筆で軽く印を付ける（選ばなかった場合は消しゴムで消してください）などして、**最後まで正解候補としてキープ**しておきましょう［鉄則5］。(B)は門が閉まっているので明らかに間違いです。beingが含まれる(C)は、「レンガが敷かれつつある」という受け身の進行形を表しますが、「**今**」実際にその作業が行われているわけでは**ない**ので、間違いです。

beingは正解になることもあるのですが、引っ掛けの場合が多いので要注意です［鉄則2］。**写真にはない**signsとdoorが含まれる(D)もアウトとなり［鉄則3］、以上の消去法から、キープしていた(A)を安心して選びましょう。grass（草）はglass（ガラス、コップ）との聞き分けが問われることもありますが、ここでは、growingという動詞からgrassと断定できます。

> 語注　grass 图 草、芝生　laid 動 lay（置く）の過去形・過去分詞

確認クイズ

［鉄則2］（　①　）が聞こえたら要注意！
［鉄則3］写真にない名詞が聞こえたら引っ掛け
［鉄則5］判断に迷う選択肢は最後まで（　②　）

確認クイズの答え：① being　②キープ

15

練習問題

鉄則が身に付いているか確認しましょう。

●音声を聞いて写真の描写として最も適切な文を(A) 〜 (D)から選びましょう。
　解答用紙 >> p. 373　解答・解説 >> p. 17

 3.

 4.

3. 正解 (A)

【音声】

(A) Some food is on display on the table.
(B) Some fish are being packed in a box.
(C) The vendor is receiving money.
(D) The men are putting up some shelves.

【訳】

(A) 複数の食べ物がテーブルに並べられている。
(B) 何匹かの魚が箱に詰められつつある。
(C) 露天商はお金を受け取っている。
(D) 男性たちは棚を取り付けている。

【解説】

鉄則2 ▶ beingが聞こえたら要注意！

鉄則3 ▶ 写真にない名詞が聞こえたら引っ掛け

鉄則5 ▶ 判断に迷う選択肢は最後までキープ

(A)はすぐには選びにくいのでキープです。(B)はbeingを含む引っ掛けです。**魚は「今」箱に詰められつつあるわけではありません。**(C)のmoney、(D)のshelvesは**写真にないので外せます。**すると、**fishをfoodと言い換えた**(A)が、やはり正解と確信できます。

語注　on display 陳列された　vendor 图 露天商・販売者

4. 正解 (C)

【音声】

(A) A woman is putting on a jacket.

(B) They are looking at a menu.

(C) Some chairs are unoccupied.

(D) A man is ordering dinner.

【訳】

(A) 女性は上着を身に着けつつある。

(B) 彼らはメニューを見ている。

(C) 何脚かの椅子は空いている。

(D) 男性は夕食を注文している。

【解説】

鉄則1 ▶ putting onが聞こえたら引っ掛け

鉄則3 ▶ 写真にない名詞が聞こえたら引っ掛け

鉄則4 ▶ 人物だけに気を取られない！

(A)は**putting on**が含まれる引っ掛けです。女性は上着を身に着けつつあるのではなく、椅子に座っているだけです。(B)のmenuは**写真に写っていません**。(D)も写真では判断できません。**人以外の部分も意識**して見ると、幾つかの椅子は空いているのでunoccupiedの(C)が正解です。

語注　unoccupied 圏 占有されていない、空いている

応答問題

選択肢が3つしかないこともあり、消去法が有効なパートです。最も自然な応答になる選択肢を選びましょう。

600点	730点
目標正解数	目標正解数
25問中	25問中
18〜19問	20〜21問

Part 2

問題形式

音声を聞いて、最初に聞こえる質問や発言に対する最も適切な応答を、その後に聞こえてくる3つの選択肢の中から選ぶ。

問題数 ：25問
解答時間 ：約8分
問題文の種類 ：
・「疑問詞（**WH**）で始まる疑問文」：10 〜 13問
・「疑問詞で始まらない疑問文（否定疑問文、付加疑問文を含む）」：8 〜 11問
・「選択疑問文」：1 〜 3問
・「平叙文・命令文」：3 〜 4問

攻略法

攻略1 ▶ Part 2の消去法をマスターする

不正解の選択肢を見抜く技術を身に付ける。

攻略2 ▶ 頻出語彙を押さえる

『はじめて』のp. 50 〜 51を参照。

攻略3 ▶ 聞き取り力アップ

『はじめて』のp. 60 〜 62を参照。

> Part 2の鉄則、覚えてますか？ 次ページから問題を解きながら確認しましょう。

鉄則 必須の解法テクニック

✓ **鉄則6** ▶ 疑問詞で始まる疑問文にはYes/Noで始まる選択肢は選ばない

✓ **鉄則7** ▶ 否定疑問文と付加疑問文は普通の疑問文と考えて応答する

✓ **鉄則8** ▶ 選択疑問文にはYes/Noで始まる選択肢は選ばない

✓ **鉄則9** ▶ 問題文に含まれる単語に似た音の単語は引っ掛けと疑う

✓ **鉄則10** ▶ 問題文への応答になり得る選択肢を柔軟に判断する

鉄則チェック

まず、例題を４つ解いて、Part 2の問題タイプと鉄則を確認し、不正解の選択肢を消去するコツを身に付けましょう。

●音声を聞いて最もふさわしい応答を(A) ～ (C)から選びましょう。
解答用紙 >> p. 373　解答・解説 >> p. 22

 1. Mark your answer on your answer sheet.

 2. Mark your answer on your answer sheet.

 3. Mark your answer on your answer sheet.

 4. Mark your answer on your answer sheet.

1.　**正解** (A)　疑問詞で始まる疑問文　

【音声】

Why is the store closed early today?

(A) For routine inventory.
(B) It has enough storage.
(C) No, it's on Fifth Avenue.

【訳】

なぜ店は今日早じまいなのですか。
(A) 定期在庫調査のためです。
(B) そこには十分な保管場所があります。
(C) いいえ、それは５番通りにあります。

【解説】

問題文は**Why**で始まっているので、「**理由**」を導く前置詞**For**で始まる(A)は妥当な応答です。routine inventory（定期在庫調査）の意味に確信が持てない場合も、(B)は、**問題文に含まれる単語**storeと似た単語storage（保管）で**引っ掛け**ようとしている不適切な応答です［鉄則9］。(C)は、**Noで始まっているので、直ちに間違い**［鉄則6］と分かります。以上の消去法からも(A)が選べます。

語注　routine 形 いつもの、お決まりの　inventory 名 在庫、在庫調査　storage 名 保管、保管場所

> **確認クイズ**
>
> ［鉄則6］疑問詞で始まる疑問文には（　①　）で始まる選択肢は選ばない
> ［鉄則9］問題文に含まれる単語に（　②　）の単語は引っ掛けと疑う

確認クイズの答え：① Yes/No　②似た音

2.　**正解** (B)　付加疑問文　

【音声】

You have saved the latest sales data, haven't you?

(A) Next week.
(B) Yes, it's on my computer.
(C) At the reduced price.

【訳】

最新データを保存しましたよね。
(A) 来週です。
(B) はい、私のコンピューターにあります。
(C) 割引価格でです。

【解説】

付加疑問文に惑わされず、「最新データを保存したか？」という**普通の疑問文と捉えて**適切な応答を選びましょう。「はい」と答えてデータの保存場所を伝えている(B)が適切です［鉄則7］。

確認クイズ

［鉄則7］否定疑問文と付加疑問文は（　①　）の疑問文と考えて応答する

確認クイズの答え：①普通

3.　正解 (C)　選択疑問文

【音声】

Can I get a **refund, or** does it have to be vouchers?

(A) **Yes**, you are welcome to a free meal.
(B) We offer a customized tour.
(C) You are entitled to a full **refund**.

【訳】

払い戻ししてもらえますか、または
クーポンでなくてはなりませんか？
(A) はい、あなたを無料のお食事に
　　歓迎いたします。
(B) お客さまに合わせたツアーを提
　　供しています。
(C) あなたには全額返金される資格
　　がありますよ。

【解説】

A or B（AまたはB）のような**選択疑問文の場合、Yes/Noで始まる選択肢は適切な応答にならない**ので(A)は外せます［鉄則8］。(B)は会話が成り立ちません。A or Bの質問には当然AやBが応答に含まれることもあり得るので、この問題では「［鉄則9］問題文に含まれる単語に似た音の単語は引っ掛けと疑う」は当てはまりません。よって、(C)が正解です。

語注　refund 图 払い戻し　be entitled to ~ ～に対する権利がある

確認クイズ

［鉄則8］選択疑問文には（　①　）で始まる選択肢は選ばない

確認クイズの答え：① Yes/No

4. 正解 (A) 平叙文

【音声】

We will be interviewed by the outside consultant this Friday.

(A) I'll be out of town that day.

(B) We interviewed a lot of job applicants.

(C) I'd appreciate your advice.

【訳】

私たちは今週の金曜日に外部のコンサルタントとの面接があります。

(A) 私はその日は出張です。

(B) 私たちは、多くの求職者を面接しました。

(C) あなたのアドバイスに感謝します。

【解説】

最初に聞こえる発言が**平叙文や命令文の場合も、普通の会話が成り立つような応答を選びましょう**。社内での予定を教えてくれた人に対して、自分の予定を述べて暗に不都合だと示唆している(A)は自然な応答です。(B)は問題文のinterview（面接）を使った引っ掛けです［鉄則9］。(C)も問題文のconsultant（コンサルタント）と関連がありそうな内容ですが、適切な応答ではありません。

確認クイズ

［鉄則9］問題文に含まれる単語に（　①　）の単語は引っ掛けと疑う

［鉄則10］問題文への（　②　）になり得る選択肢を柔軟に判断する

確認クイズの答え：①似た音　②応答

練習問題

鉄則の確認と同時に、ひねりのある応答を含む問題にも挑戦してみましょう。

●音声を聞いて最も適切な応答を(A) 〜 (C)から選びましょう。
解答用紙 >> p. 373　解答・解説 >> p. 26

009 　**5.** Mark your answer on your answer sheet.

010 　**6.** Mark your answer on your answer sheet.

011 　**7.** Mark your answer on your answer sheet.

012 　**8.** Mark your answer on your answer sheet.

013 　**9.** Mark your answer on your answer sheet.

014 　**10.** Mark your answer on your answer sheet.

5. 正解 (A)　疑問詞で始まる疑問文

009

【音声】

Where did you stay in Hawaii?

(A) With my relatives.
(B) No, next month.
(C) To meet a client.

【訳】

ハワイではどこに滞在したのですか。
(A) 親類の所です。
(B) いいえ、来月です。
(C) 顧客に会うためです。

【解説】

鉄則6 ▶ 疑問詞で始まる疑問文にはYes/Noで始まる選択肢は選ばない

(A)は滞在場所を聞かれたときのあり得る応答です。問題文は**疑問詞**で始まっているので**Noで始まる(B)は即外せます**。(C)は疑問詞をWhyと聞き間違えた人を引っ掛ける選択肢です。

語注　relative 名 親類

---

6. 正解 (C)　否定疑問文

010

【音声】

Wasn't our request for the additional fund denied?

(A) New additions to the menu.
(B) Because of the competition.
(C) Not that I know of.

【訳】

私たちの追加資金の要望は却下されたのではなかったのですか。
(A) メニューへの新しい追加です。
(B) 競争のせいです。
(C) 私の知る限りでは却下されていません。

【解説】

鉄則7 ▶ 否定疑問文と付加疑問文は普通の疑問文と考えて応答する

鉄則9 ▶ 問題文に含まれる単語に似た音の単語は引っ掛けと疑う

問題文冒頭の否定語は無視して、「要望は却下されたか？」という**通常の疑問文として対処**しましょう。(A)は問題文にあるadditional（追加の）に似たadditionsを含む引っ掛けで、(A)も(B)も応答として意味を成しません。(C)は「私の知る限りでは、そうではない」という意味の決まり文句で、適切な応答です。

語注　deny 動 否定する　competition 名 競争

7. 正解 (B) 選択疑問文

【音声】

Should we renew our current rental contract **or** let it run out?

(A) **No**, I'm happy to sign it.
(B) We cannot afford to relocate.
(C) **It** will start tomorrow.

【訳】

今の賃貸契約を更新すべきですか、それとも終了させるべきですか。
(A) いいえ、喜んでそれに署名します。
(B) 移転する余裕はないです。
(C) それは明日始まります。

【解説】

鉄則8 ▶ 選択疑問文にはYes/Noで始まる選択肢は選ばない

選択疑問文なので、**No**で始まる**(A)は即外せます**。(B)は、「移転する余裕はない」と言うことで、賃貸契約を更新するしかないことを示しており、質問への応答になっています。(C)は**Itが指すものが不明**で、応答として成立しません。

> 語注　current 形 現在の　cannot afford to do ～するゆとりがない　relocate 動 移転する

---

8. 正解 (A) 疑問詞で始まる疑問文

【音声】

Who is organizing this year's awards ceremony?

(A) They hired an event agency.
(B) It will be held in the Commerce Center.
(C) I think Mr. Dubbin will win it.

【訳】

誰が今年の授賞式の準備をしているのですか。
(A) イベント会社を雇いました。
(B) それは商業センターで開催されます。
(C) Dubbinさんがそれを勝ち取ると思います。

【解説】

鉄則10 ▶ 問題文への応答になり得る選択肢を柔軟に判断する

(A)は「誰？」に対する質問に対して、やや間接的ですが「イベント会社」が準備すると分かる適切な応答になります。場所を答えている(B)は全く不適切です。(C)は人名が出てくるので引っ掛かりそうになるかもしれませんが、will win it（それを勝ち取る）の部分が質問に合いません。

9. 正解 (B) 平叙文

【音声】

The water supply may be interrupted during the repair work tomorrow.

(A) Sorry I'm late.
(B) For how long?
(C) We used the supplier.

【訳】

明日の補修工事の最中に水の供給が中断されるかもしれません。
(A) 遅れてすみません。
(B) どれぐらいの間ですか。
(C) 私たちはその供給元を使いました。

【解説】

鉄則9 ▶ 問題文に含まれる単語に似た音の単語は引っ掛けと疑う

鉄則10 ▶ 問題文への応答になり得る選択肢を柔軟に判断する

(A)は話がかみ合いません。「水が止まるかも」と聞いて、その期間を尋ねる(B)は極めて妥当な応答です。(C)は問題文に含まれるsupply（供給）に似た単語supplier（供給者）を含む引っ掛けで、内容的には不適切です。

語注　interrupt 動 中断する

---

10. 正解 (A) 疑問詞で始まらない疑問文

【音声】

Have you reviewed the store inventory?

(A) I've been dealing with customers all morning.
(B) Why has our stock price been so low?
(C) Am I supposed to review the book?

【訳】

店舗在庫の見直しはしましたか。
(A) 私は午前中ずっと接客していたんです。
(B) わが社の株価はどうしてそう低迷しているのですか。
(C) その本について私が評価をすることになっているのですか。

【解説】

鉄則9 ▶ 問題文に含まれる単語に似た音の単語は引っ掛けと疑う

鉄則10 ▶ 問題文への応答になり得る選択肢を柔軟に判断する

「見直しをしたか」という問い掛けに、「接客していたから見られていない」と間接的に否定している(A)が自然な応答です。(B)はinventory（在庫）から連想しそうな単語のstockやlowを使った引っ掛けです。(C)は問題文にあるreviewを名詞として用いている選択肢ですが、どちらも応答として成り立ちません。

語注　review 動 論評する　inventory 名 在庫

Part

3

会話問題

 Part 3はリスニングの最難関パートといわれています。まずは頻出の設問タイプに慣れることが大切。問題と選択肢の先読みも有効です。

600点 目標正解数	730点 目標正解数
39問中 26〜27問	39問中 28〜30問

問題形式

２人または３人の会話を聞いて、３つの設問に対する最も適切な選択肢を、(A) ～ (D)の中から選ぶ。会話は40秒前後。

問題数 ：39問（13セット）
解答時間 ：約18分（ポーズは８秒、図表問題は12秒）
設問の種類：
・会話の主題や、業界など大きなテーマを問う「**テーマ問題**」：9 ～ 12問
・地名や数字など細かい情報を問う「**詳細問題**」：15 ～ 18問
・話し手の経験、予定、申し出の内容を問う「**未来（過去）の行動を問う問題**」：8 ～ 10問
・発言の意図を推定させる「**意図推定問題**」：2問

※図表を見て答えを選ぶ「図表問題」は「詳細問題」に含まれる。Part 3、4合わせて５問。

攻略法

攻略1 「先読み」と「イッキ見」を身に付ける

会話が流れる前に設問と選択肢を「先読み」しておいて、会話を聞きながら答えの目星を付けていく。設問は時間節約のため、文全体を、写真を見るように「イッキ見」して内容を把握する。次ページを参照➡

攻略2 図表問題に事前に目を通す

ディレクションの間に図表問題を探し、図表と選択肢の共通項目でないところ（＝「聞き所」）を押さえておく。『はじめて』のp.71を参照。

攻略3 頻出語彙を押さえる

このパートでも語彙力は大切。『はじめて』のp.82 ～ 83を参照。

Part 3の鉄則、覚えてますか？　次ページから問題を解きながら確認しましょう。

鉄則 必須の解法テクニック

鉄則11 ▶ 目的・場所・業種は冒頭に注意し、後のキーワードで確認

鉄則12 ▶ 過去の行動は中盤、未来の行動は後半にヒントあり

鉄則 **13** ▶ 　　　　意図推定問題は、話の流れに注意

鉄則 **14** ▶ 　　　　選択肢と図表の共通項目以外の情報が聞き所

鉄則 **15** ▶ 　　　　キーワードの言い換え表現にアンテナを張る

「先読み」と「イッキ見」の方法

① **Part 2が終わったらPart 3のディレクションが流れている間に最初の設問と選択肢をなるべく多く先読みして「聞き所」を押さえる**

32. Why is the man calling?

    (A) To describe a job
    (B) To give an invitation
    (C) To ask for a document
    (D) To give directions

最初の設問は**Why**と**calling**を一気に見て（**イッキ見**）して、**問われているのは**電話の目的であることを瞬時につかむ。

33. When will the man most likely meet the woman?

    (A) Tuesday
    (B) Wednesday
    (C) Thursday
    (D) Friday

次は**When、man、meet、woman**を**イッキ見**。問われているのは男女がいつ合うか。選択肢は曜日だから読む必要なし。

34. What does the man say he will do?

    (A) Have a meeting
    (B) Send an e-mail
    (C) Get an offer
    (D) Talk to his colleague

3つ目は**What、he will do**を**イッキ見**。問われているのは男性の行動。選択肢は会議、Eメールを送る、提案を受ける、同僚と話す。

② **会話を聞きながら答えを選び、解答用のポーズ（計約35秒）の間に次の3つの設問と選択肢を先読みする**

Part 3

鉄則チェック

Part 3の典型的な設問を解きながら、鉄則を確認していきましょう。

● 音声を聞いて最も適切な選択肢を(A) 〜 (D)から選びましょう。
解答用紙 >> p. 373　解答・解説 >> p. 34

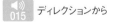 ディレクションから　 問題1から

1. Where do the speakers most likely work?
   (A) At a sporting goods company
   (B) At a golf club
   (C) At a Web design agency
   (D) At a marketing firm

2. What does the woman mean when she says,
   "The launch is Friday"?
   (A) There is time to make changes.
   (B) A deadline may be missed.
   (C) There is an error in the schedule.
   (D) An event should be postponed.

3. What does the woman say she will do tomorrow?
   (A) Update a Web site
   (B) Test out a new product
   (C) Play a round of golf
   (D) Meet a Web site team

Fitstop Gym — Membership Rates				
Period	Monthly	3 months	6 months	1 year
Rate	$125	$300	$500	$750

4. Why does the man want to become a member now?

(A) To take part in a sport
(B) To benefit from an offer
(C) To reduce his weight
(D) To improve his health

5. What does the man say he did yesterday?

(A) He saw a TV commercial.
(B) He visited his doctor.
(C) He viewed a Web site.
(D) He signed up for a free trial.

6. Look at the graphic. How much will the man pay?

(A) $125
(B) $300
(C) $500
(D) $750

Part 3

鉄則チェック

1.-3.

【音声】

Questions 1 through 3 refer to the following conversation with three speakers.

M1 : Curtis, Lara, have you seen our new Web site? I think it will attract more ❶golfers to our club.

M2 : I have some concerns. Is the site already visible to users?

W : The launch is Friday. We haven't finalized it yet, but we've tested it with some of ❷our club members, and they loved it.

M1 : Don't you think it looks good, Curtis?

M2 : I was referring to navigation issues. I'll e-mail everyone my comments this afternoon.

W : Great. ❸We're meeting the Web design team tomorrow morning, ❹so that should give us plenty of time to address any issues.

【訳】

質問1-3は3人の話し手による次の会話に関するものです。

男性1：Curtis、Lara、うちの新しいウェブサイトを見ました？　このサイトで、うちのクラブにもっとゴルファーを呼べると思いますよ。

男性2：ちょっと気になるところがあります。そのサイトはすでに利用者が見られるようになっているのですか。

女性　：立ち上げは金曜日ですよ。まだ完成はしていませんが、クラブのメンバーの何人かに試してもらっていて、みんなそれをとても気に入っています。

男性1：あなたはいいとは思わないのですか、Curtis？

男性2：ナビゲーションの問題のことを言ってたんです。今日の午後みんなにコメントをメールします。

女性　：いいですね。明日の朝ウェブデザインチームと会う予定なので、そうしてもらえると、問題が何であれ対処する時間が十分取れそうですね。

　語注　attract 動 引き付ける　concern 名 懸念　launch 名 ローンチ、開始　refer to ~ ～に言及する　plenty of ~ 形 十分な～　address 動 取り組む　issue 名 問題

1.　正解 (B)　テーマ問題

【設問】	【訳】
Where do the speakers most likely work?	話し手たちはどこで働いていると考えられますか。
(A) At a sporting goods company	(A) スポーツ用品の会社
(B) At a golf club	(B) ゴルフクラブ
(C) At a Web design agency	(C) ウェブデザインの会社
(D) At a marketing firm	(D) マーケティング会社

【解説】

３人の会話でも特に身構える必要はありません。**会話の場所を問うテーマ問題は、冒頭にヒント**があるはずです。❶でgolfers to our clubと言っています。また、❷にもour club membersというキーワードがあり、(B)が正解です［鉄則11］。

2.　　正解 (A)　意図推定問題

【設問】

What does the woman mean when she says, "The launch is Friday"?

(A) There is time to make changes.
(B) A deadline may be missed.
(C) There is an error in the schedule.
(D) An event should be postponed.

【訳】

女性は "The launch is Friday." という発言で何を意図していますか。
(A) 変更するための時間がある。
(B) 締め切りにはおそらく間に合わない。
(C) スケジュールに間違いがある。
(D) イベントは延期されるべきだ。

【解説】

意図推定問題は、会話の流れをしっかりつかみましょう［鉄則13］。直前に「すでに公開されたか」と聞かれて「立ち上げは金曜日だ」と答えています。その後、❹で問題点をデザインチームと対処する時間がある、と述べているので(A)が正解です。

3.　　正解 (D)　未来の行動を問う問題

【設問】

What does the woman say she will do tomorrow?

(A) Update a Web site
(B) Test out a new product
(C) Play a round of golf
(D) Meet a Web site team

【訳】

女性は明日何をすると言っていますか。
(A) ウェブサイトを更新する
(B) 新製品を試す
(C) ゴルフのラウンドを回る
(D) ウェブサイトチームと会う

【解説】

未来の行動のヒントは後半に出てくるはずです［鉄則12］。ここでも、❸で女性が、「明朝ウェブデザインチームと会う」と言っているので(D)が正解です。

確認クイズ

［鉄則11］目的・場所・業種は（　①　）に注意し、（　②　）のキーワードで確認
［鉄則12］過去の行動は（　③　）、未来の行動は（　④　）にヒントあり
［鉄則13］意図推定問題は、話の（　⑤　）に注意

確認クイズ答え：①冒頭　②後　③中盤　④後半　⑤流れ

4.-6.

【音声】

Questions 4 through 6 refer to the following conversation and table.

M : Hi, I'm interested in becoming a member of your gym. ❶I've been advised by my doctor to reduce my cholesterol level.

W : We actually have a special offer right now—with a one-year membership, you also get a free trial month.

M : ❷I saw that on your Web site yesterday. But I'm not ready for a one-year commitment. I may end up doing something else like running or playing a sport.

W : ❸Would you prefer to take it a month at a time, then?

M : That would be best.

【訳】

質問4-6は次の会話と表に関するものです。

男性：こんにちは、ジムの会員になることに関心があります。かかりつけ医からコレステロール値を減らすように言われているんですよ。

女性：実は今、特別サービスがあるんです——1年の会員契約で、1カ月の無料お試しも付いています。

男性：それ、昨日おたくのウェブページで見ました。でも1年契約はまだ早いかなと。ランニングとかスポーツとか何か別のことをすることになってしまうかもしれないですしね。

女性：では、ひと月ごとにした方がいいですか。

男性：それが一番いいですね。

> 語注　commitment 图 契約、約束　end up doing 結局〜することになる

4.　正解 (D)　詳細問題

【設問】

Why does the man want to become a member now?

(A) To take part in a sport
(B) To benefit from an offer
(C) To reduce his weight
(D) To improve his health

【訳】

男性はなぜ今会員になりたいと思っているのですか。

(A) スポーツに参加するため
(B) あるサービスの恩恵を受けるため
(C) 体重を減らすため
(D) 彼の健康を改善するため

【解説】

男性は冒頭の❶で、医師からのアドバイスに言及しているので、この部分を言い換えている(D)が正解です [鉄則15]。

5.　正解 (C)　過去の行動を問う問題

【設問】

What does the man say he did yesterday?

(A) He saw a TV commercial.
(B) He visited his doctor.
(C) He viewed a Web site.
(D) He signed up for a free trial.

【訳】

男性は昨日何をしたと言っていますか。

(A) 彼はテレビコマーシャルを見た。
(B) 彼はかかりつけ医を訪ねた。
(C) 彼はウェブサイトを見た。
(D) 彼は無料お試しに申し込んだ。

【解説】

過去の行動のヒントはたいてい会話の中盤に流れてきます［鉄則12］。ここでは、男性の２つ目の発言❷のsawをviewedで言い換えている(C)が正解です［鉄則15］。

6.　正解 (A)　図表問題

Fitstop ジム一会費				
期間	1カ月	3カ月	6カ月	1年
料金	125ドル	300ドル	500ドル	750ドル

【設問】

Look at the graphic. How much will the man pay?

(A) $125　　(C) $500
(B) $300　　(D) $750

【訳】

図表を見てください。男性は幾ら払う予定ですか。

(A) 125ドル　　(C) 500ドル
(B) 300ドル　　(D) 750ドル

【解説】

図表問題は、選択肢と図表の共通項目以外の部分が「聞き所」です［鉄則14］。表にある情報で選択肢と共通でないのは、会員期間です。❸で、女性の「ひと月ごと？」という質問に男性が同意しているので、期間が１カ月の料金を見て(A)を選びましょう。

設問4-6の語注　benefit from ~ 〜から恩恵を受ける　sign up for ~ 〜に申し込む

確認クイズ

［鉄則12］（　①　）の行動は中盤、（　②　）の行動は後半にヒントあり
［鉄則14］選択肢と図表の（　③　）情報が聞き所
［鉄則15］キーワードの（　④　）表現にアンテナを張る

確認クイズ答え：①過去　②未来　③共通項目以外の　④言い換え

Part 3

練習問題

本番を想定し、鉄則11〜15を生かして以下の手順で問題を解いてみましょう。

①ディレクションの間に13-15の図表をチェックしてから、7-9の設問を先読み。

②Questions 7 through 〜が聞こえたら、最初の設問をもう一度さっと見る。

③会話を聞きながら7-9の答えをマークしたら、解答するためのポーズの時間に10-12の質問と選択肢の先読み。

● 会話の音声を聞いて、その内容に関する設問の答えとして最も適切なものを(A)〜(D)の選択肢から選びましょう。

解答用紙 >> p. 373　解答・解説 >> p. 40

 ディレクションから　　問題7から

7. Where most likely are the speakers?

(A) On a cruise ship
(B) At a hospital
(C) At a hotel
(D) At a restaurant

8. What does the woman instruct Nathan to do?

(A) Be careful when using equipment
(B) Comply with some regulations
(C) Describe his prior experience
(D) Request assistance when needed

9. What will the woman most likely do next?

(A) Install software on a device
(B) Demonstrate how to use a system
(C) Verify items on a checklist
(D) Introduce Nathan to some colleagues

10. What are the speakers discussing?

(A) Interviewing a writer on television

(B) Raising funds for a library

(C) Promoting a series of books

(D) Inviting an author to an event

11. What does the woman mean when she says, "You'll need to speak to Thomas"?

(A) She does not know the details of a schedule.

(B) She is no longer in charge of a department.

(C) Thomas is planning to attend an event.

(D) Thomas is authorized to approve an expense.

12. Why is Krista Sharma busy?

(A) She is finishing up a new book.

(B) She was promoted by her company.

(C) She recently published a book.

(D) She is having lunch with an editor.

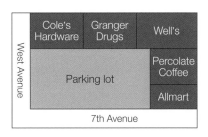

13. What does the man say about the property?

(A) It will undergo renovations starting May 1.

(B) It is available for a reasonable rent.

(C) It is expected to increase in price.

(D) It has dedicated parking spaces.

14. Look at the graphic. Which business has closed?

(A) Allmart

(B) Well's

(C) Granger Drugs

(D) Cole's Hardware

15. What industry does the woman most likely work in?

(A) Finance

(B) Real estate

(C) Health care

(D) Retail

7.-9.

【音声】

Questions 7 through 9 refer to the following conversation with three speakers.

M1 : Nathan, this is Magda. She's one of our ❶senior front-desk staff. She'll be helping you during your first few weeks.

M2 : Hi, Magda—good to meet you.

W : Welcome aboard. ❷If you have any questions about anything, don't hesitate to ask.

M1 : Nathan has some previous experience in the hospitality industry, so he should get used to things here pretty quickly. It's mostly a question of learning our in-house procedures.

W : Speaking of that, ❸let's start with showing you our check-in software. Then maybe you can try using it with some ❹guests.

M2 : Great. I'm excited to get started.

【訳】

問題7-9は3人の話し手による次の会話に関するものです。

男性1：Nathan、こちらはMagdaです。彼女はうちの主任受付スタッフの一人です。最初の数週間、あなたを手伝ってくれます。

男性2：こんにちは、Magda——お会いできてうれしいです。

女性 ：ようこそわが社へ。何か質問があれば、遠慮なく聞いてくださいね。

男性1：Nathanはこれまでに接客業の経験があるので、ここにもすぐに慣れるはずです。問題は、主にわが社の社内でのやり方を学ぶことですね。

女性 ：そのことですけど、チェックイン用のソフトをお見せすることから始めましょう。その後、何人かのお客さまでそれを使ってみたらいいでしょう。

男性2：いいですね。仕事を始めるに当たってわくわくしています。

> 語注　hesitate 動 ためらう　previous 形 以前の　hospitality industry 接客業　get used to ~ ~に慣れる　in-house 形 社内の　procedure 名 手続き

7.　正解 (C)　テーマ問題

【設問】	【訳】
Where most likely are the speakers?	話し手たちはどこにいると考えられますか。
(A) On a cruise ship	(A) クルーズ船
(B) At a hospital	(B) 病院
(C) At a hotel	(C) ホテル
(D) At a restaurant	(D) レストラン

【解説】

鉄則11▶ 目的・場所・業種は冒頭に注意し、後のキーワードで確認

会話の場所を問うテーマ問題です。冒頭❶の**front-desk staff**（受付係）から接客業が想像され、❸の**check-in**、❹の**guests**で(C)と確信できます。Welcome aboardは乗船時の歓迎の言葉ですが、新人歓迎の言葉としても用いられます。

8. 　正解 (D) 　詳細問題

【設問】

What does the woman instruct Nathan to do?

(A) Be careful when using equipment
(B) Comply with some regulations
(C) Describe his prior experience
(D) Request assistance when needed

【訳】

女性はNathanに何をするよう指示していますか。
(A) 装置を使うときは気を付ける
(B) ある規則に従う
(C) 彼の以前の経験を説明する
(D) 必要なときは助けを求める

【解説】

鉄則15▶ キーワードの言い換え表現にアンテナを張る

2つ目の質問で、かつ問われているのは「女性」の指示なので、中盤の女性の発言にヒントがあるはずです。「指示」らしき内容を選択肢と照合していくと❷で、「質問があれば聞いて」という発言を言い換えている(D)が選べます。

9. 　正解 (B) 　未来の行動を問う問題

【設問】

What will the woman most likely do next?

(A) Install software on a device
(B) Demonstrate how to use a system
(C) Verify items on a checklist
(D) Introduce Nathan to some colleagues

【訳】

女性は次に何をすると考えられますか。
(A) デバイスにソフトをインストールする
(B) システムの使い方を実演する
(C) チェックリストにある項目を確認する
(D) Nathanを何人かの同僚に紹介する

【解説】

鉄則12▶ 過去の行動は中盤、未来の行動は後半にヒントあり

鉄則15▶ キーワードの言い換え表現にアンテナを張る

女性の**未来の行動は後半に出てくる**はずです。❸で「チェックインソフトを見せる」と言っているので(B)が正解です。showingがdemonstrateに、softwareがsystemに言い換えられています。

設問7-9の語注　comply with ~ ~に従う　regulation 图 規則　prior 形 前の　verify 動 確認する

10.-12.

【音声】

Questions 10 through 12 refer to the following conversation.

M : Hi, I'm interested in ❶booking one of your writers for an engagement
─Krista Sharma. Her books are very popular at our library, and we
run a series of monthly talks by local authors.

W : I'm sure she'd love that. ❷You'll need to speak to Thomas, our event
manager. I'm not sure when she'd be available for your talk.

M : Of course. We'll be happy to work around her schedule.

W : That's good─❸Krista has a full plate promoting her new novel just
now. If you leave your number, Thomas will call you when he returns
from lunch.

【訳】

問題10-12は次の会話に関するものです。

男性：こんにちは、御社の作家の一人のKrista Sharmaさんに仕事の予約を入れたいと思っ
ているのですが。彼女の本はうちの図書館でとても人気がありまして、私たちは、地
元の著者による毎月のトークイベントを催しているのです。

女性：彼女はきっと喜びますよ。わが社のイベント責任者のThomasとお話していただけま
すか。私では、彼女がそのトークイベントにいつ行けるか分からないのです。

男性：もちろん。喜んで彼女の予定に合わせますよ。

女性：よかった──Kristaは今、新作小説の販促で非常に忙しいのです。電話番号をいただ
ければ、Thomasが昼食から戻り次第お電話いたします。

> 語注 engagement 図（会合などの）約束 have a full plate することがたくさんある

---

10. 正解 (D) テーマ問題

【設問】

What are the speakers discussing?

(A) Interviewing a writer on television
(B) Raising funds for a library
(C) Promoting a series of books
(D) Inviting an author to an event

【訳】

話し手たちは何について話してい
ますか。
(A) 作家をテレビでインタビューす
ること
(B) 図書館のために資金を集めること
(C) 本のシリーズを販促すること
(D) 著者をイベントに招待すること

【解説】

鉄則11 ▶ 目的・場所・業種は冒頭に注意し、後のキーワードで確認

話題を問うテーマ問題です。冒頭の❶で、「作家に仕事の予約を入れたい」と言い、
同じ発言の後半から、その仕事が図書館のイベントだと分かるので、(D)が正解
です。(A)は会話に出てくるwriterという言葉を使った引っ掛けです。

11. 正解 (A) 意図推定問題

【設問】

What does the woman mean when she says, "You'll need to speak to Thomas"?

(A) She does not know the details of a schedule.
(B) She is no longer in charge of a department.
(C) Thomas is planning to attend an event.
(D) Thomas is authorized to approve an expense.

【訳】

女性は "You'll need to speak to Thomas" という発言で何を意味していますか。

(A) 彼女はスケジュールの詳細を知らない。
(B) 彼女はもはやある部署の担当者ではない。
(C) Thomasがイベントに出席するつもりだ。
(D) 経費を承認する権限はThomasにある。

【解説】

鉄則13 ▶ 意図推定問題は、話の流れに注意

鉄則15 ▶ キーワードの言い換え表現にアンテナを張る

意図推定問題なので、会話の流れから答えを選びましょう。❷で女性はThomasと話してほしいと言った後、自分は作家がいつ空いているのか知らないと述べています。それを言い換えている(A)が正解です。女性が以前は担当者であったことを匂わせる表現はどこにもないので(B)は不正解。図書館のイベントで出版社側に出費が発生するとは言っていないので、(D)は会話の流れに合いません。

---

12. 正解 (C) 詳細問題

【設問】

Why is Krista Sharma busy?

(A) She is finishing up a new book.
(B) She was promoted by her company.
(C) She recently published a book.
(D) She is having lunch with an editor.

【訳】

Krista Sharmaはなぜ忙しいのですか。

(A) 彼女は新刊を仕上げつつある。
(B) 彼女は自分の会社によって売り込まれた。
(C) 彼女は最近書籍を出版した。
(D) 彼女は編集者と昼食を食べているところだ。

【解説】

鉄則15 ▶ キーワードの言い換え表現にアンテナを張る

❸で、Sharmaさんが新しい本の販促のためにすることがたくさんあると言っているので、(C)が正解です。her new novelをrecently published a bookで言い換えています。

設問10-12の語注 raise funds 資金を集める　be in charge of ~ ～を担当している
be authorized to do ～することを許可されている　expense 图 経費　editor 图 編集者

13.-15.

【音声】

Questions 13 through 15 refer to the following conversation and map.

M : Hi, Suzanne. It's Brent at Hirsch Realty. I've found a rental property that suits your needs. ❶It's a very good value for the area.

W : Sounds promising—tell me more.

M : ❷It's right on 7th avenue in a busy strip mall, next to a café. It's available to move in on May 1. ❸There's a large public parking lot.

W : The property's empty now?

M : ❹There was a convenience store there, which closed. ❺It wouldn't take a big investment to convert the space into a health food shop.

W : OK, please arrange a viewing, then.

【訳】

問題13-15は次の会話と地図に関するものです。

男性：こんにちは、Suzanne。こちらHirsch不動産のBrentです。あなたのニーズにぴったりの賃貸物件を見つけました。場所の割にはとてもお値打ちです。

女性：良さそうですね──話をもっと聞かせてください。

男性：７番通りに面していて、にぎやかなショッピングセンターの一角で、隣がカフェです。５月１日に入居可能です。大きな共同駐車場があります。

女性：その物件は今、空いているんですか。

男性：そこにはコンビニエンスストアがあったのですが、閉店したのです。あそこを健康食品店に改装するのに、そんなに大きな投資は要らないでしょうね。

女性：分かりました。では内見の段取りをお願いします。

> **語注**　rental property 賃貸物件　promising 形 有望な　strip mall 全店舗が通りに面しているショッピングセンター　investment 名 投資　convert 動 改造する

---

13. 正解 (B)　詳細問題

【設問】

What does the man say about the property?

(A) It will undergo renovations starting May 1.
(B) It is available for a reasonable rent.
(C) It is expected to increase in price.
(D) It has dedicated parking spaces.

【訳】

男性は物件について何と言っていますか。

(A) ５月１日から改装される。
(B) 手頃な賃料で利用できる。
(C) 価格が上がると予測されている。
(D) 専用駐車場がある。

【解説】

鉄則15▶ キーワードの言い換え表現にアンテナを張る

❶のvery good value（とても良い価値）をreasonable rent（手頃な賃料）と言い換えている(B)が適切です。改装は女性が賃貸を決めてから起きることなので、

(A)は間違いです。(D)の駐車場は❸で、public parking lotすなわちモール全体の共同駐車場と言っており、dedicated(専用の)の表現が不適切です。

---

14. 正解 (A) 詳細問題＋図表問題

	Cole's 金物店	Granger 薬局	Well's
ウエスト通り	駐車場		Percolate カフェ
			Allmart

7番通り

【設問】
Look at the graphic. Which business has closed?

(A) Allmart
(B) Well's
(C) Granger Drugs
(D) Cole's Hardware

【訳】
図表を見てください。どの事業所が閉店しましたか。
(A) Allmart
(B) Well's
(C) Granger薬局
(D) Cole's金物店

【解説】
鉄則14▶ 選択肢と図表の共通項目以外の情報が聞き所
図表と選択肢の共通点は店名なので、それ以外の情報、つまり店舗の場所についての情報が聞き所です。❷で、賃貸候補の物件は7番通りに面していてカフェの隣と言っているので、地図から(A)のAllmartが該当します。さらに❹で「閉店した」と言っているので、(A)が正解と確認できます。

---

15. 正解 (D) 詳細問題

【設問】
What industry does the woman most likely work in?

(A) Finance
(B) Real estate
(C) Health care
(D) Retail

【訳】
女性はどの業界で働いていると考えられますか。
(A) 金融
(B) 不動産
(C) 医療
(D) 小売業

【解説】
鉄則15▶ キーワードの言い換え表現にアンテナを張る
不動産業は男性の業界なので、(B)は引っ掛けです。**3つ目の設問なので、最後の方でヒントが出てくるはず**です。❺で、女性の業種は健康食品店と分かります。その言い換えは、(C)ではなく(D)が適切です。

設問13-15の語注　undergo 動 経験する　renovation 名 改装　dedicated 形 専用の　hardware 名 金物類

Part

4

説明文問題

 出題されるスピーチやアナウンスは種類が決まっており、比較的ゆっくりはっきり話されます。解き方はPart 3と共通です。

600点 目標正解数	730点 目標正解数
30問中 18～19問	30問中 20～21問

Part 4

問題形式

1人の話者によるトークを聞いて、3つの設問に対する最も適切な選択肢を、(A)〜(D)の中から選ぶ。

問題数 ：30問（トークは10セット）
解答時間 ：約15分（ポーズは8秒、図表問題は12秒）
設問の種類：問題の種類はPart 3と同じ。
・トークの主題や、業界など大きなテーマを問う「**テーマ問題**」7〜9問
・地名や数字など細かい情報を問う「**詳細問題**」12〜14問
・話し手の経験、予定、申し出の内容を問う「**未来（過去）の行動を問う問題**」6〜7問
・発言の意図を推定させる「**意図推定問題**」3問

※図表を見て答えを選ぶ「図表問題」は「詳細問題」に含まれる。Part 3、4合わせて5問。

攻略法

Part 3と共通（p. 30参照）

攻略1 ▶ 「先読み」と「イッキ見」を身に付ける

攻略2 ▶ 図表問題に事前に目を通す

攻略3 ▶ 頻出語彙を押さえる 『はじめて』のp. 114〜115参照

> Part 4の鉄則はPart 3と共通です。50ページから問題を解きながら確認しましょう。

鉄則 必須の解法テクニック

✓ **鉄則11** ▶ 目的・場所・業種は冒頭に注意し、後のキーワードで確認

✓ **鉄則12** ▶ 過去の行動は中盤、未来の行動は後半にヒントあり

✓ **鉄則13** ▶ 意図推定問題は、話の流れに注意

✓ **鉄則14** ▶ 選択肢と図表の共通項目以外の情報が聞き所

✓ **鉄則15** ▶ キーワードの言い換え表現にアンテナを張る

Part 4問題の種類と鉄則の関係

各問題を解くには以下の鉄則が有効です。

① テーマ問題

トークの主題や目的、場所、話し手や聞き手の職種など大きなテーマを問う問題なので、鉄則11で対応できます。

［鉄則11］**目的・場所・業種は冒頭に注意し、後のキーワードで確認**

② 詳細問題

トークに出てくる、時間や地名、理由など詳細な情報を尋ねる問題で、鉄則15で対応します。図表問題はこのタイプが多いです。

［鉄則15］**キーワードの言い換え表現にアンテナを張る**

③ 未来（過去）の行動を問う問題

Part 4では特に「聞き手が次に何をするか」が問われます。その場合は後半にヒントが出てきます。

［鉄則12］**過去の行動は中盤、未来の行動は後半にヒントあり**

④ 意図推定問題

話し手の発言を取り上げ、その意図を問う問題です。トークの流れをつかんだ上で、推測が必要になります。

［鉄則13］**意図推定問題は、話の流れに注意**

鉄則チェック

Part 4の例題を1つ解いてみましょう。

●音声を聞いて最も適切な選択肢を(A)〜(D)から選びましょう。
解答用紙 >> p. 373　解答・解説 >> p. 52

 ディレクションから　　 問題1から

1. What problem does the speaker mention?

   (A) An employee is absent.
   (B) A document is missing.
   (C) Some equipment is not working.
   (D) A position has not been filled.

2. Why does the speaker say, "I really appreciate your patience"?

   (A) To acknowledge that a process is slow
   (B) To indicate that some work is nearly done
   (C) To apologize for delaying a meeting
   (D) To emphasize her lack of experience

3. What does the speaker ask listeners to do?

   (A) Fill out an application
   (B) Open a document
   (C) Share some information
   (D) Attend an event

NO TEST MATERIAL ON THIS PAGE
（このページに問題はありません）

1.-3.

【音声】

Questions 1 through 3 refer to the following excerpt from a meeting.

Good morning, everybody. I'd like to update you on our search for a new project coordinator. ❶Unfortunately, we have not yet found someone with the experience needed to take over the role. Interviews are ongoing, ❷but for now, everyone will need to keep chipping in to cover the extra workload. I didn't think hiring someone to replace Sandra would be so difficult. I really appreciate your patience. We're still accepting applications, ❸so if you know of anyone who's interested, encourage them to submit their résumé right away.

【訳】

問題1-3は次の会議の抜粋に関するものです。
おはようございます、皆さん。新しいプロジェクトコーディネーターの発掘についての最新情報です。残念ながら、まだこの仕事を引き継ぐために必要な経験がある人を見つけられていません。面接は継続中ですが、当面は全員に、余分な仕事をカバーして協力し続けていただく必要があります。Sandraの代わりになる人を雇うことがこんなに大変だとは思っていませんでした。皆さんの忍耐には本当に感謝しています。応募はまだ受付中ですから、もし興味のある方をご存じであれば、今すぐ履歴書を送るよう勧めてください。

語注　take over ~ ～を引き継ぐ　chip in 力を貸す　workload 图 仕事量　appreciate 動 感謝する　patience 图 忍耐　know of ~ ～がいることを知っている　encourage 動 勧める　submit 動 提出する　résumé 图 履歴書

1. 正解 (D) テーマ問題

【設問】

What problem does the speaker mention?

(A) An employee is absent.
(B) A document is missing.
(C) Some equipment is not working.
(D) A position has not been filled.

【訳】

話し手はどんな問題について言及していますか。

(A) 社員が欠勤している。
(B) 文書が紛失している。
(C) ある装備が動かない。
(D) 仕事の担当者が決まっていない。

【解説】

テーマ問題なので冒頭に注意しましょう[鉄則11]。問われているのがproblemですから、ネガティブな事柄の導入語であるunfortunately（残念ながら）で始まる❶がヒントになるはずです。「人が見つからない」という問題を言い換えている(D)が正解です[鉄則15]。最後の文❸でも求人への協力を仰いでいることからも、正解を再確認できます[鉄則11]。

2. 正解 (A) 意図推定問題

【設問】
Why does the speaker say, "I really appreciate your patience"?
(A) To acknowledge that a process is slow
(B) To indicate that some work is nearly done
(C) To apologize for delaying a meeting
(D) To emphasize her lack of experience

【訳】
話し手はなぜ、"I really appreciate your patience." と言っているのですか。
(A) 段取りが遅いことを認めるため
(B) ある作業がほとんど完了していることを示すため
(C) 会議を遅らせたことを謝罪するため
(D) 彼女の経験不足を強調するため

【解説】
意図推定問題なので、話の流れをより注意深く把握しましょう［鉄則13］。❶で人がまだ見つかっていないことを述べ、❷で聞き手の継続的な協力を仰いでいる文脈ですから、このpatienceは代替人員確保の「遅れ」に対しての「忍耐」と考えられるので、(A)が適切です。

---

3. 正解 (C) 未来の行動を問う問題

【設問】
What does the speaker ask listeners to do?
(A) Fill out an application
(B) Open a document
(C) Share some information
(D) Attend an event

【訳】
話し手は聞き手に何をするように頼んでいますか。
(A) 申込書に記入する
(B) 文書を開く
(C) ある情報を共有する
(D) イベントに出席する

【解説】
聞き手の未来の行動を導く依頼事項は、後半❸の、「（知り合いに）履歴書を送るよう勧めてください」です［鉄則12］。(C)が、それを抽象的に言い換えていて正解です［鉄則15］。

設問1-3の語注　acknowledge 動 認める　apologize for ~ ~を謝罪する　emphasize 動 強調する
lack 名 不足　fill out ~ ~を記入する

確認クイズ

［鉄則11］目的・場所・業種は（ ① ）に注意し、（ ② ）のキーワードで確認
［鉄則12］過去の行動は（ ③ ）、未来の行動は（ ④ ）にヒントあり
［鉄則13］意図推定問題は、話の（ ⑤ ）に注意
［鉄則15］キーワードの（ ⑥ ）表現にアンテナを張る

確認クイズ答え：①冒頭　②後　③中盤　④後半　⑤流れ　⑥言い換え

練習問題

Part 3でも使った鉄則11 ～ 15を生かして問題を解いてみましょう。

①ディレクションの間に7-9の図表をチェックしてから、4-6の設問を先読み。

②Questions four through ～が聞こえたら、最初の設問をもう一度さっと見る。

③トークを聞きながら4-6の答えをマークしたら、解答するためのポーズの時間に7-9の質問と選択肢の先読み。

●トークの音声を聞いて、その内容に関する設問の答えとして最も適切なものを(A) ～ (D)の選択肢から選びましょう。

解答用紙 >> p. 373　解答・解説 >> p. 56

 ディレクションから　　 問題4から

4. What is being celebrated?

(A) A business award
(B) A project's completion
(C) A colleague's promotion
(D) A product launch

5. What does the speaker imply when he says, "It was an incredible achievement"?

(A) A manager deserves special thanks.
(B) A team broke a company record.
(C) A co-worker is very talented.
(D) A deadline was difficult to meet.

6. What will the listeners do next?

(A) Log on to a Web site
(B) Listen to a presentation
(C) View a recorded message
(D) Watch an awards ceremony

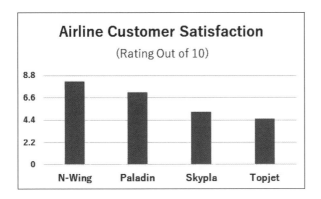

Airline Customer Satisfaction

(Rating Out of 10)

7. How did the research firm gather information?

(A) By conducting an online survey
(B) By e-mailing a questionnaire
(C) By distributing forms on board
(D) By phoning airline customers

8. Look at the graphic. Where does the speaker work?

(A) At N-Wing
(B) At Paladin
(C) At Skypla
(D) At Topjet

9. Who is Michael Yamamoto?

(A) A pilot
(B) An airline executive
(C) A chef
(D) A market analyst

4.-6.

【音声】

Questions 4 through 6 refer to the following speech.

I hope you're all enjoying the party. ❶You really deserve this special night after all the hard work you put into the project. ❷Despite the many setbacks, like the manager stepping down and the deadline being brought forward, you somehow managed to get it done on time. It was an incredible achievement. As you probably are aware, our president couldn't be here tonight, because he's at an industry awards event in New York. However, ❸he recorded a video to express his appreciation to the team. Let's watch it now—turn your attention to the screen, please.

【訳】

問題4-6は次のスピーチに関するものです。
皆さんパーティーをお楽しみのことと思います。このプロジェクトに大変なご尽力を賜ったわけですから、皆さんはこの特別な夜に本当にふさわしい方々です。マネジャーが辞任したり、締め切りが早められたりといった多くの障害にもかかわらず、皆さんは何とか時間通りにやり遂げてくださいました。信じられないような偉業です。おそらくお気付きのように、私たちの社長は今夜ここに来られません。なぜなら彼はニューヨークで、業界の授賞式に出ているからです。しかしながら、彼はこのチームへの感謝を述べているビデオを録画しております。それを今から見ましょう——スクリーンをご覧ください。

語注　deserve 動 値する　setback 名 障害　step down 辞任する　aware 形 気付いている

---

4. 正解 (B) テーマ問題

【設問】

What is being celebrated?

(A) A business award
(B) A project's completion
(C) A colleague's promotion
(D) A product launch

【訳】

何が祝われていますか。

(A) ビジネスの賞
(B) プロジェクトの完成
(C) 同僚の昇進
(D) 製品発売

【解説】

鉄則11 ▶ 目的・場所・業種は冒頭に注意し、後のキーワードで確認

テーマ問題なので、冒頭に注意しましょう。❶で、プロジェクトへの尽力という言及があるので(B)が有力候補です。❷の文の後半でto get it done on time (それを時間通りに終えた)と言っているので、(B)に確信が持てます。

5. 正解 (D) 意図推定問題

【設問】

What does the speaker imply when he says, "It was an incredible achievement"?

(A) A manager deserves special thanks.
(B) A team broke a company record.
(C) A co-worker is very talented.
(D) A deadline was difficult to meet.

【訳】

話し手は、"It was an incredible achievement" という発言で何を示唆していますか。

(A) マネジャーが特別な感謝に値する。
(B) チームが社の記録を破った。
(C) 同僚は非常に才能がある。
(D) 締め切りを守るのが大変だった。

【解説】

鉄則13▶ 意図推定問題は、話の流れに注意

前からの**話の流れを確認していく**と、❷でsomehow（どうにかして）、managed（何とかやりくりした）という表現が用いられ、「（多くの障害）にもかかわらず、何とか時間通りにやり遂げた」と述べているので、「信じられないような偉業」と言ったのは、それだけ締め切りに間に合わせることが困難だったと示唆している(D)が正解です。

---

6. 正解 (C) 未来の行動を問う問題

【設問】

What will the listeners do next?

(A) Log on to a Web site
(B) Listen to a presentation
(C) View a recorded message
(D) Watch an awards ceremony

【訳】

聞き手は次に何をしますか。

(A) ウェブサイトにログオンする
(B) プレゼンテーションを聞く
(C) 録画されたメッセージを見る
(D) 授賞式を見る

【解説】

鉄則12▶ 過去の行動は中盤、未来の行動は後半にヒントあり

鉄則15▶ キーワードの言い換え表現にアンテナを張る

未来の行動は後半にヒントがあるはずです。❸で、社長の感謝の言葉を録画したものを見ましょうと言っているので、videoをmessage、watchをviewで言い換えている(C)が正解です。

設問4-6の語注 imply 動 示唆する awards ceremony 授賞式

7.-9.　026 🇬🇧

【音声】

Questions 7 through 9 refer to the following excerpt from a meeting and graph.

We recently hired a research firm to survey ❶passengers who use our airline and three main competitors'. ❷The firm called hundreds of people to conduct interviews, and the results are very revealing. ❸As this graph shows, we rated higher in customer satisfaction than two other airlines, but fell short of N-Wing. That airline has taken steps recently to improve its service. For instance, ❹it partnered with Michael Yamamoto, the executive chef for Hillman Hotels, to create new in-flight meals. We should also be more proactive in creating a better flying experience for our passengers.

【訳】

質問7-9は次の会議の抜粋とグラフに関するものです。
最近、わが社と、競合するほかの主な航空会社3社の利用者に対する調査のためにリサーチ会社を雇いました。このリサーチ会社は、電話をかけて何百という人々に聞き取りをしましたが、その結果は大変示唆に富むものでした。グラフが示すように、わが社は、ほかの2社よりは、顧客満足度において高く評価されていますが、N-Wing社には及びませんでした。あの航空会社は最近サービス改善のための対策を取っているのです。例えば、新しい機内食を考案するために、Hillmanホテルの料理長のMichael Yamamotoとタイアップしました。私たちもまた、乗客の皆さんのためにより良い飛行体験を創造することに積極的になるべきです。

> **語注**　competitor 图 競争者　revealing 厖 明らかにする、啓発的な　satisfaction 图 満足　fall short of ~ ~に届かない　take steps 対策を講じる　proactive 厖 積極的な

7.　正解 (D)　詳細問題

【設問】

How did the research firm gather information?

(A) By conducting an online survey
(B) By e-mailing a questionnaire
(C) By distributing forms on board
(D) By phoning airline customers

【訳】

リサーチ会社はどのようにして情報を集めましたか。

(A) オンライン調査を実施することによって
(B) アンケートをEメールで送ることによって
(C) 機内で用紙を配布することによって
(D) 航空会社の顧客に電話することによって

【解説】

鉄則15 ▶ キーワードの言い換え表現にアンテナを張る

❶で話し手の会社が航空会社で、その乗客を調査すると記述があり、❷で「電話をかけた」と述べているので(D)が正解です。calledがphoned、passengersがcustomersに言い換えられています。

---

8. 正解 (B) 詳細問題＋図表問題

【設問】

Look at the graphic. Where does the speaker work?

(A) At N-Wing
(C) At Skypla
(B) At Paladin
(D) At Topjet

航空会社の顧客満足度
(10点満点で評価)

【訳】

グラフを見てください。話し手はどこで働いていますか。

(A) N-Wingで (C) Skyplaで
(B) Paladinで (D) Topjetで

【解説】

鉄則14 ▶ 選択肢と図表の共通項目以外の情報が聞き所

選択肢とグラフの共通項は社名ですから、そこから正解を選ぶには、**共通項目ではない棒グラフの長さ(つまり評価の高さ)の情報**を聞き取ればよいことが分かります。❸で話し手の会社は「ほかの2社より高評価」と述べていますから、評価を表す棒グラフの高い方のN-WingとPaladinが残り、続けて「N-Wingには及ばない」とも言っているので、2番目の(B)が選べます。

---

9. 正解 (C) 詳細問題

【設問】

Who is Michael Yamamoto?

(A) A pilot
(B) An airline executive
(C) A chef
(D) A market analyst

【訳】

Michael Yamamotoとは誰ですか。
(A) パイロット
(B) 航空会社の重役
(C) シェフ
(D) 市場分析家

【解説】

❹でYamamotoさんをexecutive chef(料理長)と言っているので(C)が正解です。

設問7-9の語注　on board(飛行機、船に)乗って

Part

5

短文穴埋め問題

Part 7に時間を残すため、このパートは頻出問題に慣れ、選択肢から問題パターンを素早く見抜き、できるだけ時間をかけない解答を心掛けましょう。

600点 目標正解数	730点 目標正解数
30問中 17〜18問	30問中 21〜22問

問題形式

短文の空所に適切な語句を選択肢(A) ～ (D)から選ぶ問題。

設問数 ：30問
解答時間 ：約10分（1問3秒～25秒）
問題の種類：
・コロケーションが問われることが多い「語彙問題」：16 ～ 18問
・文法知識が問われる「文法問題」：9 ～ 12問
・上記2つが混じった「語彙・文法混合問題」：2 ～ 4問

攻略法

攻略1 ▶ 文法の頻出ポイントを押さえる

語彙、品詞、動詞、接続詞、代名詞など、各問題の対処法を押さえる。

攻略2 ▶ 頻出語句の意味だけでなく、語法も押さえる

語彙力に加え、語法（コロケーション）の知識も身に付ける。

攻略3 ▶ 時間を限って高速で解く練習をする

空所の前後だけを読んで解答するなど、問題タイプを素早く見抜いて処理する。

> Part 5の鉄則、覚えてますか？ 次ページから問題を解きながら確認しましょう。

鉄則 必須の解法テクニック

✓ **鉄則16** ▶ 　　　　　　語彙問題はコロケーションで選択肢を絞る

✓ **鉄則17** ▶ 　前に名詞→再帰代名詞、後ろに名詞→所有格、動詞→主格

✓ **鉄則18** ▶ 　　　　　　動詞は、形・数・態・時制をチェック

✓ **鉄則19** ▶ 　名詞を修飾するのは形容詞、それ以外を修飾するのは副詞

✓ **鉄則20** ▶ 　後ろに主語＋動詞があれば接続詞、語句だけなら前置詞を選ぶ

✓ **鉄則21** ▶ 　both A and Bなどのセット表現はパートナーを探す

✓ 鉄則22▶　　　数量を表す語の選択は後ろの名詞の数をチェック

✓ 鉄則23▶　　　where = in/at whichで接続詞の働きもする

✓ 鉄則24▶　　　as ~ asなどの比較表現でも、品詞のチェックを忘れない

鉄則チェック

Part 5は、まず、選択肢を見て問題パターンを見抜き、そのパターンに合わせてなるべく少ない箇所（空所前後が基本）だけを見て解くのが基本です。その解答方法を可能にする鉄則を、以下の例題を通して確認していきましょう。

●各英文の空所に入る最も適切な語句を(A) ～ (D)から選びましょう。
解答用紙 >> p. 373　解答・解説 >> p. 66

1. We always take into account data protection when handling ------- information.

   (A) direct　　　　　　　(C) upcoming
   (B) sensitive　　　　　　(D) strict

2. The hotel manager ------- guided the guests to the restaurant.

   (A) him　　　　　　　　(C) his
   (B) he　　　　　　　　 (D) himself

3. Mr. Shin will make ------- decision after reviewing all the relevant documents.

   (A) him　　　　　　　　(C) his
   (B) he　　　　　　　　 (D) himself

4. Security is of most importance to Mr. Cho when ------- chooses an apartment.

   (A) him　　　　　　　　(C) his
   (B) he　　　　　　　　 (D) himself

5. The Italian restaurant ------- a special menu at a discounted price until the end of this month.

(A) had been offered   (C) will be offering
(B) offering   (D) offer

6. The Focus Corporation is looking for ------- solutions to the current problem.

(A) creative   (C) create
(B) creativity   (D) creatively

7. All of the tables were decorated with ------- arranged vases of fresh flowers.

(A) cares   (C) carefully
(B) careful   (D) caring

8. ------- its convenient gadget has become so popular, LL Invention has decided to expand its product line.

(A) As for   (C) During
(B) Since   (D) Ever

9. We have to decide on ------- upgrading the e-mail system to one with a local server or examining cloud-based solutions.

(A) when   (C) either
(B) how   (D) such

10. Consumers are urged to bring their Master Home Stove Model MS202 to ------- authorized retail dealer for a free replacement.

(A) old

(B) any

(C) other

(D) those

11. The job applicant described a situation ------- he demonstrated his leadership.

(A) where

(B) who

(C) what

(D) which

12. Mr. Mittal tried to speak to his staff as ------- as he did with his friends.

(A) frank

(B) frankness

(C) more frank

(D) frankly

1. 　正解 (B)　語彙問題

【英文】

We always take into account data protection when handling ------- information.

(A) direct 　　　(C) upcoming
(B) sensitive 　　(D) strict

【訳】

私たちが機密情報を扱うときは、常にデータ保護を考慮に入れている。

(A) 形 直接の 　　(C) 形 来たる
(B) 形 機密の 　　(D) 形 厳格な

【解説】

語彙問題であっても、全文を読まなければ解答できないものは、そうはありません。この問題も**空所の前後だけ見れば解けます**［鉄則16］。informationにつながる（コロケーションがある）語は(B)のsensitiveしかありません。

語注　take into account ~ 〜を考慮に入れる

確認クイズ

［鉄則16］語彙問題は（　①　）で選択肢を絞る

確認クイズの答え：①コロケーション

2. 　正解 (D)　文法問題：代名詞

【英文】

The hotel manager ------- guided the guests to the restaurant.

(A) him 　　　(C) his
(B) he 　　　(D) himself

【訳】

ホテルのマネジャー自身が客たちをレストランに案内した。

(A) 目的格 彼を
(B) 主格 彼は
(C) 所有格 彼の、 所有代名詞 彼のもの
(D) 再帰代名詞 彼自身

【解説】

異なった格の代名詞が選択肢に並んでいたら、空所の前後だけ見て、素早い解答を目指しましょう。ここでは、空所の前には名詞**manager**があり、空所の直後に動詞**guided**があります。managerがguidedの主語なので、空所には、「〜自身」の意味の(D) himselfを選びましょう。文中でも、文末でも前に名詞があれば**再帰代名詞を選ぶのが原則**です［鉄則17］。

［鉄則17］前に名詞→（ ① ）、後ろに名詞→（ ② ）、動詞→（ ③ ）

確認クイズの答え：①再帰代名詞 ②所有格 ③主格

---

3. 正解 (C) 文法問題：代名詞

【英文】

Mr. Shin will make ------- decision after reviewing all the relevant documents.

(A) him   (C) his

(B) he   (D) himself

【訳】

Shinさんは、全ての関係書類を検討したのち、彼の決定を下すだろう。

※選択肢の訳は**2.**を参照

【解説】

空所には直後の**名詞decisionを修飾する所有格**(C)が入ります［鉄則17］。前のmakeだけ見て目的格(A)を選んでしまわないように気を付けましょう。

---

4. 正解 (B) 文法問題：代名詞

【英文】

Security is of most importance to Mr. Cho when ------- chooses an apartment.

(A) him   (C) his

(B) he   (D) himself

【訳】

Choさんにとって、アパート選ぶときに最も重要なのはセキュリティだ。

※選択肢の訳は**2.**を参照

【解説】

空所に入るのは、**choosesの主語となる主格**の(B)です［鉄則17］。of＋名詞で形容詞の役目をする場合があり、ここのof importanceはimportantと同じです。

5. 　正解 (C)　文法問題：動詞

【英文】

The Italian restaurant ------- a special menu at a discounted price until the end of this month.

(A) had been offered　(C) will be offering
(B) offering　(D) offer

【訳】

そのイタリアンレストランでは、今月末まで特別メニューを割引価格で提供している。
※選択肢の訳は省略

【解説】

選択肢に同じ動詞のさまざまな形が並んでいたら、チェックポイントは次の４つです［鉄則18］。

①形：空所に述語動詞が必要かどうかをチェック。問題文の中にすでに述語動詞があれば、空所にはto doやdoingなどを検討
②数：主語の単数・複数と対応しているか
③態：主語との関係や目的語の有無から考えて受動態か能動態か
④時制：時を表す語句と対応しているか（←出題は主にPart 6）

空所以外の所に述語となる動詞がないので、述語動詞になり得ない形の(B)は、まず外れます。**主語がrestaurantで単数**なので、三人称単数形のsが付いていない(D)も不適切です。restaurantから考えると「レストランがメニューを提供する」となる能動の意味が適切なので(C)が残ります。(A)の過去完了では文末の**until the end of this month**（今月末まで）と時制が合いません。

このように、「文法問題：動詞」の**４つのチェックは、原則上記の順で確認**して（時制のチェックは時間がかかることが多いので後回しがオススメ）、消去法を用いるのが効率的です。

確認クイズ

［鉄則18］動詞は、（　①　）・数・（　②　）・時制をチェック

確認クイズの答え：①形　②態

6. 正解 (A) 文法問題：品詞

【英文】

The Focus Corporation is looking for ------- solutions to the current problem.

(A) creative　　　(C) create
(B) creativity　　(D) creatively

【訳】

Focus社は、現在の問題に対して独創的な解決策を模索している。
(A) 形 独創的な　　(C) 動 創造する
(B) 名 独創性　　　(D) 副 独創的に

【解説】

同じ単語の語尾が異なる形が並んでいたら、**空所の前後だけ見て**高速処理が可能なことが多い品詞問題です。この問題文も空所の直後に名詞**solutions**があるので名詞を修飾する形容詞(A)をさっと選びましょう［鉄則19］。

確認クイズ

［鉄則19］名詞を修飾するのは（　①　）、それ以外を修飾するのは（　②　）

確認クイズの答え：①形容詞　②副詞

7. 正解 (C) 文法問題：品詞

【英文】

All of the tables were decorated with ------- arranged vases of fresh flowers.

(A) cares　　　　(C) carefully
(B) careful　　　(D) caring

【訳】

全てのテーブルには、生花の花瓶が注意深く配置して飾られていた。
(A) 名 心配事、動 気にする
(B) 形 入念な
(C) 副 入念に
(D) 形 気遣っている

【解説】

選択肢から**品詞の問題**と分かり、**空所の前後を見る**と、with ------- arranged vasesとなっています。**arranged**が名詞でないのは確かです。**名詞以外を修飾するのはほぼ副詞**です。従って、arrangedが過去分詞か動詞の過去形かと考える必要もなく、修飾語には副詞の(C)が選べます［鉄則19］。

 品詞のその他の頻出パターンは、『はじめて』のp. 143を確認してください。

語注　decorated with ～ ～で装飾された　vase 名 花瓶

69

8.　正解　(B)　文法問題：接続詞関連

【英文】

------- its convenient gadget has become so popular, LL Invention has decided to expand its product line.

(A) As for　　(C) During
(B) Since　　(D) Ever

【訳】

自社の便利なガジェットがすごく人気になったので、LL Invention はその商品ラインを拡大することを決めた。

(A) 前置詞句 ～に関しては
(B) 接 ～なので、以来、前 ～以来
(C) 前 ～の間
(D) 副 かつて、いつも

【解説】

選択肢に**接続詞・前置詞が混ざっていたら、文意を取る前にまず、正解になりそうな選択肢を形から絞れるだけ絞ってみましょう**［鉄則20］。空所の直後には**gadget has become**で主語と動詞、カンマの後ろにも**LL Invention has decided**で主語と動詞があるので、空所には選択肢の中で唯一接続詞用法もある(B)が正解です。

　語注　　gadget 名（役に立つ小さな）装置、ガジェット

確認クイズ

［鉄則20］後ろに主語＋動詞があれば（　①　）、語句だけなら（　②　）を選ぶ

確認クイズの答え：①接続詞　②前置詞

9. 正解 (C) 文法問題：相関接続詞

【英文】

We have to decide on ------- upgrading the e-mail system to one with a local server or examining cloud-based solutions.

(A) when (C) either
(B) how (D) such

【訳】

Eメールシステムを、ローカルサーバーのシステムにアップグレードするか、クラウドを使った解決策を検討するか、決めなければならない。
(A) 接 ～する時
(B) 疑問詞 どのように
(C) 副 どちらか
(D) 形 そのような

【解説】

選択肢にbothやeitherなどの相関接続詞のパートナーが含まれていたら、そのパートナーを空所の後ろの部分で探してみましょう［鉄則21］。今回は後ろにorがあり、**upgrading**と**examining**が並列関係にあるので(C)が正解です。

 他の頻出のセット表現も『はじめて』のp. 145 などで確認しておきましょう。

確認クイズ

［鉄則21］ both A and Bなどのセット表現は（　①　）を探す

確認クイズの答え：①パートナー

10. 正解 (B)　文法問題：数量形容詞、数量代名詞

【英文】

Consumers are urged to bring their Master Home Stove Model MS202 to ------- authorized retail dealer for a free replacement.

(A) old 　　　(C) other
(B) any 　　　(D) those

【訳】

消費者はMasterホームコンロMS202型を無料交換するために、どこでもいいので認定小売り代理店に持ち込むよう強く勧められている。

(A) 形 古い 　　　(C) 形 ほかの
(B) 形 いかなる 　(D) 形 それらの

【解説】

選択肢に**数や量を表す語句が混ざっていたら直後の名詞が可算か不可算か、単数か複数かをまずチェック**しましょう［鉄則22］。ここでは後ろに**dealer**という可算名詞の単数形があります。(C)と(D)であれば、dealersと複数形になっているはずなので不適切です。普通の形容詞の(A)であれば前にあるはずの限定詞（anやthe、ourなど）がないのでアウトとなり、(B)が残ります。

『**はじめて**』の**p. 147**などで、頻出の数量形容詞、数量代名詞を確認しておきましょう。

語注　urge 動 〜を強く勧める　authorized 形 公認の　replacement 名 交換物

確認クイズ

［鉄則22］数量を表す語の選択は後ろの名詞の（　①　）をチェック

確認クイズの答え：①数

---

11. 正解 (A)　文法問題：関係詞

【英文】

The job applicant described a situation ------- he demonstrated his leadership.

(A) where 　　　(C) what
(B) who 　　　　(D) which

【訳】

その求職者は、彼がリーダーシップを示した状況を説明した。
※選択肢の訳は省略

【解説】

選択肢に関係詞があったら、まず先行詞を突き止めましょう。ここでは空所の直前にある**situation**（状況）という名詞が先行詞なので、先行詞が「人」のときに使う(B)と、先行詞が要らない(C)は外れます。関係詞を使う前の文を想像すると、後半は、**in the situation** he demonstrated his leadership（その状況で彼はリーダーシップを示した）のように、**前置詞がないと元の文ができない**ことが分かり、**in which**と同じ働きをする関係副詞の(A)が正解です［鉄則23］。

> 語注　applicant 图 応募者

確認クイズ

［鉄則23］where = in/at whichで（　①　）の働きもする

確認クイズの答え：①接続詞

12.　正解 (D)　文法問題：品詞＋比較級

【英文】

Mr. Mittal tried to speak to his staff as ------- as he did with his friends.

(A) frank　　　　(C) more frank
(B) frankness　　(D) frankly

【訳】

Mittalさんは、友達と話すのと同じくらい率直に、彼の職員に話そうと努めた。

(A) 形 率直な　　(C) 形 より率直な
(B) 图 率直さ　　(D) 副 率直に

【解説】

異なった品詞と、比較級を含む選択肢です。as ～ as構文の間には、原級の形容詞か副詞が入るので、名詞の(B)と、比較級の(C)は外れます。**as ～ as**の前には、一般動詞**speak**があるので、動詞を修飾する副詞の(D)が正解です。慌てていると(A)の形容詞を選びがちなので、注意しましょう［鉄則24］。

確認クイズ

［鉄則24］as ～ asなどの比較表現でも、（　①　）のチェックを忘れない

確認クイズの答え：①品詞

練習問題

リーディングセクションはタイムマネジメントが重要です。常に時間を意識しながら解きましょう。この10問を4分で解いてみましょう。

●各英文の空所に入る最も適切な語句を(A) 〜 (D)の選択肢から選びましょう。
解答用紙 >> p. 373　解答・解説 >> p. 76

⏱ **目標時間** 4分

13. With few people applying for the job, the management is considering ------- the deadline until the 30th of this month.
    (A) extending
    (B) charging
    (C) donating
    (D) issuing

14. Payments received by Lawrence College directly from a Canadian bank account ------- without restrictions.
    (A) will be refunded
    (B) should refund
    (C) is refunded
    (D) to refund

15. If you have an internet connection, you can activate the IRIS software ------- over the internet.
    (A) automatic
    (B) automatically
    (C) automation
    (D) automated

16. Cool Beauty's leather jackets in ------- size will no longer be regularly available for the foreseeable future.
    (A) none
    (B) most
    (C) several
    (D) either

17. Ms. Vaswani found the second proposal for the new advertising campaign the ------- of the three.
    (A) most attractively
    (B) attraction
    (C) most attractive
    (D) attractive

18. ------- the high competition that exists among generic drug companies, Celeron's gross profit increased slightly last year.

(A) For
(B) Despite
(C) Whereas
(D) Thus

19. The city requires the contractors to reasonably adhere ------- the timeline they set.

(A) to
(B) by
(C) on
(D) under

20. Ten years ago, H&L Construction bought a hotel by the river, ------- they later converted into an apartment building.

(A) which
(B) where
(C) in that
(D) whose

21. Mr. and Ms. Adams deserve recognition for ------- contribution to children's welfare in the community.

(A) them
(B) their
(C) theirs
(D) themselves

22. Digital educational materials are useful ------- for learning in classes and for individual exploratory learning.

(A) as
(B) between
(C) both
(D) that

13.　正解 (A)　語彙問題

【英文】

With few people applying for the job, the management is considering ------- the deadline until the 30th of this month.

(A) extending　　(C) donating
(B) charging　　 (D) issuing

【訳】

仕事に応募した人がほとんどいなかったので、経営陣は、締め切りを今月の30日まで延ばすことを検討中だ。

(A) 動 延ばすこと
(B) 動 請求すること
(C) 動 寄付すること
(D) 動 発行すること

【解説】

鉄則16▶ 語彙問題はコロケーションで選択肢を絞る

異なった意味の動名詞が並ぶ語彙問題なので、まず**目的語とのコロケーションを見る**と、**deadline**（締め切り）を目的語に取りそうな動詞は(A)しかないので、全文を読まなくても正解が選べます。

14.　正解 (A)　文法問題：動詞

【英文】

Payments received by Lawrence College directly from a Canadian bank account ------- without restrictions.

(A) will be refunded　　(C) is refunded
(B) should refund　　　 (D) to refund

【訳】

Lawrence大学がカナダの銀行口座から直接受け取った支払いは、制約なしに払い戻される。
※選択肢の訳は省略

【解説】

鉄則18▶ 動詞は形・数・態・時制をチェック

同じ動詞のさまざまな形が並んでいるので、**動詞のチェックポイント**を見ていきます。**received**は述語動詞ではなく、この文の主語である**payments**を後ろから修飾している過去分詞なので、空所には述語となる動詞が必要です。従って、不定詞の(D)は外れ、同時に複数形の主語と対応しない(C)も外れます。**payments**から考えると「支払いは払い戻される」となる受け身の意味が適切なので、(A)が正解です。

語注　restriction 名 制約

76

15. 正解 (B) 文法問題：品詞

【英文】

If you have an internet connection, you can **activate the IRIS software** ------- over the internet.

(A) automatic　　(C) automation
(B) automatically　(D) automated

【訳】

もしインターネット接続があるなら、弊社のIRISソフトをインターネットで自動的に始動できます。
(A) 形 自動の
(B) 副 自動的に
(C) 名 自動化
(D) 形 自動化された

【解説】

鉄則19▶ 名詞を修飾するのは形容詞、それ以外を修飾するのは副詞

品詞の問題なので、**空所の前後に注目**しましょう。activate the IRIS software ------- の空所には、**activate**を修飾する副詞の(B)が最適です。

語注　activate 動 ～を始動する

---

16. 正解 (D) 文法問題：数量形容詞、数量代名詞

【英文】

Cool Beauty's leather jackets in ------- size will no longer be regularly available for the foreseeable future.

(A) none　　(C) several
(B) most　　(D) either

【訳】

Cool Beautyのレザージャケットはどちらのサイズも、しばらくの間は、定期的な入手ができなくなります。
(A) 代 ゼロのもの
(B) 形 ほとんどの
(C) 形 幾つかの
(D) 形 どちらかの

【解説】

鉄則22▶ 数量を表す語の選択は後ろの名詞の数をチェック

選択肢に数量形容詞が並んでいるので、**空所の後ろの名詞を見ます。size**という可算名詞の単数形がきていますね。(A)はそもそも代名詞で名詞を続けることはできないのでまず外れ、(B)と(C)ならsizesと複数形になっているはずなので除外され、(D)が残ります。このようにeitherは「2」の概念を表す語句がなくても用いられることがあります。

語注　no longer ~ もやは～ない　for the foreseeable future しばらくの間

17. 正解 (C) 文法問題：品詞＋最上級

【英文】

Ms. Vaswani found the second proposal for the new advertising campaign the ------- of the three.

(A) most attractively　(C) most attractive
(B) attraction　(D) attractive

【訳】

Vaswaniさんは、新しい広告キャンペーンのための３つの提案の中で、２番目が最も魅力的だと思った。
(A) 副 最も魅力的に
(B) 名 魅力あるもの
(C) 形 最も魅力的な
(D) 形 魅力的な

【解説】

鉄則24 ▶ as ~ asなどの比較表現でも、品詞のチェックを忘れない

the ------- ofの空所には、通常は名詞が最有力候補ですが、**選択肢にtheを伴うことができる最上級が含まれているので、慎重に見極める**必要があります。前にtheがあり、後ろに範囲を表す語句（ここではof the three）がある場合、副詞の(A)、形容詞の(C)も候補になり得ます。問題文は、find＋目的語＋補語（〜が…だと分かる）の形であり、the secondからcampaignまでが目的語なので、空所には補語となる形容詞の最上級(C)が最適です。

---

18. 正解 (B) 文法問題：接続詞関連

【英文】

------- the high competition that exists among generic drug companies, Celeron's gross profit increased slightly last year.

(A) For　(C) Whereas
(B) Despite　(D) Thus

【訳】

ジェネリック薬品を扱う会社の間に存在する激しい競争にもかかわらず、Celeronの粗利益は昨年わずかに上昇した。
(A) 前 〜のため（目的）
(B) 前 〜にもかかわらず
(C) 接 〜の一方で
(D) 副 このように

【解説】

鉄則20 ▶ 後ろに主語＋動詞があれば接続詞、語句だけなら前置詞を選ぶ

選択肢に接続詞と前置詞が含まれているので、**空所の直後の構造を確認**しましょう。**exists**（存在する）は**competition**(競争)を修飾する関係代名詞**that**を主語とする動詞で、空所の直後はあくまでthe high competitionという名詞句です。従って、接続詞の(C)と（接続）副詞(D)は外れます。文意の骨格は、「高い競争 -------, Celeronの粗利益が若干増えた」なので、空所には「高い競争にもかかわらず」となる前置詞の(B)が適切です。

19. 正解 (A) 語彙問題

【英文】

The city requires the contractors to reasonably adhere ------- the timeline they set.

(A) to   (C) on
(B) by   (D) under

【訳】

市は、設定したスケジュールをある程度は守るよう請負業者に要求している。

(A) 前 〜に   (B) 前 〜の上に
(C) 前 〜によって (D) 前 〜の下に

【解説】

鉄則16 ▶ 語彙問題はコロケーションで選択肢を絞る

adhere to Aで「A（規則など）を守る」というイディオムを知ってさえいれば、adhere ------- the timelineだけ見て、即正解できます。このイディオムを知らない場合は、全文を読めば分かるということもないので、とりあえず選択肢をどれか選んで次の問題に進みましょう。

> 語注　reasonably 副 常識的に、ほどよく、まあまあ

---

20. 正解 (A)　文法問題：関係詞

【英文】

Ten years ago, H & L Construction bought a hotel by the river, ------- they later converted into an apartment building.

(A) which   (C) in that
(B) where   (D) whose

【訳】

10年前、H & L建設は川のそばにホテルを購入し、後に彼らはそれをアパートに改修した。

※選択肢の訳は省略

【解説】

鉄則23 ▶ where = in/at whichで接続詞の働きもする

関係詞が並んでいるので、**先行詞のbuildingを使って関係詞節の元の形を考えてみましょう。convertedの目的語がない**のでhotelをそこに入れてみると、元はthey later converted **the hotel** into an apartment buildingだったと推定できます。従って、先行詞であるhotelの前に**前置詞は不要**と分かり、in whichと同じ働きをする関係副詞(B)ではなく、(A)が正解となります。関係代名詞thatの前には前置詞はこないので、(C) in thatは「〜という点で」という意味の接続詞ということになりますが、意味も合わないし、convertedの目的語がないという問題も残るので不適切です。(D)の所有格のwhoseを使うなら直後に名詞があるはずです。

21. 正解 (B)　文法問題：代名詞

【英文】

Mr. and Ms. Adams deserve recognition for ------- contribution to children's welfare in the community.

(A) them   (C) theirs
(B) their   (D) themselves

【訳】

Adams夫妻は地域の子供たちの福利厚生に貢献したことで、表彰に値する。

(A) 代 彼らを   (C) 代 彼らのもの
(B) 代 彼らの   (D) 代 彼ら自身

【解説】

鉄則17 ▶ 前に名詞→再帰代名詞、後ろに名詞→所有格、動詞→主格

代名詞の格の問題なので、**空所の前後を見ます。**空所の後ろに名詞**contribution**があるので、所有格の(B)が適切です。(A)、(C)、(D)は、forの後に続けることはできますが、そこで意味の切れ目ができてしまい、前置詞を挟まずに直後の名詞contributionと並べることはできません。例：for them contribution（「彼らのために」と「貢献」が続かない）

語注　deserve 動 〜に値する　recognition 名 表彰

---

22. 正解 (C)　文法問題：相関接続詞

【英文】

Digital educational materials are useful ------- for learning in classes and for individual exploratory learning.

(A) as   (C) both
(B) between   (D) that

【訳】

デジタル教材は、教室での学習と個人の探求的学習の両方に役立つ。

(A) 前 〜として
(B) 前 〜の間に
(C) 副 両方とも
(D) 接 〜ということ

【解説】

鉄則21 ▶ both A and Bなどのセット表現はパートナーを探す

選択肢に(C) bothがあるので、まずは**そのパートナーのandが空所の後ろにないか確認**すると、すぐに見つかります。(B) betweenもandとセットになるものの、「クラス学習と個人の探求的学習の間で役立つ」となり意味を成しません。

Part

6

長文穴埋め問題

 Part 6は語彙問題も文法問題も文脈に依存する問題がほとんどです。読み飛ばさずに、素早く話の流れをつかむ練習をしましょう。

600点	730点
目標正解数	目標正解数
16問中 8〜9問	16問中 10〜11問

問題形式

文書内の４つの空所に、それぞれ(A) ～ (D)の選択肢から適切な語句または文を選ぶ問題。

問題数 ：16問（文書が４つ）
目標時間配分：約10分
文書の種類 ：Ｅメール、お知らせ、メモなどの通信文、記事など
問題の種類 ：
・「**語彙問題**」（文脈依存の問題がほとんど）7 ～ 10問
・「**文法問題**」（代名詞、動詞の時制、品詞問題など）2 ～ 3問
・「**文選択問題**」4問（各文書に１問ずつ）

※詳細は『はじめて』のp. 164参照。

攻略法

攻略1 ▶ 文法の頻出ポイントを押さえる

Part 5で押さえた文法項目を再度確認。その上で、Part 6によく問われる、代名詞が指すもの、動詞の時制、品詞を押さえる。

攻略2 ▶ 読解練習、速読練習をする

スラッシュリーディング、音読などで、語順通りに意味をとる力を身に付ける。
※スラッシュリーディングは『はじめて』のp. 226 ～ 229を参照。

攻略3 ▶ 頻出表現を覚える

通常の語彙に加えて、Part 6の選択肢に頻出する「つなぎ言葉」を覚える。
※「つなぎ言葉」は『はじめて』のp. 172 ～ 173を参照。

> **Part 6の鉄則、覚えてますか？ 次ページから問題を解きながら確認しましょう。**

鉄則　必須の解法テクニック

✓ **鉄則18** ▶ 　　　　　　　動詞は、形・数・態・時制をチェック

✓ **鉄則25** ▶ 　　　　　文挿入は代名詞やつなぎ言葉をヒントに文脈から判断

✓ **鉄則26** ▶ 　　　　　　代名詞は単複や人か物かを考えて選ぶ

鉄則チェック

例題を解いて、Part 6に有効な鉄則を確認していきましょう。

●空所に入る適切な語句を(A) 〜 (D)から選びましょう。
解答用紙 >> p. 373　解答・解説 >> p. 84

Questions 1-4 refer to the following notice.

We have recently received some questions about the appropriateness of accepting certain gifts from customers. The company's Employee Code of Conduct ------- strict rules about **1.** this issue. We would like to remind ------- of these. **2.**
The types of gifts you may freely accept are limited. Inexpensive corporate merchandise, such as caps or T-shirts with a customer's logo, is allowed. -------. Other small gifts with a **3.** value of less than $25 are permissible. Any gift that does not meet these ------- may not be accepted without your **4.** supervisor's approval.

1. (A) had
   (B) has
   (C) have
   (D) having

2. (A) him
   (B) them
   (C) it
   (D) you

3. (A) The new rules will go into effect next month.
   (B) Clients may also pay for business-related meals.
   (C) These will be offered for a limited time only.
   (D) A variety of colors and designs are available.

4. (A) values
   (B) arrangements
   (C) criteria
   (D) expectations

1.-4.

Questions 1-4 refer to the following notice.

We have recently received some questions about the appropriateness of accepting certain gifts from customers. The company's Employee Code of Conduct ---1.--- strict rules about this issue. We would like to remind ---2.--- of these.

The types of gifts you may freely accept are limited. Inexpensive corporate merchandise, such as caps or T-shirts with a customer's logo, is allowed. ---3.---. Other small gifts with a value of less than $25 are permissible. Any gift that does not meet these ---4.--- may not be accepted without your supervisor's approval.

【訳】
問題1-4は次のお知らせに関するものです。
最近、お客様から特定の贈与品を受け取ることの妥当性についての質問が寄せられています。わが社の従業員行動規範には、この問題についての厳格なルールが載っています。皆さんにこれらを思い出していただきたいと思います。自由に受け取ってもよい贈与品の種類は限られています。企業のロゴ入りの帽子やTシャツといった、高価ではない法人グッズは許可されています。顧客が仕事関連の食事代を払ってくれるのも構いません。その他25ドル未満のちょっとした贈与品は許容されています。これらの基準に合致しないいかなる贈与品も上司の承認なしに受け取ってはいけません。

【設問】

1. (A) had　　　(C) have
　　 (B) has　　　(D) having

2. (A) him　　　(C) it
　　 (B) them　　　(D) you

3. (A) The new rules will go into effect next month.
　　 (B) Clients may also pay for business-related meals.
　　 (C) These will be offered for a limited time only.
　　 (D) A variety of colors and designs are available.

4. (A) values　　　(C) criteria
　　 (B) arrangements　(D) expectations

【訳】

1. 選択肢の訳は省略

2. (A) 彼に　　　(C) それに
　　 (B) 彼らに　　(D) あなたに

3. (A) 新ルールは来月実施されるでしょう。
　　 (B) 顧客が仕事関連の食事代を払ってくれるのも構いません。
　　 (C) これらは限られた期間のみ提供されるでしょう。
　　 (D) さまざまな色やデザインが利用可能です。

4. (A) 価値　　　(C) 基準
　　 (B) 段取り　　(D) 期待

語注　appropriateness 適否　Code of Conduct 行動規範　inexpensive 高価ではない
permissible 許される　approval 承認

1.　正解 (B)　文法問題：動詞

【解説】
空所には述語動詞が必要で、かつ主語Code of Conductが単数なので、(C) have、(D) havingが外れ、(A)過去形、(B)現在形が残ります［鉄則18］。空所の後は、規則を思い出して従うように促しているので、この規則は現在も有効と判断でき、現在形の(B) hasが適切です。Part 6では、このように文脈から動詞の時制を判断する問題が出題されます。

2.　正解 (D)　文法問題: 代名詞

【解説】
Part 6に出題される代名詞は、文脈から判断する場合がほとんどです。会社の規則について言及している文脈なので、remindの目的語には、このお知らせの読み手である(D) youが適切です。

3.　正解 (B)　文選択問題

【解説】
新しい規則の話は出てきていないので(A)は不適切です。(B)はalsoがヒントになります［鉄則25］。空所の前では「高価ではない法人グッズは（受け取りが）許可されている」と述べており、その後に(B)「食事接待もまた受けてもよい」という文を続けると自然です。(B)に出てくるmayは「〜かもしれない」ではなく「〜してもよい」という意味で、空所の前のallowと同じニュアンスです。(C)はTheseが直前のcaps or T-shirtsを指すことになりますが、これらが顧客から提供されるであろう期間を勝手に予測するのは不自然です。(D)は話の流れに合いません。

4.　正解 (C)　語彙問題

【解説】
語彙問題も、文脈に依存するものがほとんどです。前文までで受け取り可能な贈与品の定義付けをしていたので、「これらの-------に合致しない贈与品は、上司の承認なしには受け取れない」の空所には、「基準」の(C)が最適です。

確認クイズ

［鉄則18］動詞は、形・数・態・（　①　）をチェック
［鉄則25］文挿入は代名詞や（　②　）言葉をヒントに文脈から判断

確認クイズの答え：①時制　②つなぎ

練習問題

鉄則を駆使して文脈を押さえながら解きましょう。

●空所に入る適切な語句を(A) 〜 (D)から選びましょう。
解答用紙 >> p. 373　解答・解説 >> p. 88

 目標時間 2分30秒

Questions 5-8 refer to the following e-mail.

From:　Maya Sato

To:　　Robert Pronman

Date:　April 2

Subject: Invoice

Hi Robert,

Thank you for the invoice you submitted for the design work you did in March. It has been approved and processed. We will ------- your payment on April 30. I also have a personal update
5.
to share with you. -------. After that, processing of suppliers'
6.
invoices will be handled by my replacement, Olivia Dao. Please direct future correspondence to ------- at odao@tdbcorporation.
7.
com.

I have truly appreciated your ------- professionalism and hard
8.
work over the years. Best of luck in your future endeavors.

Best regards,

Maya

---

5. (A) care
   (B) dispose
   (C) issue
   (D) retain

6. (A) Please give me a call soon to discuss it further.
   (B) Friday will be my final day at Toback Corporation.
   (C) The new accounting system is finally operational.
   (D) I thought the designs you provided were exceptional.

7. (A) me
   (B) them
   (C) it
   (D) her

8. (A) consistent
   (B) consistence
   (C) consistently
   (D) consist

5.-8.

Questions 5-8 refer to the following e-mail.

From: Maya Sato
To: Robert Pronman
Date: April 2
Subject: Invoice

Hi Robert,

Thank you for the invoice you submitted for the design work you did in March. It has been approved and processed. We will ---5.--- your payment on April 30. I also have a personal update to share with you. ---6.---. After that, processing of suppliers' invoices will be handled by my replacement, Olivia Dao. Please direct future correspondence to ---7.--- at odao@tdbcorporation.com.

I have truly appreciated your ---8.--- professionalism and hard work over the years. Best of luck in your future endeavors.

Best regards,
Maya

【訳】
問題5-8は次のEメールに関するものです。
送信者: Maya Sato
受信者: Robert Pronman
日付: 4月2日
件名: 請求書

Robert様
あなたが3月にしてくださったデザイン分の請求書をご提出いただきありがとうございます。あなたからの請求書は承認され、処理されました。支払いは4月30日に行います。また、個人的なお知らせがあります。金曜日は私のToback社での最終日になります。その後は、私の後任のOlivia Daoが、業者の請求書の処理に当たります。今後は、odao@tdb-corporation.comの彼女宛てにご連絡をお願いいたします。
あなたの長年にわたる一貫したプロ意識とご尽力に本当に感謝しております。今後のご活躍をお祈りしております。
敬具
Maya

【設問】

5. (A) care   (C) issue
     (B) dispose   (D) retain

6. (A) Please give me a call soon to discuss it further.
     (B) Friday will be my final day at Toback Corporation.
     (C) The new accounting system is finally operational.
     (D) I thought the designs you provided were exceptional.

7. (A) me   (C) it
     (B) them   (D) her

8. (A) consistent   (C) consistently
     (B) consistence   (D) consist

【訳】

5. (A) 動 気に掛ける (C) 動 発行する
     (B) 動 処分する   (D) 動 維持する

6. (A) その件でもっと話すためにすぐに電話をください。
     (B) 金曜日は私のToback社での最終日になります。
     (C) 新しい経理システムがついに稼働します。
     (D) あなたが提供してくださったデザインは素晴らしいと思いました。

7. (A) 私に   (C) それに
     (B) 彼らに   (D) 彼女に

8. (A) 形 一貫した (C) 副 一貫して
     (B) 名 一貫性   (D) 動 構成する

語注 approve 動 承認する handle 動 扱う replacement 名 交代要員 correspondence 名 通信 endeavor 名 試み further 副 さらに operational 形 使用可能な exceptional 形 例外的な、素晴らしい

5.　正解 (C)　語彙問題

【解説】
5の空所の前で、請求書の受け取りを確認し、承認され、処理済みと言っているので、空所には、「あなたの支払いをする」という意味になる動詞が適切です。この選択肢の中では(C)がその意味になります。issue the paymentはビジネスの取引で正式に「支払いをする」という意味で用いられる表現です。

6.　正解 (B)　文選択問題

【解説】
空所の前の文で「個人的なお知らせがある」と言っているので、自らの退社を知らせる(B)が最適です。

----

7. 正解 (D) 文法問題：代名詞

【解説】
鉄則26 ▶ 代名詞は単複や人か物かを考えて選ぶ

前の文で、自分の後任はOliviaさんと紹介しているので、今後の連絡先はOliviaさんを指す(D)「彼女へ」となるのが適切です。

---

8. 正解 (A) 文法問題：品詞

【解説】
鉄則19 ▶ 名詞を修飾するのは形容詞、それ以外を修飾するのは副詞

直後にprofessionalismという名詞がきているので、名詞を修飾する形容詞(A)が正解です。ラッキーな品詞問題もPart 6では全体の文意をとらないと後の問題が解けないので、文章の途中の出題であれば結局は読み飛ばせません。しかしここではこれが最後の問題なので、残りは読む必要はありません。

確認クイズ

［鉄則26］代名詞は（　①　）や（　②　）か（　③　）かを考えて選ぶ

確認クイズの答え：①単複　②人　③物

Part
7

読解問題

 Part 7は読む時間があれば解ける問題が多いです。目標スコアに合わせて、難しいと感じた問題はスルーする戦略も必要です。

600点 目標正解数	730点 目標正解数
54問中 30〜31問	54問中 35〜36問

問題形式

1つの文書（シングルパッセージ）または複数の文書（ダブルパッセージ、トリプルパッセージ）の内容に関する2～5つの設問について、適切な答えを(A)～(D)の選択肢から選ぶ。

問題数 ： 54問（15セット）
目標時間配分： 約55分
文書の種類 ： インターネット上のチャットを含むさまざまな通信文、または広告、記事、取扱説明書などの文書が題材になる。

設問の種類と解く優先度

①**テーマ問題：**8～10問
文書の主題や書き手の業種など、大きなテーマを問う問題。比較的速く解けて正解もしやすい問題が多い。　**優先度→原則取り組む**

②**詳細問題：**14～17問
地名や理由、日にちなど細かい情報を問う問題。設問の言い換え表現をピンポイントで探して解く。得点源にしたい種類の問題。　**優先度→原則取り組む**

③**内容一致問題：**15～20問
設問はWhat is suggested/mentioned about A?のような英文で、本文と選択肢の照合が必要。　**優先度→短い文書は取り組む。長い文書はスルー可**

④**NOT問題：**2～4問
「～でないのは何ですか」のような設問文で、本文にはない選択肢を選ぶ問題。本文との照合が必要。　**優先度→短い文書は取り組む。長い文書はスルー可**

⑤**文挿入問題：**2問
英文を挿入すべき適切な箇所を選ぶ問題。
優先度→原則取り組む。1回読んでピンとこなければスルー可

⑥**意図推定問題：**2問
チャットでの書き手の発言の意図を問う問題。
優先度→話の流れが想像できたときは取り組む。イメージが湧かないときは深追いしない

⑦**語彙問題：**2～6問
本文中の語彙（通常、語義が複数ある）に最も意味が近い選択肢を選ぶ問題。
優先度→取り組む。時間がないときは、ほかの設問をスルーして、空所を含む1文だけ読んで文脈から選ぶ

⑧クロスレファレンス（CR）問題： 5 〜 10問

複数の文書の情報を総合して答えを選ぶ問題。問われる内容はほとんどが詳細問題か内容一致問題。

優先度→詳細問題のときは解く。内容一致問題のときはスルー可

——————————————————————————————————————

攻略法

攻略1 ▶ 設問の種類を押さえる

自分が対応しやすい設問を選んで、最良の時間配分で正解率を上げる。

攻略2 ▶ 言い換え表現に柔軟に反応する癖を付ける

「言い換え表現」に最も注意しなくてはいけないのがPart 7。数詞や固有名詞以外は、「本文そのまま」の表現が選択肢に出ることはほぼない。選択肢の意味を柔軟に解釈するのが攻略の秘訣。

攻略3 ▶ 語彙力と速読力アップを心掛ける

Part 6以上に、Part 7では膨大な文章量を「速く」理解する練習が必要。
※『はじめて』のpp. 204 〜 205、pp. 226 〜 229を参照。

登場人物のラストネームを常に意識しておきましょう。特にチャットが題材の問題では、やりとりの最中はファーストネーム（例：Yuko）で呼ばれているのに、設問では名字（例：Koishi）で問われることがあります。

Part 7の鉄則、覚えてますか？ 次ページから問題を解きながら確認しましょう。

——————————————————————————————————————

鉄則 必須の解法テクニック

✓ **鉄則11** ▶ 目的・場所・業種は冒頭に注意し、後のキーワードで確認

✓ **鉄則13** ▶ 意図推定問題は、話の流れに注意

✓ **鉄則15** ▶ キーワードの言い換え表現にアンテナを張る

✓ **鉄則25** ▶ 文挿入は代名詞やつなぎ言葉をヒントに文脈から判断

✓ **鉄則27** ▶ CR問題のヒントは、他の設問のヒントがない部分にある

鉄則チェック

例題を解いて、Part 7の設問タイプと鉄則を確認しましょう。

●文書の内容に関する設問への答えを(A) 〜 (D)から選びましょう。
　解答用紙 >> p. 373　解答・解説 >> p. 98

Questions 1-2 refer to the following text-message chain.

Neil Bettina (10:45 A.M.)
Doris, did you reserve a room for our meeting this morning?

Doris Huang (10:46 A.M.)
Didn't I include that in my invitation? It's Room 203 on the second floor.

Neil Bettina (10:47 A.M.)
I just came from there. It's booked all day for a training session.

Doris Huang (10:48 A.M.)
What! I was sure I confirmed it.

Neil Bettina (10:49 A.M.)
I'm on the fifth floor now. Room 509 is available, but there's no projector.

Doris Huang (10:50 A.M.)
I'll borrow one from our department. See you in ten minutes.

---

1. At 10:47 A.M., what does Mr. Bettina mean when he writes, "I just came from there"?

(A) He was delayed by an earlier appointment.
(B) He checked a room's availability earlier.
(C) He prefers not to return to the second floor.
(D) He recently finished a training session.

2. What will Ms. Huang most likely take to the meeting with Mr. Bettina?

(A) An invitation   (C) A textbook
(B) A training manual   (D) A projector

Questions 3-5 refer to the following article.

San Diego (October 7) – Salad Shack will soon open its first branch outside California. — [1] —. The popular restaurant chain, which started in San Diego 12 years ago, now has over 20 locations across the state. Its inaugural East Coast restaurant will be in Boston.

The business was founded by entrepreneur Sara Mizoguchi. — [2] —. Her mission was simple: to make salad an exciting dining option. With its creative ingredients and stylish décor, the initial restaurant was an instant hit. — [3] —. Thanks to excellent word of mouth and media coverage, it continued to gain in popularity despite a lack of advertising.

Each new location has offered the same concept and food. — [4] —. However, it will have a few original menu items. The company is also currently negotiating lease terms for another East Coast branch in Baltimore.

3. What is the article mainly about?

(A) A food chain is opening its first branch.
(B) A restaurant plans to relocate its flagship location.
(C) A business is expanding into another region.
(D) A company will launch a new product line.

4. What is indicated about Salad Shack's first restaurant?

(A) It quickly became successful.
(B) It spent a lot on advertising.
(C) It only had a takeout menu.
(D) It was located in a busy area.

5. In which of the positions marked [1], [2], [3], and [4] does the following sentence best belong?

"The Boston branch will adopt the same approach, too."

(A) [1]
(B) [2]
(C) [3]
(D) [4]

Questions 6-10 refer to the following e-mail and invoice.

From: Joanne Francis
To: Erin Crosby
Date: March 7
Subject: March 6 Meeting
Attachment: 📎Contract

Dear Ms. Crosby,

Thank you for consulting with us about the proposed contract for the sale of your family's store. The attached document reflects the changes we suggested during your visit yesterday. We have also sent a paper copy to your home. Your credit card has been charged for your initial payment. We will issue a bill for the remaining portion of our fee by the end of the month.

Best regards,

Joanne Francis, Attorney

Petra & Fleming Law Firm

Petra & Fleming Law Firm

Foley Office	Daphne Office
7823 Highway 59	8820 Bayview Drive
Foley, Alabama 36535	Daphne, Alabama 36526

www.petrafleminglaw.com

Date: March 31   Bill number: 70622

To: Ms. Erin Crosby
     108 Charleston Circle, Foley, Alabama 36542

Thank you very much for your business. Please pay as indicated below for services rendered:

March 6—Conference with Joanne Francis at Foley Office regarding sale of property at 855 Vernon Boulevard, Daphne	Service fees:	$450.00
	Other fees:	$ 13.50
	Total fees:	$463.50
	Payments received to date:	$238.50
	Balance due:	$225.00

Please send personal checks to our Daphne Office. To pay online, go to our Web site and click "payment." A 3 percent transaction fee is added to all credit card payments.

6. What is the main purpose of the e-mail?
   (A) To request a payment for a service
   (B) To acknowledge receipt of payment
   (C) To confirm changes made to a contract
   (D) To make suggestions about renovation

7. In the e-mail, the word "reflects" in paragraph 1, in line 2, is closest in meaning to
   (A) considers
   (B) shows
   (C) pictures
   (D) examines

8. To which address was a paper contract sent?
   (A) 7823 Highway 59
   (B) 855 Vernon Boulevard
   (C) 108 Charleston Circle
   (D) 8820 Bayview Drive

9. What is NOT shown on the invoice?
   (A) The topic of a consultation
   (B) The location of a sale property
   (C) A firm's Web site address
   (D) A payment due date

10. What is suggested about Ms. Crosby?
   (A) She was charged 3 percent to make a payment.
   (B) She traveled out of town on March 6.
   (C) She paid $463.50 to the law firm in March.
   (D) She has met with Ms. Francis twice.

1.-2.

【訳】

問題1-2は次のテキストメッセージのやりとりに関するものです。

Neil Bettina（午前10時45分）
Doris, 今朝の会議用の部屋を予約しましたか。

Doris Huang（午前10時46分）
それ、私からの開催連絡に入れてませんでした？　2階の203号室です。

Neil Bettina（午前10時47分）
今そこから戻ってきたんです。その部屋は研修で1日中予約が入ってますよ。

Doris Huang（午前10時48分）
何ですって！　確かに確認したのに。

Neil Bettina（午前10時49分）
今5階に来ています。509号室が空いてますが、プロジェクターがありません。

Doris Huang（午前10時50分）
うちの部から1台借りてきます。では10分後に会いましょう。

1. 午前10時47分に、Bettinaさんは "I just came from there" という発言で何を意図していますか。
(A) 彼はその前の予定のせいで遅れた。
(B) 彼はその前に部屋が空いているかをチェックした。
(C) 彼は2階に戻りたくない。
(D) 彼は最近研修を終えた。

2. HuangさんはBettinaさんとのミーティングに何を持って行くと考えられますか。
(A) 招待状　　　　　　　　(C) 教本
(B) 研修マニュアル　　　　(D) プロジェクター

> 語注　include 動 含める　confirm 動 確認する　available 形 利用可能な

1. 　正解 (B)　意図推定問題

【解説】

意図推定問題は、前後の話の流れを意識しながら、発言の意図を想像しましょう［鉄則13］。Bettinaさんに「会議の部屋を予約したのか」と聞かれたHuangさんは、10時46分の発言で、203号だと答えています。その後、BettinaさんはI just came from there.と言ってから、「その部屋は1日中予約が入っている」と告げています。つまり、部屋の空き状況はすでに確認済みということですから(B)が正解です。

2.   正解 (D)   詳細問題

【解説】

10時50分の発言でHuangさんは、I'll borrow one（1台借りる）と言っています。このoneは直前のBettinaさんの発言にある「プロジェクター」を言い換えているので、(D)が正解です［鉄則15］。

確認クイズ

［鉄則13］意図推定問題は、（　①　）に注意
［鉄則15］キーワードの（　②　）表現にアンテナを張る

Part 7

鉄則チェック　解答・解説

3.-5.

【訳】
問題3-5は次の記事に関するものです。

> サンディエゴ（10月7日）── Salad Shackは間もなくカリフォルニア州外で最初の支店をオープンする。サンディエゴで12年前に創設されたこの人気レストランチェーンは、今や同州各地に20軒を超える支店を持っている。その東海岸初の店舗の場所はボストンになる。
>
> この事業は起業家のSara Mizoguchiによって設立された。彼女の使命はシンプルだった。サラダを食事のわくわくする選択肢の一つにするということだ。その独創的な食材とおしゃれな盛り付けで、最初のレストランはたちまちヒットした。素晴らしい口コミとメディアの報道のおかげで、レストランは宣伝もしないのに人気が上昇し続けた。
>
> 新たな店舗はいずれも同じコンセプトと食事を提供してきた。ボストン店もまた、同じやり方を採用するだろう。ただし、同店は幾つかのオリジナルメニューを出すだろう。同社はまた、現在、ボルティモアで東海岸でのもう1軒の支店のためにリース契約を交渉中だ。

※下線は設問5の正解部分です。

3. 記事は主に何に関するものですか。
- (A) フードチェーンが最初の支店を開く。
- (B) レストランが旗艦店の場所を移す予定だ。
- (C) 事業が別の地域に拡大していく。
- (D) 会社が新商品ラインを発売する。

4. Salad Shackの最初のレストランについて何が示されていますか。
- (A) あっという間に成功した。
- (B) 宣伝に大金を費やした。
- (C) 持ち帰りメニューだけだった。
- (D) にぎやかな場所にあった。

5. [1]、[2]、[3]、[4]と記載された箇所のうち、次の文が入るのに最もふさわしいのはどれですか。
「ボストン店もまた、同じやり方を採用するだろう」
- (A) [1]
- (B) [2]
- (C) [3]
- (D) [4]

> **語注**　inaugural 形 開始の　initial 形 初めの　term 名 （契約などの）条項

3.　　正解 (C)　テーマ問題

【解説】

冒頭で、カリフォルニア州外での最初の支店オープンの話と分かり、最後の方で、東海岸でのもう1軒の開店計画に言及があるので、記事のテーマはよその地域での新店舗展開と確認でき、(C)が正解です［鉄則11］。

4.　　正解 (A)　内容一致問題

【解説】

第2段落中盤にthe initial restaurant was an instant hitとあるので、(A)が正解です。設問ではinitialをfirst、選択肢ではinstantをquickly、hitをsuccessfulで言い換えています［鉄則15］。

5.　　正解 (D)　文挿入問題

【解説】

挿入文には、same approach, tooに「～もまた」というつなぎ言葉が含まれており、この文の前にも何かのやり方の言及があるはずです。[4]の前に「新たな店舗はいずれも同じコンセプトと食事を提供してきた」とあり、[4]の後の文の代名詞itが挿入文の「ボストン支店」を指すと自然な文脈になるので(D)が適切です［鉄則25］。

> ### 確認クイズ
>
> ［鉄則11］目的・場所・業種は（　①　）に注意し、（　②　）で確認
> ［鉄則25］文挿入は（　③　）や（　④　）をヒントに文脈から判断

確認クイズの答え：①冒頭　②後のキーワード　③代名詞　④つなぎ言葉

6.-10.

【訳】
問題6-10は次のEメールと請求書に関するものです。

送信者: Joanne Francis
受信者: Erin Crosby
日付: 3月7日
件名: 3月6日のミーティング
添付: 📎契約書

Crosby様
ご家族で経営されていたお店の売却に向けて提案された契約書に関して、ご相談いただきありがとうございます。添付した書類には、昨日お越しいただいた際にご提案した変更を反映してあります。紙のコピーも1部ご自宅へ発送致しました。初回のお支払いは、クレジットカードの方へ請求させていただきました。手数料の残金の請求書は、月末までに発送させていただきます。

よろしくお願いします。
弁護士 Joanne Francis
Petra & Fleming 法律事務所

Petra & Fleming 法律事務所

フォーリー事務所	ダフニ事務所
ハイウエー 59 7823	ベイビュードライブ 8820
フォーリー アラバマ州 36535	ダフニ アラバマ州 36526

www.petrafleminglaw.com

日付: 3月31日　　　　　　　　　　　　請求書番号: 70622
請求先: Erin Crosby様
　　　　チャールストンサークル108　フォーリー　アラバマ州　36542

お取引を誠にありがとうございます。行われた業務に対して下記のお支払いをお願い致します。

3月6日 ── ダフニ バーノン大通り 855番の不動産売却に関するフォーリー事務所でのJoanne Francisとのご相談	業務手数料: $450.00 その他手数料: $ 13.50 合計 $463.50 本日現在入金済み $238.50 未払い残高 $225.00

個人小切手は弊社のダフニ事務所にお送りください。オンライン支払いの場合は、弊社ウェブサイトで「支払い」をクリックしてください。クレジットカード払いの場合は、3パーセントの取引手数料が加算されます。

6. Eメールの主な目的は何ですか。
(A) 業務に対して支払いを求めること
(B) 支払いの受領を確認すること
(C) 契約の変更を確認すること
(D) 改装について提案すること

7. Eメール第1段落2行目の"reflects"に最も意味が近いのは
(A) 考慮する　　(B) 見せる　　(C) 描く　　(D) 吟味する

8. どの住所に紙の契約書が送付されましたか。
(A) ハイウエー　59　7823
(B) バーノン大通り　855
(C) チャールストンサークル　108
(D) ベイビュードライブ　8820

9. 請求書に載っていないものは何ですか。
(A) 相談の趣旨
(B) 売却物件の住所
(C) 法律事務所のウェブサイトのアドレス
(D) 支払期日

10. Crosbyさんについて何が示唆されていますか。
(A) 支払いをするのに3パーセントの手数料を請求された。
(B) 3月6日には旅行に出ていた。
(C) 3月に法律事務所に463.50ドルを支払った。
(D) Francisさんと2回会ったことがある。

【語注】　attachment 名 添付書類　attached 形 添付された　initial 形 最初の
issue a bill 請求書を発行する　remaining portion 残りの部分　attorney 名 弁護士
render 動 行う　regarding 前 ～に関する　transaction 名 取引
acknowledge 動 受け取りを認める　sale property 売却不動産　due date 期日

6.　　正解 (C)　テーマ問題

【解説】
冒頭で業務委託の感謝を述べた後、The attached document（添付の書類）以
下で、変更を反映した書類の添付を案内しています。紙面でのコピーの発送にも
言及しているので、変更箇所の確認が目的と考えられ、(C)が正解です［鉄則11］。
支払いはすでに一部がクレジットで処理済みで、残金の請求書も未発送の状態で
すから、(A)の To request payment（支払いを求めること）は不適切です。

7. 正解 (B) 語彙問題

【解説】

reflects the changesは「変更を反映する」という意味なので、この選択肢の中では(B) shows (表している) が最も近いと言えます。

> 語彙問題の答えは、きっちり同じ意味の語というよりも、この語で置き換えても文意が通るかなあくらいのものを柔軟に選ぶことが必要です。

---

8. 正解 (C) 詳細問題＋CR問題

【解説】

Eメールの中盤で、We have also sent a paper copy to your home. (紙のコピーもあなたの自宅に送った) とあるので、このメール受信者のCrosbyさんの自宅が、紙のコピーの送り先です。Eメールには、Crosbyさんの住所が載っていないので、複数の文書の情報を参照するCR (Cross Reference) 問題と見抜き、請求書に答えを探しましょう。請求書には幾つも住所が載っているのに、他の問題のヒントになっていないので、そこがCR問題の目の付け所です。[鉄則27]。ここから(C)が選べます。

---

9. 正解 (D) NOT問題

【解説】

請求書と選択肢の照合が必要です。(A)、(B)共に、料金の横 (左列) の説明に記載があります。2つの事務所の住所の下に(C)ウェブサイトのアドレスも記載がありますが、(D)のA payment due date (支払期日) だけは言及がないので、これが正解です。

---

10. 正解 (A) 内容一致問題＋CR問題

【解説】

これも選択肢と本文の照合が必要な問題ですが、請求書の最下段のただし書きが今までヒントに使われていないので、かなりの確率でここがヒントになると目を付けます[鉄則27]。ただし書きでは「クレジット払いは3パーセントの手数料を追加」となっていますが、Eメールの最後から2文目で、Your credit card has been charged (あなたのクレジットカードに請求された) とあり、Crosbyさんがクレジットカードを使ったことが分かるので、(A)が正解です。

［鉄則27］CR問題のヒントは、（　①　）部分にある

確認クイズの答え：①他の設問のヒントがない

練習問題

鉄則が身に付いているか確認しましょう。この19問を19分で解いてみましょう。

● 文書の内容に関する設問に対する答えを、(A) ～ (D)から選びましょう。
解答用紙 >> p. 373　解答・解説 >> p. 114

 目標時間 19分

Questions 11-12 refer to the following memo.

From: Mildred Pearson
To: Team managers
Date: January 28

According to our latest employee survey, staff feel their efforts are not being acknowledged adequately. We have therefore decided to begin handing out an Employee of the Month Award. Recipients will be recognized in our internal communications and social media.

Each month, we will choose one deserving person from those nominated by all managers. This will require you to complete an online form with a brief explanation. You will receive a link to the February form soon, along with further details about the new process. Thank you in advance for your support.

---

11. What is the main purpose of the memo?
    (A) To explain changes to a process
    (B) To promote a recent achievement
    (C) To thank some employees
    (D) To announce a new initiative

12. According to the memo, what are managers expected to do?
    (A) Fill out a survey
    (B) Recommend employees
    (C) Attend an event
    (D) Distribute a document

Questions 13-15 refer to the following e-mail.

To: Norman Cifuentes
From: Advertising Monthly
Date: February 2
Subject: Subscription Notice

Dear Mr. Cifuentes,

Your subscription to *Advertising Monthly Online*, the Web edition of the advertising industry's leading journal, expires on February 28. —[1]—. Your subscription will then be automatically renewed for another year at the rate of $243.00.

Automatic renewal offers a number of benefits. —[2]—. It also ensures that you can keep reading and contributing to our user forum and blog. Most importantly, your access to the complete contents of *Advertising Monthly* remains uninterrupted. —[3]—. That's every edition in our history, plus each month's new issue available the moment it's published.

If you would like to change the payment method you have on file or no longer wish to renew automatically, please contact us by February 9. —[4]—.

Sincerely,
Advertising Monthly Online

13. What is included with a subscription to *Advertising Monthly Online*?

(A) Lower rates for advertising in a magazine
(B) Access to previews of new products
(C) A complete archive of past issues
(D) Discounted admission to industry events

14. Why might Mr. Cifuentes contact *Advertising Monthly Online* by February 9?

(A) To stop his subscription from renewing
(B) To register a new mailing address
(C) To take advantage of a special price
(D) To make a payment of $243.00

15. In which of the positions marked [1], [2], [3], and [4] does the following sentence best belong?

"For one, it makes your subscription hassle-free."

(A) [1]   (B) [2]   (C) [3]   (D) [4]

Questions 16-19 refer to the following text message chain.

Stefan Magnusson [2:15 P.M.]
Hi. How are the preparations for the trade show going?

Doug Hardwick [2:16 P.M.]
Good. The booth is almost ready. We just need to finish setting up the monitor to run the product demo video.

Stefan Magnusson [2:17 P.M.]
That's great. From a communications perspective, I'd like to generate some interest ahead of the event on social media. I was hoping Sun-Hwa could post something as head of the sales team.

Sun-Hwa Yoon [2:18 P.M.]
Sure, I can do that later today.

Stefan Magnusson [2:19 P.M.]
I've actually drafted a short text covering the key messages, like the product launch and inviting visitors to stop by our booth.

Sun-Hwa Yoon [2:19 P.M.]
I'd like to see that. Can you forward it to me now?

Stefan Magnusson [2:20 P.M.]
Sure. Hold on a moment.

Doug Hardwick [2:21 P.M.]
Why don't we make it a short video instead? Once we're done setting up the booth, I can film Sun-Hwa on my phone giving the message. With the booth in the background, that would probably have more impact.

Stefan Magnusson [2:22 P.M.]
Agreed—please do that!

---

16. What is suggested about Ms. Yoon?

    (A) She will give a product demonstration.
    (B) She will arrive at the venue later.
    (C) She holds a management position.
    (D) She forgot about a work assignment.

17. Who is the social media message intended for?

    (A) Sales representatives
    (B) Prospective attendees
    (C) Media members
    (D) Other employees

18. At 2:20 P.M., what does Mr. Magnusson mean when he writes, "Hold on a moment"?

    (A) He is about to send a document.
    (B) He is going to write a draft.
    (C) He will update a text.
    (D) He is thinking about a suggestion.

19. What will Mr. Hardwick most likely do next?

    (A) Watch a video
    (B) Lend Ms. Yoon his phone
    (C) Edit a recording
    (D) Finish setting up the booth

Questions 20-24 refer to the following advertisement and Web page.

Come see Vector Solutions
at the International Human Resources Conference
in Singapore!

"Finding the Right Person for the Right Role"
Saturday, November 2, 4:00-5:00 P.M. Room 413

Vector Solutions will launch its new Web-based assessment tool, the Global Workplace Aptitude Test, or GWAT, at this year's conference. GWAT measures key factors that predict an applicant's likelihood of success at a job. An update of Vector's widely used Organizational Aptitude Test, GWAT assesses critical thinking, problem-solving, language skills, and analytical abilities. It has been designed specifically to meet the needs of companies in non-English-speaking countries.

Stuart Chu, chief researcher, will show how GWAT works during this talk hosted by Jill Faulkner, president of product development. The presentation will also discuss the tool's development through pilot programs at more than 200 organizations around the world. For more information, visit the Vector Solutions booth or contact Jia Zhou, marketing director, at jzhou@vectorsolutions.com.

Dr. Barbara Lucas, Cliniquest Laboratories (Wellington, New Zealand)

"As a medical device maker founded by two doctors, we were completely unprepared when the time came to hire more staff at our head office. Jia Zhou showed us how the Organizational Aptitude Test could drastically reduce the time needed to find the ideal candidates. We are planning to open sales offices in the UK and USA, research centres in Europe and Asia, and a second manufacturing facility in Australia. Vector Solutions' tests will be an invaluable tool for staffing these locations."

20. What is indicated about Vector Solutions?

(A) It has a branch in Singapore.
(B) It provides Web site consulting.
(C) It evaluates job candidates.
(D) It conducts product testing.

21. Which of the following is NOT assessed by GWAT?

(A) The possibility of future success
(B) Financial background
(C) Language proficiency
(D) Problem-solving skills

22. According to the advertisement, what will take place on November 2?

(A) A product demonstration
(B) An interview with a company founder
(C) A panel discussion
(D) A recruiting drive

23. Who did Ms. Lucas work with at Vector Solutions?

(A) A researcher
(B) A product developer
(C) A human resources director
(D) A marketing executive

24. For which location will Cliniquest Laboratories most likely use GWAT?

(A) The head office
(B) A sales office
(C) A research facility
(D) A factory

Part 7

練習問題

Questions 25-29 refer to the following Web page, press release, and e-mail.

About Our Products

At Hybora, we're helping reduce the environmental impact associated with smartphones. We offer a wide range of phone cases made entirely from biodegradable materials. They're as stylish, functional, and durable as plastic cases—without the waste!

All Hybora cellphone cases are highly resistant to damage if dropped. They also have a comfortable texture that's slip-resistant, even when your hands are wet. And they're compatible with all leading smartphone brands. Plus, we offer free shipping worldwide using the least packaging materials possible.

All products available exclusively on our Web store. Check out our full lineup here!

Hybora Releases Limited-Edition Smartphone Case Series

May 7—Hybora, a maker of sustainable, stylish smartphone cases, has launched a new series of designs based on classic textile patterns. Six options are available: stripes (blue and yellow), polka dots (pink and purple), batik (color or monochrome), and paisley (color or monochrome).

Featuring the same benefits as all the company's other products, the new cases are on sale for $59 each. This limited-edition series is available only while supplies last.
For more details, visit www.hybora.com/textile-series.

To: Rachel Weintraub
From: customerservice@hybora.com
Date: July 6
Subject: Order No. HC30518-61

Dear Rachel,

Thank you for your e-mail concerning order HC30518-61. We apologize for shipping you a smartphone case with the wrong design.

Unfortunately, the monochrome design you wanted has already sold out. We will reimburse you the full amount of your purchase.

There are still limited quantities of the other designs available, including the monochrome batik, which you may wish to purchase instead with the refunded money. You may view that <u>here</u>. Given the series' popularity, we may release other textile-based designs in the future, but they will have other colors and patterns.

Thank you,

Hybora Customer Service

25. What is indicated about Hybora's smartphone cases?

(A) They use a special type of plastic.
(B) They do not break easily.
(C) They are made from fabric.
(D) They protect against water damage.

26. What is most likely true about the new product series?

(A) They are sent without using much packaging.
(B) They are distributed by various retailers.
(C) They are designed for a specific phone brand.
(D) They are less expensive than other Hybora cases.

27. In the press release, the word "Featuring" in paragraph 2, in line 1, is closest in meaning to

(A) Introducing   (C) Focusing
(B) Appearing   (D) Including

28. What is a purpose of the e-mail?

(A) To announce a new product line
(B) To promote a limited-time offer
(C) To inform a customer about a refund
(D) To explain the cause of an error

29. Which design did Ms. Weintraub order?

(A) Stripes   (C) Batik
(B) Polka dots   (D) Paisley

11.-12.

【訳】

問題11-12は次のメモに関するものです。

送信者：Mildred Pearson
受信者：チームマネジャー
日付：1月28日

最新の社員調査によると、スタッフは自分たちの努力が適切に認められていないと感じているようです。そこで私たちは、「今月の社員賞」の授与を始めることを決定しました。受賞者は社内報とソーシャルメディアで表彰されます。

毎月、私たちは全てのマネジャーたちから指名された人の中から賞にふさわしい人を1人選びます。このため、皆さんには、短い説明を添えてオンラインフォームに記入してもらうことになります。間もなくこの新しい手順に関するさらなる詳細と共に、2月度のフォームへのリンクがお手元に届きます。ご協力に感謝いたします。

---

11. メモの主な目的は何ですか。
(A) 手続きの変更について説明すること
(B) 最近の業績を宣伝すること
(C) 何人かの社員に感謝すること
(D) 新しい取り組みを発表すること

12. メモによると、マネジャーたちは何をする予定になっていますか。
(A) アンケートに記入する
(B) 社員を推薦する
(C) イベントに参加する
(D) 文書を配布する

語注　survey 图 調査　effort 图 努力　acknowledge 動 認める　adequately 副 適切に　hand out ~ ～を分配する　recognize 動 表彰する　internal communication 内部コミュニケーション（ここでは社内報や社内の掲示板のこと）　achievement 图 業績　initiative 图 取り組み、率先

11.　**正解 (D)**　**テーマ問題**

【解説】

鉄則11 ▶ 目的・場所・業種は冒頭に注意し、後のキーワードで確認

鉄則15 ▶ キーワードの言い換え表現にアンテナを張る

第1段落の2文目でdecided to begin handing out an Employee of the Month Award（「今月の社員賞」の授与を始めると決めた）と述べ、第2段落では、具体的な実施方法に言及しています。(D) To announce a new initiativeが、その言い換えになるので正解です。社員賞は、前からあったものを変更するわけではないので(A)は間違いです。(C)は、賞設置の目的であって、このメモの主たる目的ではありません。

12. 正解 (B) 詳細問題

【解説】
鉄則15 ▶ キーワードの言い換え表現にアンテナを張る

第2段落1文目で、choose one deserving person from those nominated by all managers（全マネジャーが指名した人の中からふさわしい人を選ぶ）とあるので、nominateをrecommendで言い換えている(B)が正解です。指名のためにオンラインフォームに記入するよう求められていますが、これはsurvey（アンケート）ではないので(A)は間違いです。

Part 7

練習問題 解答・解説

13.-15.

【訳】
問題13-15は次のEメールに関するものです。

受信者：Norman Cifuentes
送信者：月刊広告
日付：2月2日
件名：購読契約のお知らせ

Cifuentes様

広告業界の主要専門誌のウェブ版である『月刊広告オンライン』のあなたの購読契約期間は、2月28日で終了します。その後は、あなたの契約は243ドルでもう1年自動的に更新されます。

自動更新には幾つかの利点があります。一つには、それであなたは購読契約の手間がなくなるのです。また、あなたは引き続き、弊社のユーザーフォーラムとブログを読んだり、そこに寄稿したりできます。最も重要なのは、『月刊広告』の全てのコンテンツへのアクセスが中断されないということです。それには、これまでの全ての号と、発刊された瞬間から読める毎月の最新号が含まれます。

もしファイルにあるあなたの支払い方法を変更なさりたい場合や、今後は自動更新を希望されない場合は、2月9日までにご連絡ください。

敬具
月刊広告オンライン

※下線部は設問15の正解部分です。

13. 「月刊広告オンライン」の購読契約に含まれているものは何ですか。
    (A) 雑誌の広告の定額料金
    (B) 新製品を内覧する権利
    (C) バックナンバーの完全なアーカイブ
    (D) 業界のイベントへの割引入場料

14. なぜCifuentesさんは2月9日までに「月刊広告オンライン」に連絡するかもしれないのですか。
    (A) 購読契約の更新を停止するため
    (B) 新しいメールアドレスを登録するため
    (C) 特別価格を利用するため
    (D) 243ドルの支払いをするため

15. [1]、[2]、[3]、[4]と記載された箇所のうち、次の文が入るのに最もふさわしいのはどれですか。
    「一つには、それであなたは購読契約の手間がなくなるのです」
    (A) [1]   (C) [3]
    (B) [2]   (D) [4]

語注 subscription 图 購読契約 edition 图 号 expire 動 期限が切れる benefit 图 利益 contribute 動 寄稿する uninterrupted 形 途切れない archive 图 アーカイブ hassle-free 形 手間のかからない

---

13. 正解 (C) 詳細問題

【解説】

鉄則15 ▶ キーワードの言い換え表現にアンテナを張る

第2段落に、契約自動更新の利点が述べられており、それらがsubscriptionに含まれているものということになります。[3]の空所の前で、your access to the complete contents of *Advertising Monthly*（『月刊広告』の全てのコンテンツへのアクセス）と言った後で、That's every edition in our history（これまでの全ての号）と述べています。(C) A complete archive of past issuesがこの部分の言い換えとなり正解です。

---

14. 正解 (A) 内容一致問題

【解説】

鉄則15 ▶ キーワードの言い換え表現にアンテナを張る

設問文の「2月9日」という日付を本文で探せばその近くにヒントがあるはずです。その日付は最終文にあり、「自動更新を希望しない場合は2月9日までに連絡を」と述べられており、このno longer wish to renew automaticallyをTo stop his subscription from renewingで言い換えている(A)が正解です。

---

15. 正解 (B) 文挿入問題

【解説】

鉄則25 ▶ 文挿入は代名詞やつなぎ言葉をヒントに文脈から判断

挿入文はFor one（一つには）から始まっているので、空所の前に「何かが幾つかある」といった表現があるはずです。空所[2]の前にAutomatic renewal offers a number of benefits（自動更新は幾つかの利点を提供する）とあるので、[2]に入れると、it makes your subscription hassle-free（購読契約の手間がなくなる）も適切に続き、空所の後のIt also ensures ~（また、～も確実にする）という内容にも自然につながります。

Part 7 練習問題 解答・解説

16.-19.

【訳】
問題16-19は次のテキストメッセージのやりとりに関するものです。

Stefan Magnusson（午後２時15分）
こんにちは。見本市の準備はどんな感じですか？

Doug Hardwick（午後２時16分）
順調ですよ。ブースはほとんど準備できています。後は製品のデモ映像を流すモニターの設置を終えればいいだけです。

Stefan Magnusson（午後２時17分）
素晴らしい。コミュニケーションの観点から、イベント前にソーシャルメディアで関心を呼んでおきたいのです。Sun-Hwaが営業チームの長として何か投稿してくれないかと期待していたのですが。

Sun-Hwa Yoon（午後２時18分）
いいですとも、今日、後でやりますよ。

Stefan Magnusson（午後２時19分）
実は、製品の発売や来場客をうちのブースに立ち寄るよう誘うといった、主なメッセージを入れた短い文の下書きは作ったのです。

Sun-Hwa Yoon（午後２時19分）
それを見せていただきたいです。今、私に転送してもらえますか。

Stefan Magnusson（午後２時20分）
もちろん、ちょっと待ってください。

Doug Hardwick（午後２時21分）
その代わりに、それを短い動画にしてはどうでしょう？　ブースの設営が終わり次第、私の携帯でSun-Hwaがメッセージを伝える様子を撮影できます。ブースが背景に映っていれば、おそらくもっとインパクトがあるのでは。

Stefan Magnusson（午後２時22分）
賛成です —— それでお願いします！

---

16. Yoonさんについて何が示唆されていますか。
(A) 彼女は製品のデモンストレーションを行う。　(C) 彼女は管理職である。
(B) 彼女は会場に遅れて着くだろう。　(D) 彼女は任務を忘れていた。

17. ソーシャルメディアのメッセージはどんな人を対象としていますか。
(A) 営業担当者　(C) メディアのメンバー
(B) 見込み参加者　(D) 他の社員

18. 午後２時20分にMagnussonさんは "Hold on a moment." という発言で何を意図していますか。
(A) 彼は文書を送るところだ。　(C) 彼は文章を更新する。
(B) 彼は下書きを書くつもりだ。　(D) 彼は提案を考案中だ。

19. Hardwickさんは次に何をすると考えられますか。
(A) 動画を見る
(B) Yoonさんに彼の電話を貸す
(C) 録画を編集する
(D) ブースの設営を終える

語注 perspective 图 観点　generate 動 生み出す　ahead of ~ ~に先立って　draft 動 下書きを書く　hold on 待つ　prospective 形 見込みのある　be about to do まさに今~するところだ

16.　正解 (C)　内容一致問題

【解説】
鉄則15▶ キーワードの言い換え表現にアンテナを張る

2時17分のMagnussonさんの発言で、Sun-Hwa Yoonさんは、as head of the sales team（営業チームの長として）と言及されています。その言い換えとなる (C) She holds a management position. が正解です。

17.　正解 (B)　詳細問題

【解説】
鉄則15▶ キーワードの言い換え表現にアンテナを張る

Magnussonさんは、2時17分に、generate some interest ahead of the event on social media（イベント前にソーシャルメディアで関心を呼ぶ）と言い、2時19分に、メッセージの内容としてinviting visitors to stop by our booth（来場者にブースに寄るよう誘う）と述べています。メッセージは見本市に来てくれそうな人を対象にしていると分かるので、(B) Prospective attendeesが言い換えとなり正解です。

18.　正解 (A)　意図推定問題

【解説】
鉄則13▶ 意図推定問題は、話の流れに注意

2時19分にYoonさんが、メッセージの下書きについてCan you forward it to me now?（今、転送してもらえますか）と頼んだ発言に対し、Magnussonさんが Sure. Hold on a moment.（もちろん、ちょっと待って）と答えています。そこから、彼は今、転送操作をしつつあると推測されるので、(A) He is about to send a document. が適切です。

19.　正解 (D)　詳細問題

【解説】
Hardwickさんは2時21分の発言で、Once we're done setting up the booth, I can film . . .（ブースの設営が終わり次第、撮影できる）と言っているので、次にすることは、(D) Finish setting up the boothが正解です。

20.-24.

【訳】
問題20-24は次の広告とウェブページに関するものです。

シンガポールでの国際人材会議で、Vector Solutionsをお訪ねください！

「適切な仕事に適切な人材を見つける」
11月2日土曜日　午後4時-5時　413号室

Vector Solutionsは今年の会議で、ウェブベースの新しい査定ツール、Global Workplace Aptitude Test（GWAT）を発表します。GWATは求職者が仕事でうまくいく可能性を予測する主な要因を評価します。広く使われているVectorのOrganizational Aptitude Test の改良版であるGWATは、批判的思考力、問題解決力、語学力そして分析能力を査定します。非英語圏の国の企業のニーズに特化してデザインされています。
製品開発部門を担当する社長であるJill Faulknerが司会を務める今回のトークで、主任研究員のStuart Chuが、GWATがどのように機能するのかをお見せします。プレゼンテーションでは、世界中の200を超える組織で実施された試験的なプログラムによるツールの開発についても紹介があります。詳しくは、Vector Solutionsのブースにお立ち寄りいただくか、jzhou@vectorsolutions.comまで、マーケティング担当取締役のJia Zhouにご連絡ください。

◀ | ▶　　＋　　https://www.vectorsolutions.com/testimonials　　↻　　⊕ ⊖ ⊘

Barbara Lucas博士　Cliniquest研究所（ニュージーランド ウエリントン）

「わが社は2人の医師で設立した医療器具メーカーのため、本部にもっとスタッフを雇うことになったときには全く準備ができていませんでした。理想の候補者を見つける時間を、Organizational Aptitude Testがどのように劇的に削減してくれるかを、Jia Zhouが見せてくれました。わが社は、イギリスとアメリカに営業所、ヨーロッパとアジアに研究センター、そして、オーストラリアに2つ目の製造施設を開設予定です。Vector Solutionsのテストは、これらの場所に社員を配置するための大変貴重なツールになるでしょう」

---

20. Vector Solutionsについて何が示されていますか。
- (A) シンガポールに支店を持っている。
- (B) ウェブ上でコンサルティングを提供している。
- (C) 求職者を評価する。
- (D) 製品テストを行っている。

21. GWATで査定しないのは次のどれですか。
- (A) 将来の成功の可能性
- (B) 経済的な背景
- (C) 語学力
- (D) 問題解決スキル

22. 広告によると、11月2日に何が起きますか。
- (A) 製品のデモンストレーション
- (B) 会社の創設者のインタビュー
- (C) パネルディスカッション
- (D) 採用活動

23. LucasさんはVector Solutionsの誰と作業しましたか。
- (A) 研究者
- (B) 製品開発者
- (C) 人事ディレクター
- (D) マーケティング担当役員

24. Cliniquest研究所はどの場所でGWATを使うと考えられますか。
- (A) 本部
- (B) 営業部
- (C) 研究所
- (D) 工場

語注 launch 動 発売する　assessment 名 査定　aptitude 名 適性　predict 動 予測する　likelihood 名 可能性　testimonial 名（商品の）推薦文　invaluable 形 極めて貴重な　evaluate 動 評価する　proficiency 名 技量

- -

20.　正解 (C)　内容一致問題

【解説】

鉄則15▶ キーワードの言い換え表現にアンテナを張る

広告の本文1行目で、Vector SolutionsはGWATを発売するとあります。その GWATは、measures key factors that predict an applicant's likelihood of success at a job（求職者が仕事でうまくいく可能性を予測する主な要因を評価する）と2文目で紹介されているので、(C) It evaluates job candidatesが言い換えとなり正解です。

- -

21.　正解 (B)　NOT問題

【解説】

鉄則15▶ キーワードの言い換え表現にアンテナを張る

(A) The possibility of future successは、広告の本文2文目のan applicant's likelihood of successの言い換えで、(C) Language proficiencyと(D) Problem-solving skillsも、第3文目にproblem-solving, language skillsと載っているので、言及のない(B)が正解です。

22.　正解 (A)　詳細問題

【解説】

鉄則15▶ キーワードの言い換え表現にアンテナを張る

11月2日は広告の上部に、会議でVector Solutionsのプレゼンがある日時として載っています。広告後半で、Stuart Chu . . . will show how GWAT works（Stuart Chuが、GWATがどのように機能するのかを見せる）とあるので、これをdemonstrationで言い換えている(A)が正解です。

23.　正解 (D)　詳細問題＋CR問題

【解説】

鉄則27▶ CR問題のヒントは、他の設問のヒントがない部分にある

CR問題です。Lucasさんは、ウェブページのVector Solutionsのお薦めの言葉（testimonial）の投稿者です。その第2文で、Jia Zhouがデモをしてくれたとあります。広告でJia Zhouの肩書を確認すると、広告の最終文にmarketing directorと載っているので、(D)が正解です。

24.　正解 (C)　詳細問題＋CR問題

【解説】

鉄則27▶ CR問題のヒントは、他の設問のヒントがない部分にある

ウェブページの後半We are planning to以下に挙げられているCliniquest研究所の施設名が選択肢に並んでいるので、これを選ぶヒントを探します。広告中盤にあるto meet the needs of companies in non-English-speaking countries（非英語圏の国の企業のニーズに特化している）という条件付けの文が、まだヒントに使われてないことを思い出しましょう。選択肢の中で、英語圏でない可能性があるのは、Europe and Asiaにある、(C)の A research facilityです。

25.-29.

【訳】
問題25-29は次のウェブページ、報道発表、Eメールに関するものです。

弊社製品について

Hyboraでは、スマートフォンにまつわる環境への影響を減らすお手伝いをしています。弊社は、生分解可能な材料だけで作られた幅広い種類の携帯ケースを提供しています。それらは、プラスチックケースと同じぐらいおしゃれで、機能的で、丈夫で、かつ廃棄物を出しません！

全てのHybora携帯ケースは、落としたときのダメージに高い耐性があります。また、手がぬれているときでさえ滑りにくく、よい手触りです。そして、全ての主要なスマートフォンブランドに対応しています。さらに、包装材料をできるだけ少なくして、世界中に無料で発送します。

製品はどれも弊社のウェブストアでのみ入手可能です。こちらでフルラインアップをご覧ください！

Hyboraが、限定版スマートフォンケースシリーズを発売

５月７日 ── 環境に優しくおしゃれなスマートフォンケースのメーカーであるHyboraはクラシックな織物柄を基にした新シリーズのデザインを発売開始した。6つのオプションがある：ストライプ（青と黄色）、水玉（ピンクと紫）、ろうけつ染め（カラーかモノクロ）、ペイズリー（カラーかモノクロ）。

同社のほかの全製品と同じ利点を持つこの新しいケースは、1つ59ドルで販売される。今回の限定版シリーズは在庫がなくなり次第終了となる。

詳細はwww.hybora.com/textile-seriesまで。

受信者：Rachel Weintraub
送信者：customerservice@hybora.com
日付：7月6日
件名：注文番号 HC30518-61

Rachel様

注文番号HC30518-61に関するEメールをありがとうございました。間違ったデザインのスマートフォンケースを発送してしまい申し訳ございません。

残念ながら、ご要望のモノクロのデザインのケースはすでに売り切れてしまいました。ご購入代金は全額返金させていただきます。

限られた数しかありませんが、代わりにモノクロのろうけつ染め柄を含む、ほかのデザインであれば、その返金分でご購入可能なものがございます。それらは、こちらで閲覧可能です。このシリーズが人気でしたので、将来ほかの織物を基調としたデザインを発売するかもしれませんが、色や柄は別のものになるでしょう。

よろしくお願いいたします。
Hyboraカスタマーサービス

25. Hyboraのスマートフォンケースについて何が示されていますか。
　(A) 特別なタイプのプラスティックを使っている。
　(B) 簡単に壊れない。
　(C) 繊維からできている。
　(D) 水ぬれによるダメージから保護する。

26. 新製品シリーズについて正しいと考えられることは何ですか。
　(A) たくさんの包装を使わずに送られる。
　(B) さまざまな小売業者によって販売される。
　(C) 特定のブランドの電話のためにデザインされている。
　(D) ほかのHyboraのケースよりも安い。

27. 報道発表の第2段落1行目にある "Featuring" に最も意味が近いのは
　(A) 導入している
　(B) 現れている
　(C) 焦点を合わせている
　(D) 含んでいる

28. Eメールの目的は何ですか。
　(A) 新たな製品ラインを発表すること
　(B) 期間限定オファーを販促すること
　(C) 顧客に返金について連絡すること
　(D) 間違いの原因を説明すること

29. Weintraubさんはどのデザインを注文しましたか。
　(A) ストライプ
　(B) 水玉
　(C) ろうけつ染め
　(D) ペイズリー

語注 associated with ~ ~と関連がある entirely 副 全く biodegradable 形 生分解可能な durable 形 丈夫な resistant 形 抵抗力のある compatible 形 対応している exclusively 副 もっぱら sustainable 形 持続可能な concerning 前 ~に関して reimburse 動 返金する

---

25. 正解 (B) 内容一致問題

【解説】

鉄則15▶ キーワードの言い換え表現にアンテナを張る

ウェブページの第3文で、durable（丈夫な）と述べているのを言い換えている (B) They do not break easily. が正解です。biodegradable（生分解可能）な材料は繊維だけとは限りませんし、報道発表の1文目ではa new series of designs based on classic textile patternsとあり、これはtextileそのものではなくその織物柄を使ったデザインのことなので、(C) They are made from fabric.とは言い切れません。(A)は言及がありません。ウェブページの第2パラグラフ1文目に出てくるdamageはぶつけたり落としたりした場合の損傷ですが、water damageは水にぬれてしまうことなので、(D)は引っ掛けです。

---

26. 正解 (A) 内容一致問題

【解説】

鉄則15▶ キーワードの言い換え表現にアンテナを張る

ウェブページ第2段落の最後の文で、using the least packaging materials possible（包装材料をできるだけ少なくして）と述べています。その言い換えとなる(A) They are sent without using much packaging.が正解です。(B) They are distributed by various retailers.は、ウェブページの最後から2文目のAll products available exclusively on our Web store.（製品はどれも弊社のウェブサイトでのみ入手可能です）と矛盾します。

(C) They are designed for a specific phone brand.は、ウェブページの最後から4文目にthey're compatible with all leading smartphone brands.（全ての主要なスマートフォンブランドに対応しています）とあるので間違いです。(D) They are less expensive than other Hybora cases.は報道発表で1つ59ドルとは言っていますが、ほかの製品との比較には言及がありません。

---

27. 正解 (D) 語彙問題

【解説】

Featuring the same benefitsは「同じ利点を特徴として」という意味なので、「特徴として持っている」→「持っている」→「含んでいる」と連想できる(D) includingがこの中では最も近い概念と言えます。(A) Introducing（導入している）は「初めて導入する」というニュアンスになるので、ここでは不自然です。

28. 正解 (C)　テーマ問題

【解説】

鉄則11 ▶ 目的・場所・業種は冒頭に注意し、後のキーワードで確認

Eメール冒頭で発送ミスを謝罪し、注文されたものが売り切れのため全額返金すると述べています。後半では、代わりの柄を薦めたりもしていますが、この行為を(B)のTo promote a limited-time offerとまでは言えません。従って、この選択肢の中では、(C) To inform a customer about a refundが正解です。

----

29. 正解 (D)　詳細問題＋CR問題

【解説】

鉄則27 ▶ CR問題のヒントは、他の設問のヒントがない部分にある

問題25-29はトリプルパッセージなので、最低1問はCR問題が出題されるはずです。報道発表のSix options are available（6つのオプションがある）以下の4つの柄の紹介部分がヒントになるのはすぐ分かると思います。この情報と対比するのは、ここまでの設問のヒントにはなっていない、Eメールにある代替品の紹介を詳細にしている部分です。

まず、Eメールの前半でthe monochrome pattern you wanted（ご要望のモノクロデザイン）と言っています。報道発表からモノクロがあるのは、batikとpaisleyです。そしてEメール後半で、monochrome batikならまだ在庫があると言っているので、彼女が注文していたのはもう在庫がない(D) paisleyと分かります。

✅鉄則一覧

Part 1		
鉄則 **1** ▶	putting on が聞こえたら引っ掛け	
鉄則 **2** ▶	being が聞こえたら要注意！	
鉄則 **3** ▶	写真にない名詞が聞こえたら引っ掛け	
鉄則 **4** ▶	人物だけに気を取られない！	
鉄則 **5** ▶	判断に迷う選択肢は最後までキープ	
Part 2		
鉄則 **6** ▶	疑問詞で始まる疑問文には Yes/No で始まる選択肢は選ばない	
鉄則 **7** ▶	否定疑問文と付加疑問文は普通の疑問文と考えて応答する	
鉄則 **8** ▶	選択疑問文には Yes/No で始まる選択肢は選ばない	
鉄則 **9** ▶	問題文に含まれる単語に似た音の単語は引っ掛けと疑う	
鉄則 **10** ▶	問題文への応答になり得る選択肢を柔軟に判断する	
Part 3, 4, 7		
鉄則 **11** ▶	目的・場所・業種は冒頭に注意し、後のキーワードで確認	
鉄則 **12** ▶	過去の行動は中盤、未来の行動は後半にヒントあり	
鉄則 **13** ▶	意図推定問題は、話の流れに注意	
鉄則 **14** ▶	選択肢と図表の共通項目以外の情報が聞き所	
鉄則 **15** ▶	キーワードの言い換え表現にアンテナを張る	

✅鉄則一覧

Part 5, 6	
鉄則**16** ▶	語彙問題はコロケーションで選択肢を絞る
鉄則**17** ▶	前に名詞→再帰代名詞、後ろに名詞→所有格、動詞→主格
鉄則**18** ▶	動詞は、形・数・態・時制をチェック
鉄則**19** ▶	名詞を修飾するのは形容詞、それ以外を修飾するのは副詞
鉄則**20** ▶	後ろに主語＋動詞があれば接続詞、語句だけなら前置詞を選ぶ
鉄則**21** ▶	both A and B などのセット表現はパートナーを探す
鉄則**22** ▶	数量を表す語の選択は後ろの名詞の数をチェック
鉄則**23** ▶	where = in/at which で接続詞の働きもする
鉄則**24** ▶	as ~ as などの比較表現でも、品詞のチェックを忘れない
Part 6, 7	
鉄則**25** ▶	文挿入は代名詞やつなぎ言葉をヒントに文脈から判断
鉄則**26** ▶	代名詞は単複や人か物かを考えて選ぶ
鉄則**27** ▶	CR 問題のヒントは、他の設問のヒントがない部分にある

時短模試

解答・解説

 正解・不正解にかかわらず、
正解の根拠を確認しましょう。

1. 　正解 (D)　

※太字は解説で触れている部分です。

(A) He's **putting on** a shirt.
(B) He's removing the cover from the sofa.
(C) He's holding a pillow in his lap.
(D) He's leaning back in his seat.

【訳】
(A) 彼はシャツを身に着けつつある。
(B) 彼はソファのカバーを取り外しつつある。
(C) 彼は膝に枕を抱えている。
(D) 彼は座席の背にもたれている。

【解説】
鉄則1 ▶ putting onが聞こえたら引っ掛け

(A)は「シャツを着ている」と訳してしまうと正解に思えてしまいますね。putting onは「シャツを身に着けつつあるという」進行中の動作を表す表現で、TOEICに頻出の引っ掛けです。(B)、(C)も写真と一致しません。ソファにもたれて座っている男性を描写した(D)が正解です。

語注　remove 動 取り除く　lap 図 膝（太ももの上辺りの部分）　lean back 後ろにもたれる

2. 正解 (C) 疑問詞で始まる疑問文

How long is the **trip** to the **warehouse**?

(A) The **shipment** arrived right on time.
(B) No, it's the first time.
(C) About fifteen minutes.

【訳】

倉庫まで行くのにどれぐらいかかりますか。
(A) 荷物はちょうど時間通りに着きました。
(B) いいえ、それが初めてです。
(C) 約15分です。

【解説】

鉄則6▶疑問詞で始まる疑問文にはYes/Noで始まる選択肢は選ばない

How long (どのくらい長く) という疑問詞から始まっているので、所要時間を表す(C)が適切です。tripは「旅行」とまでいかない、ちょっとした「行き来」も表します。(A)は問題文のwarehouseを連想しそうな語shipmentが出てきますが、適切な応答ではありません。Noで始まる(B)も即外せます。

語注 warehouse 图 倉庫

---

3. 正解 (B) 疑問詞で始まらない疑問文

Is that new print **shop open** tomorrow?

(A) To the **workshop** location.
(B) Yes, until six P.M.
(C) I'll **close** it for you.

【訳】

あの新しいプリントショップは明日開いてますか。
(A) セミナーの場所までです。
(B) はい、午後6時までです。
(C) 私があなたのためにそれを閉めます。

【解説】

鉄則9▶問題文に含まれる単語に似た音の単語は引っ掛けと疑う

「開いているか」という質問に対しての自然な応答は(B)です。(A)は問題文のshopを含む引っ掛けです。(C)もopenに関連したcloseを使っていますが、話がかみ合いません。

4. 正解 **(A)** 疑問詞で始まる疑問文

How's your new office?

(A) Nice, but a little far from the station.
(B) Thanks, **I'd love to**.
(C) It was an exclusive offer.

【訳】

あなたの新しいオフィスはどうですか。
(A) いいですよ、でも駅からちょっと遠いですが。
(B) ありがとう、ぜひともやりたいです。
(C) それは特定の人向けの提案でした。

【解説】

Howから始まるオフィスの状態を尋ねる疑問文への応答には、感想を述べている(A)が適切です。(B)のI'd love toは「ぜひ～したい」という意味で、「オフィスをすごく気に入っている」という意味ではありません。

語注 exclusive 形 独占的な

---

5. 正解 **(A)** 平叙文 🔊033 🇺🇸 🇬🇧

These consumer profiles seem a little **outdated**.

(A) **I've got the latest information** right here.
(B) It's due to arrive on March 1.
(C) They told us they'd be back soon.

【訳】

これらの消費者プロフィールはちょっと古そうですね。
(A) ここに最新情報を持っていますよ。
(B) それは3月1日に到着予定です。
(C) 彼らはすぐに戻ってくると言ってましたよ。

【解説】

鉄則10 ▶ 問題文への応答になり得る選択肢を柔軟に判断する

「データがちょっと古い」という発言に対して、「最新情報がある」と解決策を提示している(A)が自然な応答です。

語注 outdated 形 古い　due to do ～する予定である

6. **正解 (C)** 疑問詞で始まらない疑問文

Don't we need a special **pass** to **go up** to the second floor?

(A) He **passed** the test on his first try.
(B) The entry fee has **gone up** a bit.
(C) No, just check in with the security guard.

【訳】
2階に上がるには特別な通行証がいるのではありませんか。
(A) 彼は最初の挑戦でテストに合格しました。
(B) 参加料は少し上がりました。
(C) いいえ、警備員に受付をしてもらうだけです。

【解説】
鉄則7 ▶ 否定疑問文と付加疑問文は普通の疑問文と考えて応答する
鉄則9 ▶ 問題文に含まれる単語に似た音の単語は引っ掛けと疑う

文頭の否定語Don'tは無視して「通行証が要るか」という疑問文と考えると、(C)が最適な応答です。(A)は問題文のpass toがpassedと同じように聞こえ、(B)はgone upという問題文にある語句を含む引っ掛けです。

---

7. **正解 (C)** 疑問詞で始まる疑問文

Who's in **charge** of the equipment **room**?

(A) There's no more **room**.
(B) They accept **cash**.
(C) The office manager is.

【訳】
機器室の担当は誰ですか。
(A) もうスペースのゆとりはありません。
(B) 彼らは現金を受け付けます。
(C) オフィスマネジャーです。

【解説】
鉄則9 ▶ 問題文に含まれる単語に似た音の単語は引っ掛けと疑う

(A)は問題文にあるroomを含み、(B)も問題文のchargeという単語から連想するcashが含まれていますが、共に内容が不適切です。(C)がストレートな応答で正解です。

語注 be in charge of ~ ～を担当している　equipment 图 機器

8.-10. 🔊037 🇬🇧 🇺🇸

Questions 8 through 10 refer to the following conversation.

W : Hello. **❶Will the museum be open tomorrow?** I wasn't sure, since it's a holiday . . .

M : **❷Yes, we're open** from nine till five. I'd recommend buying your ticket in advance, **❸since we'll be very busy. We're almost sold out already.**

W : Oh, in that case, I guess **❹I'll buy a ticket now.**

M : Sorry, **❺you'll need to do that online.** After you buy it, you'll receive a digital ticket by e-mail. Just show it on your phone at the ticket counter when you arrive here.

【訳】

問題8-10は次の会話に関するものです。

女性：こんにちは。こちらの博物館は明日開いていますか。明日は休日なので、どうかなと思って……。

男性：はい、9時から5時まで開いています。チケットは事前に購入されることをお勧めします。かなり混みますから。すでに売り切れそうなんです。

女性：あら、では、今チケットを買おうと思います。

男性：すみません、それはオンラインでお願いしています。ご購入後に、お手元にEメールでデジタルチケットが届きます。こちらに到着されましたら、チケットカウンターで、あなたの携帯でそれを見せてください。

語注 in advance 前もって

----

8. 正解 (D) テーマ問題

【設問】	【訳】
Who most likely is the man?	男性は誰だと考えられますか。
(A) A salesclerk	(A) 販売員
(B) A hotel concierge	(B) ホテルのコンシェルジュ
(C) A tourist office agent	(C) 旅行会社社員
(D) A museum employee	(D) 博物館職員

【解説】

鉄則11 ▶ 目的・場所・業種は冒頭に注意し、後のキーワードで確認

冒頭❶で女性が博物館について質問した後、男性は❷でweを使って答えているので博物館の人と分かります。正解は(D)です。

9. 正解 (A) 詳細問題

【設問】

What will happen at the museum tomorrow?

(A) Many visitors will attend.
(B) A special event will be held.
(C) The doors will be closed early.
(D) Guests will be offered a discount.

【訳】

明日博物館で何が起きますか。
(A) 多くの訪問者が参加する。
(B) 特別なイベントが行われる。
(C) ドアは早く閉められる。
(D) ゲストには割引が提供される。

【解説】

鉄則15 ▶ キーワードの言い換え表現にアンテナを張る

男性は❸で、「かなり混む」と言っています。従って、来館者は多くなるということであり、(A)がその言い換えになり正解です。

---

10. 正解 (B) 未来の行動を問う問題

【設問】

What will the woman most likely do next?

(A) Go to a ticket counter
(B) Visit a Web site
(C) Check her e-mail
(D) Make a reservation

【訳】

女性は次に何をすると考えられますか。
(A) チケットカウンターへ行く
(B) ウェブサイトを閲覧する
(C) 彼女のEメールをチェックする
(D) 予約をする

【解説】

鉄則12 ▶ 過去の行動は中盤、未来の行動は後半にヒントあり

後半の❹で女性が「チケットを今買う」と言うと、❺で男性が「オンラインでのみ可能」と答えています。従って、女性はウェブサイトを見ると推測され、(B)が正解です。

設問8-10の語注 concierge 图 コンシェルジュ

11.-13.

Questions 11 through 13 refer to the following conversation.

M : ❶Hi, I'm calling from Optical Alarm Systems. Our technician Marco is scheduled to visit you at 8:30 tomorrow. Will someone be home then?

W : Yes, I'll be here, but I need to leave at 9:30 for another appointment. ❷I was wondering how long the work will take.

M : ❸Switching your old alarm unit for a more advanced model is a simple process. It only takes about 10 minutes.

W : OK, great.

M : Thanks. Marco will see you tomorrow morning, then.

【訳】
問題11-13は次の会話に関するものです。
男性：こんにちは、Optical Alarm Systemsです。弊社の技術者のMarcoが明日8時半に伺う予定になっております。そのとき、どなたか在宅されていますか。
女性：はい、私がいますが、別の約束があるので、9時半には出なければなりません。どのくらいかかるのかと思っていたのですが。
男性：お宅の古い警報ユニットを高機能モデルと交換するのは単純な作業です。10分ほどしかかかりません。
女性：分かりました。よかった。
男性：ありがとうございます。では、明朝Marcoがお伺いします。

語注　advanced 形 進んだ、高機能の

---

11. 正解 (C) テーマ問題

【設問】　　　　　　　　　　　　　　　　　　　【訳】
Why is the man calling?　　　　　　　　　　男性はなぜ電話しているのですか。

(A) To arrange a delivery　　　　　　　　　(A) 配達を段取りするため
(B) To respond to an alarm　　　　　　　　(B) 警報に対応するため
(C) To confirm an appointment　　　　　　(C) 約束を確認するため
(D) To change a schedule　　　　　　　　(D) 予定を変更するため

【解説】
鉄則11 ▶ 目的・場所・業種は冒頭に注意し、後のキーワードで確認

男性が❶で訪問予定を告げ、家人の在宅の有無を確認しているので(C)が正解です。ほかの選択肢は言及がありません。ちなみに、男性はオーストラリア人なので、scheduledを「セジュールドゥ」のように発音しています。

12. 正解 (B) テーマ問題

【設問】
What is the woman concerned about?

(A) The cost of some work
(B) The length of a process
(C) The reason for an alarm
(D) The difficulty of a task

【訳】
女性は何を心配していますか。

(A) 作業の費用
(B) 工程の長さ
(C) 警報が鳴った理由
(D) 作業の困難さ

【解説】
鉄則15▶ キーワードの言い換え表現にアンテナを張る

❷で女性が作業の所要時間を気にしているので(B)が正解です。how long the work will take（作業はどれくらいかかるか）をthe length of a process（工程の長さ）で言い換えています。

---

13. 正解 (D) 未来の行動を問う問題

【設問】
What will Marco do tomorrow morning?

(A) Change a light switch
(B) Inspect a building
(C) Call the woman
(D) Upgrade a system

【訳】
Marcoは明日の朝、何をしますか。

(A) 電灯のスイッチを交換する
(B) 建物を検査する
(C) 女性に電話する
(D) システムをアップグレードする

【解説】
鉄則12▶ 過去の行動は中盤、未来の行動は後半にヒントあり

鉄則15▶ キーワードの言い換え表現にアンテナを張る

❶から、Marcoは女性宅を訪問する技術者であると分かります。さらに❸で「警報装置をより高機能のものに交換する」と言っているので、(D)がその言い換えとなります。

設問11-13の語注 be concerned about~ ～を心配している　inspect 動 検査する

137

14.-16. 039 🇬🇧 🇺🇸

Questions 14 through 16 refer to the following conversation.

W : Welcome to Lavande. Please let me know if you have any questions about ❶our cosmetics or beauty care products.

M : ❷Actually I'm interested in getting a gift basket of soaps, hand cream, and that sort of thing. Is that something you can do?

W : We specialize in customized gift baskets. What kind of occasion is it?

M : My assistant's been working very hard lately, so I want to thank her.

W : Do you know any particular scents she likes?

M : She seems fond of lavender.

W : Great, ❸let's take a look at what we have. Perhaps we could put together a themed basket of lavender ❹beauty care products.

【訳】

問題14-16は次の会話に関するものです。

女性：Lavandeへようこそ。弊社の化粧品や美容用品について何かご質問があればおっしゃってくださいませ。

男性：実は、石けんやハンドクリームとかのギフトバスケットが欲しいなと思っているのです。そういうものはできますか。

女性：当店は、特注ギフトバスケットを専門としております。どういった機会にお使いですか。

男性：私のアシスタントが最近とてもよくやってくれているので、彼女にお礼をしたいのです。

女性：彼女がどんな香りがお好きかご存じですか。

男性：ラベンダーが好きみたいです。

女性：素晴らしい。当店の品物をお見せします。ラベンダーがテーマの美容用品のバスケットをお作りできると思います。

語注 sort 图 種類　specialize in~ ～を専門とする　occasion 图 機会　scent 图 香り　be fond of ~ ～が好きである　put together まとめる

----

14. 正解 (B) テーマ問題

【設問】

Where most likely is the conversation taking place?

(A) At a chocolate shop
(B) At a cosmetics store
(C) At a spa
(D) At a florist

【訳】

会話はどこで行われていると考えられますか。

(A) チョコレートショップ
(B) 化粧品店
(C) 温泉
(D) 生花店

【解説】

鉄則11 ▶ 目的・場所・業種は冒頭に注意し、後のキーワードで確認

冒頭❶でour cosmetics（当店の化粧品）と言っているので、(B)が正解です。ここを聞き逃しても、最後の❹beauty care productsなどのキーワードからも確認できます。

----

15. 正解 (A) 意図推定問題

【設問】

What does the woman imply when she says, "We specialize in customized gift baskets"?

(A) The store can provide what the man needs.
(B) The man was given the wrong information.
(C) The store does not stock a particular item.
(D) The man must pay extra for a service.

【訳】

女性は "We specialize in customized gift baskets" という発言で何を示唆していますか。

(A) この店は男性が必要なものを提供できる。
(B) 男性は間違った情報を与えられた。
(C) この店はある特定の品物の在庫がない。
(D) 男性はサービスに対して追加料金を支払わなくてはならない。

【解説】

鉄則13 ▶ 意図推定問題は、話の流れに注意

発言の流れを確認すると、女性のこの発言は、❷の「ハンドクリームなどのギフトバスケットが欲しいが、できますか」という男性の要望に対するものです。従って、男性の要望に応えられることを表す(A)が正解です。

----

16. 正解 (C) 未来の行動を問う問題

【設問】

What will the woman do next?

(A) Check a product's availability
(B) Ring up a purchase
(C) Show the man some products
(D) Let the man sample a scent

【訳】

女性は次に何をしますか。

(A) 商品の在庫を確認する
(B) 購入品をレジ打ちする
(C) 男性に商品を幾つか見せる
(D) 男性に香りを試させる

【解説】

鉄則12 ▶ 過去の行動は中盤、未来の行動は後半にヒントあり

女性は❸でlet's take a look what we have（当店の品物をお見せします）と言っているので、(C)が正解です。(D)の「香りを試す」ところまでは言及がありません。

設問14-16の語注　ring up（売り上げなどを）レジで打つ

139

17.-19. 🔊 041 🇨🇦

Questions 17 through 19 refer to the following broadcast.

❶**Welcome back to Good Morning Somersville on Channel 4.** Somersville's annual Food Fair opens ❷**this weekend. Local restaurants, shops, and companies will have booths in Capital Park downtown where visitors can sample their food.** There will also be concerts, carnival rides, and fun activities for the whole family. Channel 4 correspondents will be reporting from the fair throughout the weekend ❸**to show viewers** at home what they're missing! ❹**If you're driving downtown this weekend, keep in mind that streets around the park will be closed during the event.**

【訳】
問題17-19は次の放送に関するものです。
再び、チャンネル4の「グッドモーニングサマーズビル」にようこそ！　サマーズビルの毎年恒例のフードフェアが今週末に始まります。地元のレストラン、商店、企業がダウンタウンのキャピタルパークに出店し、来場者は試食することができます。コンサート、カーニバルの乗り物や家族全員が楽しめるアクティビティーもあります。チャンネル4の記者が週末を通してフェアからリポートし、ご家庭の視聴者が見逃しているものをお見せします！　もし、今週末ダウンタウンに車でお出掛けされる場合は、公園周辺の道路はイベントの間、閉鎖されることをお忘れなく。

語注 annual 圏 例年の　sample 動 試食する　correspondent 图 派遣記者　keep in mind that ~ ～だと覚えておく

----

17. 正解 (D) テーマ問題

【設問】	【訳】
Who most likely is the speaker?	話し手は誰だと考えられますか。
(A) A restaurant owner	(A) レストランのオーナー
(B) A radio announcer	(B) ラジオのアナウンサー
(C) A city official	(C) 市の職員
(D) A television host	(D) テレビの司会者

【解説】
鉄則11 ▶ 目的・場所・業種は冒頭に注意し、後のキーワードで確認

冒頭❶の挨拶で(B)を選びそうになりますが、選択肢を先読みしていれば(D)も候補になることが分かります。後の❸to show viewers（視聴者に見せる）というキーワードから、ラジオではなくテレビの(D)が選べます。

18. 正解 (A) 未来の行動を問う問題

【設問】

What can event attendees do this weekend?

(A) Try different foods
(B) Sell household goods
(C) Watch a sporting event
(D) Learn about local farms

【訳】

イベント参加者は今週末何ができますか。

(A) 異なった食べ物を試す
(B) 家庭用品を販売する
(C) スポーツイベントを見る
(D) 地元の農場について学ぶ

【解説】

鉄則15 ▶ キーワードの言い換え表現にアンテナを張る

❷にthis weekendとあり、その次の文の最後のvisitors can sample their food（来場者は試食できる）とあることから(A)が正解です。設問ではvisitorsがattendeesに、選択肢(A)ではsampleがtry、their foodがdifferent foodsに言い換えられています。

---

19. 正解 (C) 詳細問題

【設問】

What does the speaker say about downtown?

(A) Additional buses are running.
(B) Some roads are under repair.
(C) Some routes will be blocked.
(D) Extra parking will be available.

【訳】

話し手はダウンタウンについて何と言ってますか。

(A) 追加のバス便が走行している。
(B) 何本かの道路が補修中である。
(C) 何本かのルートが閉鎖されるだろう。
(D) 追加の駐車場が利用できるだろう。

【解説】

鉄則15 ▶ キーワードの言い換え表現にアンテナを張る

ダウンタウンについては、❹でstreets around the park will be closed（公園周辺の道路は閉鎖される）と述べられています。streetsをroutes、closedをblockedで言い換えている(C)が正解です。

設問17-19の語注 household 形 家庭の

20.-22. 🔊042 🇬🇧

Questions 20 through 22 refer to the following telephone message and Web page.

Hello, Mr. Stevens. This is Dalia from Vivus Paints, ❶calling about an issue with your order. ❷Unfortunately, we don't have enough of that shade in stock to fill your order for 10 cans, and it's not currently available from the manufacturer. The closest shade we have in stock is cherry, which is the same price. If you'd like to replace your order with cherry instead, ❸please let me know by Friday. If I don't hear from you by then, I'll simply reimburse the order to your credit card. You can reach me at 307-555-0924. Thank you.

【訳】

問題20-22は次の電話メッセージとウェブページに関するものです。
こんにちは、Stevensさん。こちらはVivus塗料のDaliaです。あなたのご注文に関する問題についてお電話しております。残念ながら、その色では10缶のご注文に足りる在庫がなく、メーカーでも現在品切れです。弊社で在庫がある最も近い色はチェリーで、価格は同じです。もし、代わりにご注文をチェリーに変更していただけるなら金曜日までにご連絡をお願い致します。もしその時までにご連絡がなければ、ご注文分をクレジットカードの方へ払い戻し致します。私の電話番号は307-555-0924です。よろしくお願い致します。

語注　issue 图 問題　unfortunately 副 残念ながら　shade 图 色合い　in stock 在庫して　currently 副 現在　manufacturer 图 メーカー　replace 動 交換する　instead 副 その代わりに　reimburse 動 払い戻す

---

20. 正解 (B)　テーマ問題

【設問】

Why is the speaker calling?

(A) To recommend a business
(B) To explain a problem
(C) To confirm an order
(D) To arrange a delivery

【訳】

話し手はなぜ電話しているのですか。

(A) 企業を推薦するため
(B) 問題を説明するため
(C) 注文を確認するため
(D) 配達を手配するため

【解説】

鉄則11▶目的・場所・業種は冒頭に注意し、後のキーワードで確認

話し手は、冒頭の❶で「注文の問題について電話した」と言い、その後の❷で問題の中身を説明しているので、(B)が正解です。to fill your orderが聞き取りにくいですが、その前のwe don't have enoughと後のten cansが聞き取れれば、設問には答えられます。

21. 正解 (D) 詳細問題＋図表問題

【設問】

Look at the graphic. Which color did Mr. Stevens order?

(A) Brick
(B) Cherry
(C) Deep rose
(D) Scarlet

← →	https://www.vivuspaints.com/search/

ダークレッドの検索結果

商品名	在庫数
レンガ	32
チェリー	48
ディープローズ	10
スカーレット	6

【訳】

図を見てください。Stevensさんはどの色を注文しましたか。
(A) レンガ　　(C) ディープローズ
(B) チェリー　(D) スカーレット

【解説】

鉄則14 ▶ 選択肢と図表の共通項目以外の情報が聞き所

選択肢と図に共通していない要素は在庫数なので、数の情報を聞き取って色を選ぶ問題だと予想できます。❷でStevensさんの10缶の注文を満たせない旨を述べているので、在庫が10より小さい数字を表で探すと、(D)が該当すると分かります。

----

22. 正解 (C) 未来の行動を問う問題

【設問】

What does the speaker ask Mr. Stevens to do by Friday?

(A) Contact a product's manufacturer
(B) Make a payment
(C) Notify her of a decision
(D) Provide his billing information

【訳】

話し手はStevensさんに、金曜日までに何をするように頼んでいますか。
(A) 商品のメーカーに連絡する
(B) 支払いをする
(C) 彼女に決定を連絡する
(D) 彼の請求情報を与える

【解説】

鉄則12 ▶ 過去の行動は中盤、未来の行動は後半にヒントあり

依頼をする場合によく使われるpleaseが❸にあります。ここで「金曜日までに知らせてください」と言っているので(C)が正解です。

設問20-22の語注 notify 動 通知する　billing 名 請求書の作成、請求書の送付

143

23. 正解 (B) 文法問題：代名詞

【訳】
セミナー出席者は、昼食休憩の間、彼らの持ち物を研修室に置いていっても構わない。
(A) 代 彼らは　(B) 代 彼らの　(C) 代 彼らのもの　(D) 代 彼らを

【解説】
鉄則17 ▶ 前に名詞→再帰代名詞、後ろに名詞→所有格、動詞→主格

選択肢に異なった格の代名詞が並んでいるので、空所の前後leave -------
belongingsだけを見て解きましょう。空所の後ろに名詞belongings（持ち物）
があるので、後ろに名詞を続けることができる所有格の(B) theirが正解です。

語注 belongings 名 持ち物

---

24. 正解 (C) 語彙問題

【訳】
Marlon Fashionの明るい色のジャケットシリーズは、若い女性客の間で高い人気を博し続けている。
(A) 形 明確な　(B) 形 開いた　(C) 形 高い　(D) 形 近い

【解説】
鉄則16 ▶ 語彙問題はコロケーションで選択肢を絞る

異なった意味の形容詞が並ぶ語彙問題ですが、まずは空所の前後だけを見て、これらの形容詞とのコロケーションから答えを絞ってみましょう。popularityを修飾しそうな形容詞は(C) highだけです。

> 文全体をじっくり読めば分かるという問題ではないので、選べない場合は、正解と思う選択肢を適当に選んで次の問題に進みましょう。

---

25. 正解 (D) 文法問題：品詞

【訳】
具体的な目標を設定し、その達成のためのタイムラインに合意するために、マネジャーが社員と話し合いを持つことは重要だ。
(A) 動 詳述する　(B) 名 詳細　(C) 副 具体的に　(D) 形 具体的な

【解説】

鉄則19▶ 名詞を修飾するのは形容詞、それ以外を修飾するのは副詞

選択肢に同じ単語の語尾が異なる形が並んでいるので、品詞の問題です。空所の前後だけを見て正解を選びましょう。直後の名詞を修飾するのは形容詞(D) specific（具体的な）です。

---

26. 正解 (D) 語彙問題

【訳】

GenTechが同社のWedgeスマートフォンの全く新しいデザインを明らかにしたとき、業界の観測筋は驚いた。

(A) 副 鋭く　(B) 副 個々に　(C) 副 過度に　(D) 副 全く

【解説】

鉄則16▶ 語彙問題はコロケーションで選択肢を絞る

これも語彙問題ですが、後ろのnewとコロケーションがありそうな副詞を選びましょう。new designを修飾しそうな副詞は(D) entirely（全く）しかありません。

 意味が分からない選択肢がある場合は、意味が分かるほかの選択肢を順に空所に当てはめて、何となくよさそうなものを選びます。意味が分かる選択肢がどれもしっくりこないときだけ、意味が分からなかった選択肢を選びましょう。

語注 observer 名 観察者　reveal 動 明らかにする

---

27. 正解 (A) 語彙問題

【訳】

一日の終わりに事務所から出る前に、従業員は自分のワークステーションの全てのコンピューター装置の電源を切らなければならない。

(A) 前 〜の前に　(B) 前 〜から　(C) 前 〜のために　(D) 前 〜まで

【解説】

どの選択肢にも前置詞用法があるので、文法上はどれも当てはまります。こういう場合はそれぞれを当てはめて、さっと意味を確認して判断するしかありません。文脈から自然なのは「オフィスを出る前に」となる(A) beforeです。

28. 正解 (B) 文法問題：品詞

【訳】

Victoria MotorsのRavinaミニバンの座席は、快適さを念頭に置いて設計された。
(A) 動 慰めた　(B) 名 快適さ　(C) 形 快適な　(D) 副 快適に

【解説】

これも品詞問題です。withとinに挟まれた空所には名詞が必要なので、(B) comfortが正解です。comfortは典型的な名詞の語尾をしていないので、名詞かどうか確信が持てないときは、消去法を用いましょう。(A)は-edが付いているので動詞、(C) -ableは形容詞の語尾、(D) -lyは副詞の語尾。従って(C) comfortには名詞の用法があるに違いないと見当を付けましょう。

語注　with ~ in mind ~を念頭に置いて

----

29. 正解 (C) 語彙問題

【訳】

Mattisさんが退職した後、Fujiiさんが、オフィスの事務職員の監督する責任を引き受けることに同意した。
(A) ～に参加する　(B) ～を提起する　(C) ～を引き受ける　(D) ～を選び出す

【解説】

鉄則16▶語彙問題はコロケーションで選択肢を絞る

後ろにresponsibility（責任）が続きそうなのは「引き受ける」の意味がある(C) take onです。take onの意味が分からず正解を絞れないときは、各選択肢の動詞単体での意味で見当を付けましょう。この問題であれば、responsibility（責任を）に続ける動詞として、get（獲得する）、bring（もたらす）、take（取る）、pick（拾う）の中ではtakeが最も適切なので(C)を選びます。

語注　supervise 動 監督する　administrative 形 事務管理の

30.-33.

※下線部は設問の正解の訳です。

【訳】

問題30-33は次のEメールに関するものです。

受信者：rvara@cctfrance.co.fr
送信者：payments@workmore.com
件名：1月度未払い残高
日付：2月2日
添付：WMOOS-00082927

Raoul Vara様
お客様のワークモアでのオンラインオフィススイートのご利用に関する請求書を添付させていただきました。
毎月の使用料は、この書類に記載されている日付でお客様のクレジットカードに請求されます。
お客様の支払い履歴をチェックしたり、支払い方法を変更したりするには、admin.workmore.com.のお客様のアカウントにサインインしてください。それから、最上部右にある請求メニューをクリックしてください。
このメールには返信しないでください。お客様のアカウントに関するお問い合わせは、workmore.comのヘルプページを開いて、弊社へのご希望の連絡方法をお選びください。
敬具
The Workmore チーム

語注　find the invoice attached（直訳は「請求書が添付されているのを見つけてください」で、find＋目的語＋補語の形）　fee 图 料金　due date 支払日

- -

【設問】

30. (A) address
(B) invoice
(C) handbook
(D) password

31. (A) Instead
(B) However
(C) Likewise
(D) Then

32. (A) To cancel, click the link below.
(B) Refunds are processed within 24 hours.
(C) Please do not reply to this e-mail.
(D) Your subscription has expired.

【訳】

30. (A) 图 住所
(B) 图 請求書
(C) 图 ハンドブック
(D) 图 パスワード

31. (A) 接副 その代わりに
(B) 接副 しかしながら
(C) 接副 同様に
(D) 接副 それから

32. (A) キャンセルは、下のリンクをクリックしてください。
(B) 返金は24時間以内に処理されます。
(C) このEメールには返信しないでください。
(D) あなたの定期契約は期限が切れました。

33. (A) us　　　(C) it

　　　(B) one　　　(D) you

33. 選択肢の訳は省略

語注 refund 名 返金　process 動 処理する　subscription 名 定期契約　expire 動 期限が切れる

30.　正解 (B)　語彙問題

【解説】

メール本文の2文目には、the due date indicated on the document（この書類に記載されている支払日）とあります。この支払日が記されているthe documentとは添付書類のことなので、そういう内容を含む書類は何かと考えると(B) invoice（請求書）が適切です。

31.　正解 (D)　語彙問題

【解説】

選択肢には、つなぎの言葉である接続副詞が並んでいます。空所の直前の文では「アカウントにサインイン」とあり、空所直後は「メニューをクリック」となっているので、(D) Then（それから）なら前後が自然につながります。

32.　正解 (C)　文選択問題

【解説】

鉄則25 ▶ 文挿入は代名詞やつなぎ言葉をヒントに文脈から判断

空所からパラグラフが始まっているので、ここには後ろの文と一体となって1つのメッセージを構成する文が入ると推測できます。(C)を入れると、「このメールには返信しないでください。お客様のアカウントに関するお問い合わせは……をお選びください」という文脈が完成します。(A)はthe link below（下のリンク）が掲載されていないので不適切。(B)、(D)はどちらも関連性がありません。

33.　正解 (A)　文法問題：代名詞

【解説】

問い合わせ先は、当然このEメールを書いている側になるので、(A) usが適切です。

34.-35.

【訳】

問題34-35は次のクーポンに関するものです。

SAY CHEESE

マターソン通り 984 / www.saycheese.co.uk / 020 7315 5116
火～金: 午前10時から午後7時 / 土～日: 午前8時から午後6時

あなたのご近所で新しいチーズ店が10月1日に開店します!

開店記念特別サービス:20%引き

(店内販売のみ;25ポンド以上のお買い上げ時;10月31日まで有効)

- 200種類を超える国産、海外チーズ
- 冷製肉料理、ジャム、クラッカーなどの添え物
- チーズ関連用品やギフトアイテム
- 個人または会社のイベントへのケータリング
  お薦めに関しては当店のフレンドリーなスタッフまで!

---

34. この店はなぜ割引を提供しているので
すか。
(A) オンライン注文を促すため
(B) 開店を祝うため
(C) 記念日を記すため
(D) 顧客に感謝するため

35. Say Cheeseについて何が示唆されてい
ますか。
(A) 食品のみ販売している。
(B) 毎日開いている。
(C) 25ポンドを超える注文は無料配達する。
(D) 頼りになる社員がいる。

語注 neighbourhood(neighborhoodの英国つづり)图 近所　valid 厖 有効な
accompaniment 图 添え物　cold cuts 薄切りの冷製肉(の盛り合わせ)

---

34. 正解 (B) 詳細問題

【解説】

鉄則15▶ キーワードの言い換え表現にアンテナを張る

クーポンの中ほどにINTRODUCTORY OFFER: 20% OFFとあります。
introductory(発売特価の)は、商店の開店セールなどでもよく用いられる言葉で
す。(B) To celebrate its openingが、このニュアンスを言い換えており正解です。

---

35. 正解 (D) 内容一致問題

【解説】

鉄則15▶ キーワードの言い換え表現にアンテナを張る

最後の文のour friendly staff を言い換えている(D) It has helpful employees.が
正解です。クーポンの下から3行目のCheese-related accessoriesから、チーズ
ナイフなどの関連用品も扱っていることが分かるので(A)は間違いです。

36.-39.

※下線部は設問の正解の訳です。

【訳】

問題36-39は次のお知らせに関するものです。

ロッカー施設の利用

会員の方はロッカーを先着順に無料でお使いになれます。トレーニングの間、衣類や個人の持ち物の保管にお使いください。ほかの目的にはお使いにならないでください。鍵の使用を強くお勧めします。利用者はご自身の鍵をお持ちいただく必要があります。Fitsmartはいかなる紛失・盗難にも責任を負いかねます。また、鍵をかけても、貴重品はロッカーに入れないようにお勧めします。運動の後は、鍵とロッカーの中身をお持ち帰りください。

閉館後にロッカーに物が残っている場合は、保安上の理由から、Fitsmartのスタッフが鍵を切断して中身を取り出します。それらは1週間はサービスカウンターでお預かりします。それまでにご請求がなければ、チャリティーに寄付されるか破棄されます。会員の皆様への鍵と持ち物の損失に対する賠償はございません。

---

36. このお知らせはどこにあると考えられますか。
(A) ジム
(B) オフィス
(C) 駅
(D) 図書館

37. ロッカーについて何が示されていますか。
(A) 料金を払えば非会員でも使える。
(B) 始終監視されている。
(C) 貴重品の保管は意図されていない。
(D) 事前に予約しなければならない。

38. 利用者がカウンターに行くように勧められるのはどんな目的のためですか。
(A) 保証金を払うため
(B) 持ち物の紛失または盗難を届けるため
(C) ロッカーから出された品物を回収するため
(D) 個人の鍵を購入するため

39. [1]、[2]、[3]、[4]と記載された箇所のうち、次の文が入るのに最もふさわしいのはどれですか。

「利用者はご自身の鍵をお持ちいただく必要があります」

(A) [1]
(B) [2]
(C) [3]
(D) [4]

語注 on a first-come, first-served basis 先着順で、来た順で belongings 图 持ち物 responsible 厖 責任がある valuable 图 貴重品 close for the day 一日の営業を終えて閉める remove 動 取り除く claim 動 請求する donate 動 寄付する discard 動 破棄する compensate 動 補償する precious 厖 高価な possessions 图 持ち物（通例複数形） security deposit 保証金 retrieve 動 回収する

36. 正解 (A) テーマ問題

【解説】
鉄則11 ▶ 目的・場所・業種は冒頭に注意し、後のキーワードで確認

本文2行目にwhile you are training（トレーニング中に）とあるので、(A)のgym が正解です。第1段落後半のFollowing your workout（運動の後）でも再確認で きます。

Part
7
クオーター
易しめ
①
時短模試 解答・解説

---

37. 正解 (C) 内容一致問題

【解説】
鉄則15 ▶ キーワードの言い換え表現にアンテナを張る

第1段落の最後から2文目で、We also advise you not to leave any valuables in a lockerと貴重品を入れないように勧めているので、(C) They are not meant for storing precious possessions.が言い換えになり正解です。

---

38. 正解 (C) 詳細問題

【解説】
第2段落の後半で、ロッカーに残っていたものはkept at the service counter と述べています。さらに、If you have not claimed themという表現もあります。 カウンターに行く目的はこれらを取り戻すためと考えられ、(C) To retrieve items removed from a lockerが正解です。

---

39. 正解 (B) 文挿入問題

【解説】
鉄則25 ▶ 文挿入は代名詞やつなぎ言葉をヒントに文脈から判断

挿入文のone of their own（自分自身のもの）が指すものが、該当する挿入個所 の前にはあるはずです。[2]の前にあるlockがoneの指すものと考えると、「鍵を 使いましょう、鍵は自身のものを持ってくるべき」という自然な文意になります。 従って(B)が正解です。

40.-44.

【訳】

問題40-44は次のEメールとスケジュールに関するものです。

受信者: Emily Page <epage@beyrthold.com>
送信者: Rebecca Smith <rsmith@beyrthold.com>
件名:シカゴ支店での研修
日付:3月10日

Emilyへ

あなたのシカゴ行きのために、ホリデースイートで5泊（3月17日〜21日）を予約しました。あなたの携帯に予約の詳細をメッセージで入れておきました。そのメッセージを受け取れていなかったら教えてください。

研修運営者のRob Coomeから返信があり、はい、あなたはコンピューターが使えると確認してくれました。彼はまた、印刷所に送りたいのであなたの配布資料を1部、週末までに入手したいそうです。研修最終日のレセプションのことも、あなたに再度確認するようにとのことです。ほかのプレゼンターは全員出席すると確認できています。

何か質問があればお知らせください。必ず暖かいコートを持って行ってくださいね——シカゴは寒くなりますよ！
Rebecca

研修：デジタル時代のマーケティング　Beyrthold Partners シカゴ支店
プレゼンテーションスケジュール　3月18日〜20日

3月18日月曜日	3月19日火曜日	3月20日水曜日
Jean Murphy（ボストン）現在の市場動向	Emily Page（ロサンゼルス）フォーカスグループリサーチですべきこととすべきではないこと	Stephen Birch（ダラス）物語：語りを通しての売り込み
George Walder（サンフランシスコ）デジタルマーケティング時代のコンサルティング	Sophie Colbert（シアトル）消費者行動の研究	Harry Grey（ニューヨーク）ブランド戦略
Fran Sweet（ニューヨーク）グリーンマーケティング：環境への意識が高い消費者を納得させる	Russell Bird（マイアミ）インフルエンサーの影響力	Annalisa Kirk（シカゴ）顧客関係管理

40. PageさんはCoomeさんにおそらくどんな情報を求めていましたか。
- (A) 彼女がコンピューターを利用できるかどうか
- (B) 訪問期間中、彼女がどこに滞在すべきか
- (C) 出張にどんな服を持って行くべきか
- (D) 彼女はセミナーに何時に着くべきか

41. Pageさんに当てはまることは何ですか。
- (A) 彼女は最近別のオフィスに異動した。
- (B) 彼女はシカゴでフォーカスグループを率いる。
- (C) 彼女はイベントでプレゼンテーションをする。
- (D) 彼女は3月10日に街から出る。

42. CoomeさんはPageさんに何を求めていますか。
- (A) ホテルの部屋の予約の詳細
- (B) 印刷会社の推薦
- (C) シカゴへの到着予定時刻
- (D) リサーチ方法についての研修用書類

43. 環境について話すのは誰ですか。
- (A) Russell Bird
- (B) Fran Sweet
- (C) Stephen Birch
- (D) Annalisa Kirk

44. Greyさんは3月20日に何をすると考えられますか。
- (A) レセプションに行く
- (B) 授賞式に参加する
- (C) Holiday Suitesに滞在する
- (D) 顧客関係について話をする

語注 text 動 ショートメッセージを送る 名 ショートメッセージ handout 名 配付資料 current 形 現在の eco-conscious 形 環境意識の高い behavior 名 行動 branding 名 ブランド戦略 transfer 動 転勤する estimated 形 だいたいの

40. 正解 (A) 詳細問題

【解説】
鉄則15▶ キーワードの言い換え表現にアンテナを張る

PageさんはこのEメールの受信者です。第2段落でCoomeさんから返事があり、confirming that, yes, you'll have access to a computer（はい、あなたはコンピューターが使えるということを確認して）とあります。従って彼女はコンピューターが使えるかどうかを尋ねていたと考えられます。このことを言い換えたのが、(A) Whether a computer would be available to herです。

----

41. 正解 (C) 内容一致問題

【解説】
スケジュール表の3月19日の一番上にPageさんの名前が載っています。従って(C) She will give a presentation at an event.が正解です。(B)のfocus groupは、彼女がプレゼンで取り上げるテーマであり、彼女がグループを率いるわけではありません。

----

42. 正解 (D) 詳細問題

【解説】
鉄則15▶ キーワードの言い換え表現にアンテナを張る

Eメールの第2段落にHe（Coomeさん）がwants a copy of your handouts（あなたの配布資料を求めている）とあります。Pageさんの発表テーマはFocus Group Research なので、これらの内容を総合して言い換えた(D) Training documents about a research methodが正解です。

----

43. 正解 (B) 詳細問題

【解説】
鉄則15▶ キーワードの言い換え表現にアンテナを張る

スケジュール表で「環境」の言い換えになりそうな表現を探します。3月18日の3つ目に、Green Marketing、Eco-Consciousという環境問題に関する表現があります。従ってそのプレゼンターの(B) Fran Sweetが正解です。

44. 正解 (A) 詳細問題＋CR問題

【解説】

鉄則27▶ CR問題のヒントは、他の設問のヒントがない部分にある

Greyさんは、スケジュール表の3月20日に、プレゼンターとして載っています。Eメール後半のthe reception on the last day of the workshop（研修最終日のレセプション）という記述の後、ほかのプレゼンターは全員参加予定と書かれているので、Greyさんもこのレセプションに参加することが分かります。従って(A) Go to a receptionが正解です。

1. 　**正解** **(B)** 🔊 044  　　※太字は解説で触れている部分です。

(A) The woman is stocking products on a shelf.
(B) The woman is **cleaning the floor** in a shop.
(C) The woman is piling boxes against the wall.
(D) The woman is rinsing out a **mop** in the **sink**.

【訳】
(A) 女性は商品を棚に積んでいる。
(B) 女性は店の床を掃除している。
(C) 女性は壁に沿って箱を積み上げている。
(D) 女性は流し台でモップをすすいでいる。

【解説】
鉄則3 ▶ 写真にない名詞が聞こえたら引っ掛け

女性はモップで床を拭いているので、(B)のcleaning the floorは適切な描写です。mopが写っているので(D)を選びたくなりますが、sink（流し台）は写真に写っていないのでこの選択肢は引っ掛けです。

語注　pile 動 積み上げる　rinse out ~ ～をさっとすすぐ

2. 正解 **(C)** 疑問詞で始まる疑問文

Which part of the building is the fitness center in?

(A) **Yes**, it's about halfway finished.
(B) The departure was delayed.
(C) Just upstairs from the lobby.

【訳】
フィットネスセンターは建物のどの部分にありますか。
(A) はい、それは半分ほど完成しています。
(B) 出発は遅れました。
(C) ロビーの真上です。

【解説】
鉄則6 ▶ 疑問詞で始まる疑問文にはYes/Noで始まる選択肢は選ばない

疑問詞で始まる疑問文に対しては、Yesで始まる(A)は不適切です。建物のどの部分かを尋ねているので、場所を答えている(C)が正解です。

語注 halfway 副 半ばで

----

3. 正解 **(B)** 疑問詞で始まらない疑問文

Has our **order** been **shipped** yet?

(A) More than we expected.
(B) It's supposed to arrive this afternoon.
(C) The elevator is out of **order**.

【訳】
私たちの注文はもう出荷されましたか。
(A) 私たちの期待以上です。
(B) 今日の午後着くことになっています。
(C) エレベーターは故障中です。

【解説】
鉄則9 ▶ 問題文に含まれる単語に似た音の単語は引っ掛けと疑う

「出荷されたか」という質問に対して、Yesがなくても(B)は自然な応答になっています。(C)は問題文の中のorderを含む引っ掛けです。

語注 out of order 故障中で

4.　正解 (C)　疑問詞で始まらない疑問文

Could you hand me that folder on the **table**?

(A) I'd rather eat outside.
(B) Sit anywhere you like.
(C) Sure, this one?

【訳】
テーブルの上のフォルダーを取ってもらえますか。
(A) 外で食べる方がいいのですが。
(B) どこでも好きなところにお座りください。
(C) いいですよ、これですか。

【解説】
鉄則10▶問題文への応答になり得る選択肢を柔軟に判断する

(A)も(B)も、問題文に含まれるtableから連想されそうな内容ですが、全く応答になっていません。(C)だけが、依頼に対しての適切な応答です。

語注　hand 動 手渡す

5.　正解 (C)　疑問詞で始まる疑問文

Why can't I connect to the Internet?

(A) **No**, I don't think anyone would mind.
(B) You should check out the new Web site.
(C) They might have changed the password.

【訳】
どうしてインターネットにつながらないのでしょうか。
(A) いいえ、誰も気にしないと思いますよ。
(B) 新しいウェブサイトをチェックすべきです。
(C) パスワードが変わったのかも知れませんね。

【解説】
鉄則6▶疑問詞で始まる疑問文にはYes/Noで始まる選択肢は選ばない

Whyで始まっている疑問文なので、Noで始まる(A)はすぐ外せます。インターネットにつながらない状態なのに、「ウェブサイトをチェックせよ」と言う(B)は不自然です。つながらない原因を推測している(C)が適切です。

6. 正解 (A) 疑問詞で始まらない疑問文

Ms. Devlin's overseeing the showroom renovations, isn't she?

(A) That's what I was told.
(B) For new desks and chairs, mostly.
(C) The project went over the budget.

【訳】
Devlinさんは、ショールームの改装を監督していますよね。
(A) 私はそう聞きました。
(B) もっぱら、新しい机や椅子のためです。
(C) そのプロジェクトは予算をオーバーしました。

【解説】
鉄則7 ▶ 否定疑問文と付加疑問文は普通の疑問文と考えて応答する

鉄則10 ▶ 問題文への応答になり得る選択肢を柔軟に判断する

付加疑問文ですが、普通の疑問文として応答を探すと、(A)が自然な応答です。

> 語注　oversee 動 監督する　renovation 图 改装　go over the budget 予算を超える

----

7. 正解 (B) 疑問詞で始まる疑問文

How did you **promote** the end-of-year sale?

(A) Mr. Lee was **promoted** to assistant director.
(B) **With** a targeted online ad campaign.
(C) **No**, we finished the project last month.

【訳】
どのように年末セールを宣伝したのですか。
(A) Leeさんはアシスタントディレクターに昇進しました。
(B) ターゲットを絞ったオンライン広告キャンペーンです。
(C) いいえ、私たちはそのプロジェクトを先月終了しました。

【解説】
鉄則6 ▶ 疑問詞で始まる疑問文にはYes/Noで始まる選択肢は選ばない

鉄則9 ▶ 問題文に含まれる単語に似た音の単語は引っ掛けと疑う

(A)は問題文のpromoteを含む引っ掛けです。(B)は疑問詞How（どのように）という問いに対し、答えとなる手段を表す前置詞withで始まる適切な応答です。Noで始まる(C)は最後まで聞く必要もありません。

8.-10.

Questions 8 through 10 refer to the following conversation.

W : Hi, ❶**I'm calling to make an appointment. I broke a tooth** at dinner last night.

M : Oh, I'm sorry to hear that. We don't have any openings today. ❷**Is it an emergency?**

W : Well, I'm not in any ❸**pain, but it's one of my front teeth** and I really want to fix it.

M : OK . . . ❹**we have a slot tomorrow at 11:30 A.M.**

W : **That works for me. My name is Safiya Ahmed.**

【訳】

問題8-10は次の会話に関するものです。

女性：こんにちは、予約するために電話しています。昨夜の夕食で歯を折ってしまったんです。

男性：おや、それは大変ですね。今日は空きがないのです。緊急ですか。

女性：えーと、痛みはないですが、前歯の一つなので、直したいのです。

男性：それでは……明日の午前11時半なら枠がありますが。

女性：それで結構です。私の名前はSafiya Ahmedです。

語注 make an appointment 予約する　emergency 图 緊急事態　slot 图 時間枠

8. 　正解　(B)　テーマ問題

【設問】

Where does the man work?

(A) At a repair service
(B) At a dental clinic
(C) At a hospital
(D) At a catering company

【訳】

男性はどこで働いていますか。

(A) 修理サービス会社
(B) 歯科医院
(C) 病院
(D) ケータリング会社

【解説】

鉄則11 ▶ 目的・場所・業種は冒頭に注意し、後のキーワードで確認

女性は❶で、歯が折れたので予約をしたいと言い、男性がそれに答えているので、男性は(B)の歯科医院勤務と分かります。broke a toothのtoothが聞き取りにくいので、「何かを壊した」と勘違いした人もいるかもしれませんが、❸で女性がpain、my front teethと言っているのでそこでも確認できます。(C)のhospitalは大きな総合病院を指すので、ここでは当てはまりません。

9. 　正解　(C)　詳細問題

【設問】

What does the man ask the woman?

(A) If she has an account
(B) When she discovered a problem
(C) Whether a problem is urgent
(D) How soon she can arrive

【訳】

男性は女性に何を尋ねていますか。
(A) 彼女が口座を持っているかどうか
(B) 彼女がいつ問題を発見したか
(C) 問題が至急かどうか
(D) 彼女がどれくらいで到着できるか

【解説】

鉄則15▶ キーワードの言い換え表現にアンテナを張る

男性が❷で「緊急ですか」と尋ねているので、emergencyをurgentで言い換えた(C)が正解です。

10. 　正解　(D)　未来の行動を問う問題

【設問】

What will the speakers most likely do next?

(A) Select a location
(B) Schedule an interview
(C) Process a payment
(D) Confirm an appointment

【訳】

話し手たちは次に何をすると考えられますか。
(A) 場所を選ぶ
(B) 面接を設定する
(C) 支払いを処理する
(D) 予約を確認する

【解説】

鉄則12▶ 過去の行動は中盤、未来の行動は後半にヒントあり

男性が❹で予約の空き時間を言うと、女性がそれに同意して名前を告げているので、彼らがこの次にしそうなことは、選択肢の中では(D)しかありません。

設問8-10の語注　discover 動 発見する　urgent 形 至急の　process 動 処理する

11.-13. 054 🇺🇸 🇬🇧 🇨🇦

Questions 11 through 13 refer to the following conversation with three speakers.

M　：Hello, do you have a reservation today?

W1：No, we don't. Do you have a table for two available?

M　：Right now, all we have is seating on the patio out back. Would that be OK? **❶It will be around 15 minutes for a table inside.**

W1：I don't know . . . **❷The patio is kind of crowded and loud. It's not the best place for a business discussion.**

W2：**You're right**—and it's quite windy today. I have to be back at the office by 1:30, so I can't wait too long. **❸Perhaps we should try somewhere else nearby.**

W1：**All right.** I've heard good things about that pizzeria over there.

【訳】

問題11-13は3人の話し手による次の会話に関するものです。

男性　：こんにちは、本日はご予約いただいておりますでしょうか。

女性1：いいえ、していません。2人分のテーブルは空いていますか。

男性　：ただいまは、奥のパティオ席しかないのですが。よろしいでしょうか。屋内のテーブルは15分待ちぐらいです。

女性1：どうかしら……。パティオって混んでるし騒がしそう。仕事の話をするのに最適な場所ではないですね。

女性2：そうですね——それに今日はかなり風も強いですし。私はオフィスに1時半までに戻らなくてはいけないので、あまり待てないんです。近くのどこか別の場所を試してみるべきかもしれないですね。

女性1：了解です。向こうのピザ屋さんはいいって聞きましたよ。

語注　available 形 利用可能な　perhaps 副 多分　pizzeria 名 ピザ屋

----

11. 正解 (C)　詳細問題

【設問】

What will happen in 15 minutes?

(A) An event will end.

(B) A colleague will arrive.

(C) A table will become available.

(D) An order will be finalized.

【訳】

15分後に何が起きますか。

(A) イベントが終わる。

(B) 同僚が到着する。

(C) テーブルが空く。

(D) 注文が最終決定される。

【解説】

鉄則15▶ キーワードの言い換え表現にアンテナを張る

設問の先読みをして15 minutesに聞き耳を立てると、男性が❶で「屋内のテーブルは約15分待ちだ」と言っているので、それを言い換えている(C)が正解です。

12. 　正解　(A)　詳細問題

【設問】

What problem do the women mention?

(A) The patio area is inconvenient.
(B) A business will close soon.
(C) The restaurant is playing loud music.
(D) A reservation date was wrong.

【訳】

女性たちはどんな問題に言及していますか。

(A) パティオのエリアは不都合である。
(B) 店はすぐに閉まる。
(C) レストランは大きな音で音楽をかけている。
(D) 予約日が間違っていた。

【解説】

鉄則15▶ キーワードの言い換え表現にアンテナを張る

女性1が❷でpatioに対して否定的な意見を述べ、女性2もそれに同意しているので、その内容を抽象的にinconvenient（不都合な、不便な）と言い換えている(A)が正解です。

13. 　正解　(D)　未来の行動を問う問題

【設問】

What do the women decide to do?

(A) Order takeout food
(B) Sit in the patio area
(C) Wait for a table inside
(D) Go to a different restaurant

【訳】

女性たちはどうすることに決めますか。

(A) テイクアウトの食事を注文する
(B) パティオのエリアに着席する
(C) 屋内のテーブルを待つ
(D) 別のレストランに行く

【解説】

鉄則12▶ 過去の行動は中盤、未来の行動は後半にヒントあり

鉄則15▶ キーワードの言い換え表現にアンテナを張る

女性2が❸で、Perhaps we should try somewhere else（別の場所を試すべきかもしれない）と言い、女性1も同意しているので、tryをGo to, somewhere elseをdifferent restaurantで言い換えている(D)が正解です。

設問11-13の語注　colleague 图 同僚　finalize 動 最終決定する　inconvenient 形 不都合な

14.-16.

Questions 14 through 16 refer to the following conversation and floor plan.

M : Hi, can I help you?

W : I'm here ❶for the negotiating workshop at 10 o'clock. ❷It's supposed to be in Room 403.

M : Actually, it's not here—❸it's in the room right across the hall.

W : Oh, I was sure it said Room 403 in the e-mail I got.

M : This room wasn't big enough, ❹so it was moved to a larger one. ❺The workshop instructor posted a sign about the change. It's next to the elevator downstairs.

W : ❻I guess I wasn't paying attention. Sorry to have bothered you.

【訳】
問題14-16は次の会話と間取り図に関するものです。
男性：こんにちは、ご用件は何でしょう？
女性：10時の交渉術セミナーに来ています。403号室ということになっているのですが。
男性：実はここではなく―ホールを横切って真向かいの部屋なんです。
女性：あら、いただいたEメールには確かに403号室となっていましたが。
男性：この部屋では狭かったので、より大きな部屋に変わったのです。セミナーの講師がその変更について掲示を貼っていましたが。1階のエレベーター横に。
女性：私が気付かなかったんですね。ご迷惑をおかけしました。

(語注) downstairs 副 階下で bother 動 煩わせる

----

14. 正解 (C) テーマ問題

【設問】

What is the woman planning to attend?

(A) An art class
(B) A job interview
(C) A training activity
(D) A business meeting

【訳】

女性は何に参加するつもりですか。

(A) アートクラス
(B) 仕事の面接
(C) 研修活動
(D) ビジネス会議

【解説】

鉄則15 ▶ キーワードの言い換え表現にアンテナを張る

女性は❶でnegotiating workshop（交渉術セミナー）に来たと言っているので(C)が言い換えになります。セミナーは(D)のmeeting（会議）とは異なります。また❺にworkshop instructorという表現があるところからも、会議ではなく、研修であることが分かります。

15. 正解 (D) 詳細問題＋図表問題

【設問】

Look at the graphic. Where should the woman go?

(A) To Room 401
(B) To Room 402
(C) To Room 403
(D) To Room 404

401	エレベーター	402
		備品物置
404		403

【訳】

図を見てください。女性はどこに行くべきですか。

(A) 401号室   (C) 403号室
(B) 402号室   (D) 404号室

【解説】

鉄則14 ▶ 選択肢と図表の共通項目以外の情報が聞き所

選択肢と間取り図に共通していない情報、すなわち聞き取るべき情報は、間取り図からしか分からない「位置関係」です。❷でセミナーは403号室のはずだと言う女性に、男性は❸で「真向かいの部屋」、❹で「より大きな部屋」と言っているので(D)が選べます。

---

16. 正解 (B) 詳細問題

【設問】

What caused a problem?

(A) The man was delayed.
(B) The woman missed a sign.
(C) The start time was changed.
(D) The elevator was out of order.

【訳】

何が問題を引き起こしましたか。

(A) 男性が遅れた。
(B) 女性が掲示を見逃した。
(C) 開始時間が変更された。
(D) エレベーターが故障していた。

【解説】

鉄則15 ▶ キーワードの言い換え表現にアンテナを張る

男性が❺で「セミナー講師が掲示を貼った」と述べた後、女性は❻で「注意を払ってなかった」と言っています。not pay attentionをmissedで言い換えている(B)が正解です。

設問14-16の語注　cause 動 引き起こす　out of order 故障中の

17.-19. 🔊 057 🍁

Questions 17 through 19 refer to the following instructions.

Hi, everyone. In this video, ❶**I'm going to show you a simple way to make a turkey ready to roast.** It takes time, but it adds flavor and keeps the meat nice and tender. First, you'll need a large cooler. ❷**Make sure you clean it thoroughly before you start.** Pour in about eight gallons of water for an average-sized turkey, then stir in two cups of salt and brown sugar until they dissolve. Immerse your turkey in the brine. ❸**If it's big, you may have to add more water.** Close the cooler and leave it overnight. Finally, drain off the liquid, take out the turkey, and dry it off before you put it in the oven.

【訳】

問題17-19は次の説明に関するものです。

こんにちは、皆さん。この動画では、七面鳥を焼く前の簡単な下ごしらえの方法をお見せします。時間はかかりますが、風味が加わって肉がおいしく柔らかく保たれます。まず、大きなクーラーボックスが必要です。始める前にしっかりきれいにしておきましょう。平均的な大きさの七面鳥なら約8ガロンの水を注ぎ入れ、カップ2杯の塩とブラウンシュガーを溶けるまでかき混ぜてください。七面鳥をその塩ダレに浸します。七面鳥が大きければもっと水を足す必要があるかもしれません。クーラーボックスを閉じて一晩寝かせます。最後に、液を捨てて七面鳥を取り出し、オーブンに入れる前に水気を切ってください。

🔲語注　flavor 图 風味　tender 形 柔らかい　thoroughly 副 完璧に　pour in ~ ～を注ぎ入れる　stir in ~ ～をかき混ぜながら入れる　dissolve 動 溶ける　immerse 動 浸す　brine 图 塩水　drain off ~ ～を流出させる

----

17. 正解 (D) テーマ問題

【設問】

What is the speaker explaining?

(A) How to use a kitchen appliance
(B) How to make a beverage
(C) How to install some equipment
(D) How to prepare a dish

【訳】

話し手は何を説明していますか。

(A) 台所器具の使い方
(B) 飲み物の作り方
(C) ある装置の設置の仕方
(D) 料理の準備の仕方

【解説】

鉄則11▶ 目的・場所・業種は冒頭に注意し、後のキーワードで確認

鉄則15▶ キーワードの言い換え表現にアンテナを張る

❶で七面鳥を焼く前の準備を説明すると宣言し、後はその手順を述べています。従って(D)が正解です。(D)ではmake a turkey ready to roastをprepare a dishと言い換えています。

18. 正解 (C) 詳細問題

【設問】

According to the speaker, what should listeners do in advance?

(A) Allow some equipment to dry
(B) Wash their hands
(C) Clean a container
(D) Put on protective clothing

【訳】

話し手によると、聞き手は事前に何をすべきですか。

(A) ある装置を乾燥させる
(B) 手を洗う
(C) コンテナをきれいにする
(D) 防護服を身に着ける

【解説】

鉄則15▶ キーワードの言い換え表現にアンテナを張る

❷で「始める前」にそれ（クーラーボックス）をきれいにするよう述べているので、(C)が正解です。設問ではbefore you startがin advanceに、選択肢ではcoolerがcontainerに言い換えられています。

---

19. 正解 (A) 詳細問題

【設問】

What does the speaker say may need to be adjusted?

(A) The quantity of water
(B) The cooking temperature
(C) The refrigeration time
(D) The drainage frequency

【訳】

話し手は何を調整する必要があるかもしれないと言っていますか。

(A) 水の量
(B) 調理の温度
(C) 冷蔵の時間
(D) 排水の頻度

【解説】

鉄則15▶ キーワードの言い換え表現にアンテナを張る

設問の先読みをして、adjust（調整する）の対象となるものにアンテナを張りながら聞きましょう。❸で「水を足す必要があるかもしれません」と言っているので(A)が正解です。add more waterをadjust the quantity of waterと言い換えています。内容が調理の手順で耳慣れない単語もあるかもしれませんが、設問を先に読んでおくと、全て聞き取れなくても必要な情報を拾って解答できるようになっています。

設問17-19の語注 kitchen appliance 台所器具 beverage 图 飲料 in advance 前もって protective clothing 防護服 adjust 動 調整する quantity 图 量 temperature 图 温度 drainage frequency 排水頻度

20.-22.

Questions 20 through 22 refer to the following news report.

In arts news, Jocelyn Mason's *Sea of Memories* has been named Book of the Year by the National Authors' Association. <u>The association considered dozens of books</u>, as it does each year, ❶**so Mason fought off some tough competition to win.** The prize is one of the literary world's most influential awards—❷**last year's winner, *White Roses* by Todd Egan,** spent several months on the bestseller list and is now being adapted into a movie. ❸**The selection committee praised *Sea of Memories* for its universal appeal, fascinating characters, and beautiful writing.**

【訳】
問題20-22は、次のニュース報道に関するものです。
芸術のニュースです。Jocelyn Masonの『記憶の海』が全国著者協会によってBook of the Yearに選ばれました。協会は例年通り多数の書籍を検討し、Masonは厳しい競争を勝ち抜いたわけです。この賞は、文学界の最も影響力のある賞の一つです——昨年の受賞作であるTodd Egan作『白いバラ』は、ベストセラーランキングに数カ月間入り続け、現在は映画化が進んでいます。選考委員会は『記憶の海』の普遍的な魅力、魅惑的な登場人物、そして美しい文体を称賛しました。

【語注】 dozens of 多数の、数十の　fight off ~ ～を撃退する　competition 图 競争　prize 图 賞　literary 形 文学の　influential 形 影響力のある　adapt 動 (本などを映画やテレビ向けに)改作する　praise 動 褒める　universal 形 普遍的な　fascinating 形 魅惑的な

---

20. 正解 (B)　意図推定問題

【設問】
What does the speaker imply when he says, "The association considered dozens of books"?

(A) An organization has many members.
(B) An award is difficult to win.
(C) A process is time-consuming.
(D) The selection criteria are broad.

【訳】
話し手は、"The association considered dozens of books" という発言で何を示唆していますか。
(A) ある組織が多くの会員を有している。
(B) ある賞は勝ち取るのが難しい。
(C) ある手順に時間がかかる。
(D) 選考基準は幅広い。

【解説】
鉄則13 ▶ 意図推定問題は、話の流れに注意

話し手は、この発言の直後の❶でtough competition（厳しい競争）という表現を使っています。すなわち賞を勝ち取ることは困難であると推測されるので、(B)が正解です。

21. 正解 (A) 過去の行動を問う問題

【設問】

What did Todd Egan do last year?

(A) He received an award.
(B) He published several books.
(C) He served on a committee.
(D) He appeared in a film.

【訳】

Todd Eganは昨年何をしましたか。
(A) 彼は賞を受賞した。
(B) 彼は数冊の本を出版した。
(C) 彼は委員会で活動した。
(D) 彼は映画に出演した。

【解説】
鉄則12▶過去の行動は中盤、未来の行動は後半にヒントあり

過去の出来事に関する質問なので、中盤を意識します。❷でTodd Eganの作品が last year's winner（昨年の受賞作）として紹介されているので、(A)が正解です。

Part
4
クオーター②
易しめ
時短模試 解答・解説

----

22. 正解 (C) 詳細問題

【設問】

According to the speaker, what aspect of this year's winner was praised?

(A) Its complex story
(B) Its unusual subject matter
(C) Its interesting characters
(D) Its attractive design

【訳】

話し手によると、今年の受賞作の どの側面が称賛されましたか。
(A) 複雑なストーリー
(B) ありきたりでない主題
(C) 興味深い登場人物
(D) 魅力的なデザイン

【解説】
鉄則15▶キーワードの言い換え表現にアンテナを張る

受賞作品の称賛すべきポイントとして❸に、普遍的な魅力、魅惑的な登場人物、美しい文体が挙げられています。このうち2つ目の「魅惑的な登場人物」の言い換えになるのが(C)です。fascinatingをinterestingで言い換えています。

設問20-22の語注 time-consuming 形 時間がかかる criteria 图 基準（criterionの複数形）publish 動 出版する aspect 图 側面 complex 形 複雑な

23. 正解 (C) 語彙問題

【訳】

Bainさんは、生活費がより安くつく小さな町への転勤と引き換えに、給料カットを受け入れた。

(A) 前 ～のため　(B) 前 ～へ　(C) 前 ～の　(D) 前 ～と共に

【解説】

a lower cost ------- livingだけ見て選びましょう。(C) cost of livingで「生活費」という決まった言い方です。(A)のforは、cost for renting a house (家を借りるための費用) のように、費用がかかる具体的な活動に焦点を当てている場合に用います。

----

24. 正解 (A) 文法問題：接続詞関連

【訳】

移行期間中も社員の仕事を守ると経営陣が約束したので、Medlore社の社員は合併の提案を支持している。

(A) 接 ～なので、～して以来　前 ～以来　(C) 前 ～以内

(B) 前 ～を通して　　　　　　　　　(D) 前 ～にもかかわらず

【解説】

鉄則20 ▶ 後ろに主語＋動詞があれば接続詞、語句だけなら前置詞を選ぶ

空所の前にはEmployees support で「主語＋動詞」、空所の後も、management has promisedで「主語＋動詞」があります。従って、空所にはこれらの2つの節をつなぐ接続詞が必要です。選択肢の中で唯一接続詞にもなれるのは(A) sinceです。

----

25. 正解 (B) 語彙問題

【訳】

重役会が彼にバンクーバーオフィスを率いるよう頼んだとき、Hendersonさんはちゅうちょなく受け入れた。

(A) 名 支出　(B) 名 ちゅうちょ　(C) 名 部門　(D) 名　紹介

【解説】

鉄則16 ▶ 語彙問題はコロケーションで選択肢を絞る

これもaccepted without ------- (～なしで受けた) だけ見れば、選択肢の中では(B) hesitationで決まりです。accepted without hesitation (ちゅうちょなく受けた) はよく使われる表現です。

26. 正解 (D) 語彙問題

【訳】
自分たちの手荷物を回収した後、乗客は税関職員の質問に答えるため検査場にまっすぐ進むべきだ。
(A) 副 正式に　(B) 副 特に　(C) 副 確かに　(D) 副 真っすぐに

【解説】
鉄則16 ▶ 語彙問題はコロケーションで選択肢を絞る

これも副詞の語彙問題なので、修飾している動詞proceed（進む）とのコロケーションから絞ってみましょう。選択肢の中でproceedを修飾できそうなものは(D) directly（まっすぐ）だけです。

語注　retrieve 動 回収する　proceed 動 進む　inspection 名 検査

----

27. 正解 (C) 文法問題：数量形容詞、数量代名詞

【訳】
求められている3年の管理職経験に欠けるいかなる応募者にも、面接の連絡は行われない。
(A) 形 全ての　(B) 代 どの人も　(C) 形 いかなる　(D) 形 どちらかの

【解説】
鉄則22 ▶ 数量を表す語の選択は後の名詞の数をチェック

空所の直後の名詞はapplicants（応募者）という複数形です。選択肢の中で複数名詞も修飾できるのは(C) Anyだけです。(A) Everyと(C) Eitherは単数可算名詞にしか付きません。(B) Anyoneは代名詞なので名詞の前に置けません。

語注　applicant 名 応募者　managerial 形 管理職の

28. 正解 (A) 文法問題：品詞

【訳】

実地研修の最初の期間、監督官は新入社員を注意深くチェックし、ミスを見つけた場合はその場で指摘する。

(A) 副 綿密に　(B) 形 閉鎖的な　(C) 形 接近した　(D) 图 接近

【解説】

鉄則19▶ 名詞を修飾するのは形容詞、それ以外を修飾するのは副詞

品詞の問題は空所の前後だけを見て解答しましょう。monitorの直後には名詞 new employeesがあるので、このmonitorは名詞ではなく、new employees を目的語にとる動詞だと分かります。従って、空所にはこの動詞を修飾する副詞の(A)が入ります。

 monitorは名詞と考えがちですが、だとすると、後にofなどの前置詞がないと次の名詞（ここではnew employee）とつながりません。

語注　on-the-job 形 実地の　monitor 動 監視する　on the spot その場で

---

29. 正解 (B) 語彙問題

【訳】

アナリストによると、世界の原油生産量の安定した増加により、今年いっぱいは燃料価格が抑えられるとのことだ。

(A) 形 法的責任がある　(B) 形 安定した　(C) 形 簡潔な　(D) 形 多才な

【解説】

鉄則16▶ 語彙問題はコロケーションで選択肢を絞る

(B)のsteadyはぜひ押さえておきたい基本単語です。ここではこのsteadyを空所に入れると、steady increase（安定した増加）となり意味が通ります。(A)のliableや(D)のversatileのような難しい単語も、これを機に覚えておきましょう。

語注　crude oil 原油

30.-33.

※下線部は設問の正解の訳です。

【訳】

問題30-33は次の広告に関するものです。

国際自然冒険見本市は、大自然の旅行に特化した、世界最大の見本市です。
今年の回は、アラスカ州のアンカレッジで6月18日から21日の間に開催されます。この
イベントには1,000人を超える業界の専門家が集まります。彼らはツアー運営者、旅行
協会、アウトドア用品の会社、メディアなどからの代表です。これらの参加者は、トーク、
パネル、セミナー、ネットワーク作りやその他の多くの活動に参加します。ハイキング
から、いかだ下り、登山まで全てをカバーして、全てのイベントは持続可能な旅行とい
うテーマに焦点を合わせています。現在登録受付中です。詳しくはwww.iwaealaska.
comをご覧ください。

【設問】

30. (A) take
(B) taking
(C) took
(D) takes

31. (A) You can enjoy a wide range of outdoor activities in the area.
(B) Contact the organizing team for more information on travel arrangements.
(C) The event will bring together over 1,000 industry professionals.
(D) With its magnificent natural environment, it's the perfect venue.

32. (A) attendees
(B) trainees
(C) advertisers
(D) travelers

33. (A) edge
(B) theme
(C) amount
(D) distance

【訳】

30. 選択肢の訳は省略

31. (A) あなたはこの地域の広範囲なアウトドアアクティビティーを楽しめます。
(B) 旅行の手配に関する詳細は運営チームに連絡してください。
(C) イベントには、1,000人を超える業界の専門家が集まります。
(D) その壮大な自然環境のため、そこは完璧な開催地です。

32. (A) 参加者
(B) 研修生
(C) 広告主
(D) 旅行者

33. (A) 端
(B) テーマ
(C) 量
(D) 距離

語注 dedicated to ~ ～に特化した wilderness 图 大自然 edition 图 (イベントの)1回分 take place 行われる represent 動 代表する association 图 協会 rafting 图 いかだ下り sustainable 形 持続可能な a wide range of ~ 広範囲な～ magnificent 形 壮大な venue 图 開催地

30.　正解 (D)　文法問題：動詞

【解説】

鉄則18▶ 動詞は、形・数・態・時制をチェック

空所には、単数の主語editionに対応する述語動詞(C) tookか(D) takesが適切です。32の空所の後ろのwill take part inなどから、過去のイベントの話ではないと確認できるので(D)を選びます。はっきりと決まった予定なので、未来のことも単純現在を用いています。

31.　正解 (C)　文選択問題

【解説】

鉄則25▶ 文挿入は代名詞やつなぎ言葉をヒントに文脈から判断

空所の直後の文They represent tour operators ...の主語Theyがヒントです。この代名詞が指す、業界を代表するような「人たち」が含まれる選択肢は(C)しかありません。

32.　正解 (A)　語彙問題

【解説】

空所の前にThese（これらの）とあるので、ここには前に出てきた「業界を代表する専門家たち」を指す言葉が入るはずです。選択肢の中で、この条件を満たすのは(A) attendees（参加者）です。

33.　正解 (B)　語彙問題

【解説】

all of the events will focus on the ------- of sustainable travel（全てのイベントは持続可能な旅行という-------に焦点を合わせている）の空所に入る言葉は、(B) themeであれば意味を成します。

34.-35.

【訳】

問題34-35は次のテキストメッセージのやりとりに関するものです。

> **Delia Sanchez（午前10時49分）**
> Mark、全て順調？　セミナーのあなたの出番は11時に始まりますよ。
> **Mark Nestor（午前10時50分）**
> はい。今は配布物のコピーを取りに下に来ているだけです。
> **Delia Sanchez（午前10時51分）**
> 最初のプレゼンターはほぼ終わりですよ。
> **Mark Nestor（午前10時52分）**
> 了解。すぐ上がります。
> **Delia Sanchez（午前10時53分）**
> あなたが始める前に私から研修生にちょっと発表をします。それであなたは、必要なら、もう少し準備に時間が取れるはずです。昼食休憩は、12時30分ちょうどに始まることを忘れないでくださいね。
> **Mark Nestor（午前10時54分）**
> OK、今、研修室に向かっています。

34. Nestorさんは何をしているところですか。
(A) 発表を印刷している
(B) ランチメニューのコピーを取っている
(C) 研修活動を進行するための準備をしている
(D) 会議のために部屋を整えている

35. 午前10時51分にSanchezさんは "The first presenter is almost finished" という発言で何を示唆していますか。
(A) イベントは数分で終わるだろう。
(B) 彼女は間もなく自由に休憩が取れる。
(C) プレゼンテーションは予想より短かった。
(D) Nestorさんはできるだけ早く着くべきだ。

語注 get set up 準備を完了する（このset は過去分詞。get＋過去分詞で受け身の意味）

----

34. 正解 (C) テーマ問題

【解説】

鉄則11▶ 目的・場所・業種は冒頭に注意し、後のキーワードで確認

鉄則15▶ キーワードの言い換え表現にアンテナを張る

Sanchezさんの最初の発言にYour part of the workshop startsという表現があり、2人はセミナー会場にいることが分かります。さらにNestorさんは10時50分にcopying my handoutsと答えています。また、10時54分の発言にはtraining roomという言葉もあります。これらの内容を総合した(C) Preparing to lead a training activityが言い換えになっています。(A) Printing out an announcementは「印刷している」という動作がcopyingと矛盾します。

35. 正解 (D) 意図推定問題

【解説】
鉄則13 ▶ 意図推定問題は、話の流れに注意

この発言の前にSanchezさんは、出番前に姿が見えないNestorさんを心配して
メッセージを送り、Nestorさんは「下でコピーを取っている」と返答しています。
それを受けて「最初の人はほぼ終わりそう」と書いているのですから、(D) Mr.
Nestor should arrive as soon as possible. が正解です。その後のNestorさん
のI'll be right up. からも、(D)が正解であると確認できます。

36.-38.

※下線部は設問の正解の訳です。

【訳】
問題36-38は次の記事に関するものです。

ベイシティー——昨年は悪天候のため中止になったが、Bay City Open Water 3K Splash
が8月15日日曜日に開催される。毎年恒例のこのイベントはCoastal Actionのための寄付を
募るもので、この団体はベイシティーに拠点を置くボランティアグループで、地域の海岸を
きれいに保つための活動をしている。

運営者のChristine Mathisは、"the Splash"の復活に興奮している。「約200人のスイマー
が既に登録しています」と彼女は語っている。「スポンサーになることに同意してくれた地元
企業の数から見ると、今回のイベントはこれまで開催したものの中で最大になるでしょう」。
このイベントでは、泳ぎだけでなく地元のパフォーマーによる音楽やコメディーも披露され
る。屋外ステージがベイシティー桟橋近くのウオーターフロント公園に設置される。

オープンウオーターの3キロレースは、午後1時にこの桟橋からスタートする。Mathisさん
によると、スピード重視の参加者もいれば、マイペースで泳ぎながら単に完泳を目指す個人
的なチャレンジと見なす人もいるそうだ。

スイマーもボランティアも、8月12日までこのイベントに登録できる。
登録および参加者とスポンサーの詳細はイベントのウェブサイト
www.baycity.com/openwater3ksplashで見られる。

---

36. Coastal Actionとは何ですか。
- (A) 健康チャレンジ
- (B) 地元の団体
- (C) 販促キャンペーン
- (D) 新しいビジネス

37. 今年のSplashについて何が示唆されていますか。
- (A) 多くの来場者が予想されている。
- (B) 地元住民だけが参加できる。
- (C) 初めて開催される。
- (D) 天気が問題になるかもしれない。

38. [1]、[2]、[3]、[4]と記載された箇所のうち、次の文が入るのに最もふさわしいのはどれですか。

「屋外ステージがベイシティー桟橋近くのウオーターフロント公園に設置される」

- (A) [1]
- (B) [2]
- (C) [3]
- (D) [4]

語注 splash 图 水しぶき　annual 形 例年の　raise 動（金を）集める　feature 動 呼び物とする　open water swim オープンウオータースイム（プールではなく自然の海や川で行われる水泳のこと）　pier 图 桟橋　participant 图 参加者　turnout 图 人出　anticipate 動 予期する　resident 图 住人　take part 参加する

----

36. 正解 (B) 詳細問題

【解説】
鉄則15▶ キーワードの言い換え表現にアンテナを張る

第1段落の2文目のCoastal Actionの後ろにカンマでつなげた同格の説明がa Bay City-based volunteer groupとなっています。(B) a local organizationがその言い換えになっています。

----

37. 正解 (A) 内容一致問題

【解説】
鉄則15▶ キーワードの言い換え表現にアンテナを張る

第2段落に "the number ... will make this the biggest event we've ever held." というMathisさんの発言があります。これを言い換えている(A)が正解です。(C)は第1段落の1文目でAfter being canceled last year（昨年は中止になった後）と述べているので不正解。(B)、(D)は全く言及がありません。

----

38. 正解 (C) 文挿入問題

【解説】
挿入文にあるoutdoor stageは、[3]の直前にあるperformersと関連する言葉で、そこに入れると文意が自然に流れます。

39.-42.

【訳】

問題39-42は次のメモに関するものです。

メモ

宛先：Sherwood建築全社員
差出人：Penny Jackson　オフィスマネジャー
日付：6月14日

以前お知らせしたように、今年の夏わが社はメイン受付エリアを改装します。Clayton Enterprisesが請負業者として選出されました。作業は7月3日から始まって約2週間かかります。完了すると、受付にはより大きな窓ができ、新しくより広々としたレイアウトになるでしょう。来客用の快適なソファと無料のスナックとコーヒーを備えたサイドテーブルが設置されます。

会議室も新しい革張りの椅子、高品質のプロジェクター装置、効率的なテーブルでグレードアップします。これで各部屋とも、12人が快適に着席できるようになるでしょう。目標は来客によりよい印象を与えることです。皆さんには、新しい家具類を大切に扱い、良好な状態を保つことにご協力いただくようお願いします。

工事期間中は、オフィスには裏から入って保管庫エリアを通っていただく必要があります。工事の騒音が勤務時間中の邪魔になるかもしれません。また、正面玄関に最も近い駐車場2台分は、Clayton Enterprise社の車両専用となりますのでご注意ください。皆さんの忍耐とご理解に感謝します。

---

39. Clayton Enterprisesについて何が示されていますか。
(A) 予定より2週間遅れて作業開始する。
(B) 幾つかの改装作業を行う。
(C) Sherwood建築の顧客である。
(D) 6月14日に発表を行った。

40. メモによると改装作業の間に起きないことは何ですか。
(A) 幾つかの窓が拡大される。
(B) 幾つかの家具が取り替えられる。
(C) 受付エリアのデザインが一新される。
(D) 会議室が1室追加される。

41. 第2段落4行目の "treat" に最も意味が近いのは
(A) 大喜びさせる
(B) 与える
(C) 処理する
(D) 扱う

42. Jacksonさんは社員に何をするように頼んでいますか。
(A) 別のドアから入る
(B) 確保されたスペースに駐車する
(C) 自由に飲み物やスナックを取る
(D) 保管庫エリアを施錠したままにする

語注 renovate 動 改装する　contractor 名 請負業者　spacious 形 ゆったりとした complimentary 形 無償の　streamlined 形 効率的になった　enable 動 可能にする　furnishings 名 備え付け家具（複数扱い）　in progress 進行中　rear 形 後ろの　disruption 名 妨害、混乱 behind schedule 予定より遅れて　enlarge 動 拡大する　refreshments 名 飲み物や軽食

39. 正解 (B) 内容一致問題

【解説】
鉄則15 ▶ キーワードの言い換え表現にアンテナを張る

第1段落の1文目にwe are renovating the main reception area (メイン受付エリアを改装する) とあり、その直後に、Clayton Enterprises has been chosen as the contractor. (Clayton Enterprisesがその請負業者として選ばれた) と述べています。(B)はこの状況を反映した言い換えです。

----

40. 正解 (D) NOT 問題

【解説】
鉄則15 ▶ キーワードの言い換え表現にアンテナを張る

会議室の数が増えるとは言っていないので(D)が正解です。(A)は第1段落4文目に出てくるthe reception will have bigger windowsの、(C)は同じくa new, more spacious layoutの言い換えであり、(B)は第2段落1文目のupgrade . . . and streamlined tablesの言い換えです。

----

41. 正解 (D) 語彙問題

【解説】
treat the new furnishings with careは、「注意しながら新しい家具を扱う」ということなので、ここでのtreatに意味が近いのは(D) handleです。

----

42. 正解 (A) 詳細問題

【解説】
鉄則15 ▶ キーワードの言い換え表現にアンテナを張る

41.までの設問が第1、第2段落の内容に関するものだったので、この設問のヒントは残る第3段落に注目しましょう。その1文目に (工事期間中は) you will need to enter the office via the rear (裏からオフィスに入る必要がある) とあるので(A)が正解です。(B)は工事車両が対象です。(C)は来客用であり、(D)に関する言及はありません。

43.-47.

【訳】
問題43-47は次のEメールとウェブページに関するものです。

受信者：Vivian Welch
送信者：orders@wildchildcosmetics.com
日付：10月17日
件名：注文番号004777

Vivian Welch様

弊社倉庫はお客様の注文を処理し、品物を発送致しました！

商品	番号	数量	価格
口紅——ヌーヴォーピンク	NP005	3	2.97ドル
マニキュア液——フレンチクリーム	FC010	6	7.74ドル
小計			10.71ドル
税金			0.54ドル
送料			4.95ドル
計		9	16.20ドル

発送先：Vivian Welch　マリアンヌ通り377　キンバリー　ブリティッシュコロンビア州
　　　　V1A2A6 カナダ

配達業者：FreightExpress　追跡番号：10008627

お問い合わせは必ず注文番号を明記の上、orders@wildchildcosmetics.comまでご連絡をお願いします。返品につきましては、不良品以外いかなる理由でも受け付けられないことをご理解願います。

---

https://freightexpress.com/tracking/query10008627

FreightExpress お荷物追跡ページ　　追跡番号 10008627

10月18日—ウォルナット、カリフォルニア州、USA　*FreightExpressにより引き取り*
最新状況：天候による遅延
10月22日—スポケーン、ワシントン州、USA　*輸送中*
10月23日—カルガリー、アルバータ州、カナダ　カナダ税関が受領
10月23日—カルガリー、アルバータ州、カナダ　地元配送業者に、引き渡し
10月24日—キンバリー、ブリティッシュコロンビア州、カナダ　*玄関先に置き配/署*
　　　　名不要

注文履歴 | 顧客名 : Vivian Welch

10月17日	注文番号004777　22.34ドル
	9品目（詳細は<u>こちら</u>をクリック）
10月26日	注文番号 004777　−2.97ドル
	返品：払い戻し3点（製品番号NP005）

(A) 顧客に価格変更を注意すること
(B) 注文への変更を確認すること
(C) 購入物の発送を確認すること
(D) 返品についての問い合わせに答える
　　こと

44. Wild Child Cosmeticsについて正しい
　　と考えられることは何ですか。
(A) 20ドルを超える注文には無料配送を
　　提供している。
(B) カリフォルニア州に倉庫を持ってい
　　る。
(C) 小売店は持っていない。
(D) 国内の注文のみ発送する。

45. 1つ目のウェブページに示されていない
　　ものは何ですか。
(A) 荷物が悪天候で遅れた。
(B) カナダの会社が配達を完了した。
(C) 荷物は10月23日にカナダに着いた。
(D) 荷物の受取人が荷物の受取署名をし
　　た。

46. 2つ目のウェブページに何が示されてい
　　ますか。
(A) 注文の商品数
(B) 顧客の支払い方法
(C) 荷物の到着日
(D) 顧客のメールアドレス

47. Welchさんは、なぜ、注文に関して一
　　部返金を受け取ったと考えられますか。
(A) 間違った品物を含んでいた。
(B) 品物が欠けていた。
(C) 不良品の口紅が何本か含まれていた。
(D) 予定より遅く届いた。

語注 warehouse 图 倉庫　process 動 処理する　quantity 图 数量　inquiry 图 問い合わせ
take care to do 注意して～する　defective 形 不良の　in transit 配送中　transfer 動 移送する
alert 動 注意喚起する　acknowledge 動（手紙などの受け取りを）確認する　domestically 副 国内で
recipient 图 受取人　partial refund 一部返金

Part
7
クオーター
②
易しめ

時短模試 解答・解説

43. 正解 (C) テーマ問題

【解説】

鉄則11▶目的・場所・業種は冒頭に注意し、後のキーワードで確認

冒頭のOur warehouse has processed your order and shipped your items! で、注文を処理して発送したと案内しています。注文明細とその下には、発送先、追跡番号も載せているので、(C) To confirm shipment of a purchaseが正解です。

---

44. 正解 (B) 内容一致問題＋CR問題

【解説】

Eメールの送信者のアドレスからWild Child Cosmeticsはこの商品の発送人だと分かります。さらに1つ目のウェブページの10月18日の情報に、発送地としてカリフォルニア州が挙がっているので(B) It has a warehouse in California. が選べます。$20ドルを超えると無料とは書いていないので(A)は不正解。(C)に関する記述もありません。追跡ページを見ると、アメリカからカナダに送っているので(D)も違います。

---

45. 正解 (D) NOT問題

【解説】

鉄則15▶キーワードの言い換え表現にアンテナを張る

1つ目のウェブページの10月24日にNo Signature Required（署名不要）とあるので、(D) A delivery recipient signed for a package.がこの点に一致せず正解です。(A)は10月18日のStatus Update: *Weather Delay*という記述が該当します。(B)は10月24日のLeft at Front Doorを言い換えています。(C)も10月23日にReceived by Canadian Customsという記述があります。

---

46. 正解 (A) 詳細問題＋CR問題

【解説】

2つめのウェブページには注文履歴が表示され、9 itemsと、Eメールにある商品合計数が載っているので(A) The number of items in an orderが正解です。ほかの選択肢に関する記述は、このウェブページにはありません。

47. 正解 (C) 詳細問題＋CR問題

【解説】
鉄則27 ▶ CR問題のヒントは、他の設問のヒントがない部分にある

Eメールの返品に関するただし書きがまだヒントになってないことを思い出しましょう。we do not accept returns for any reason except defective itemsで、「不良品以外は返品を受け付けない」と宣言しています。従って返金があった物は不良品だったと考えられます。さらに、2つ目のウェブページには返金された商品の番号がNP005とあるので、Eメールを見るとこれが口紅であると分かります。従って、(C) It included some defective lipsticks.が正解です。

1. 正解 (D)

※太字は解説で触れている部分です。

(A) She's preparing a meal.
(B) She's paying for some groceries.
(C) She's putting fruit into a **box**.
(D) She's **examining** some **produce**.

【訳】
(A) 彼女は食事を準備している。
(B) 彼女は食料品の代金を支払っている。
(C) 彼女は果物を箱に詰めている。
(D) 彼女は農作物を吟味している。

【解説】
鉄則3 ▶ 写真にない名詞が聞こえたら引っ掛け
(A)と(B)の動作表現は写真に全く当てはまりません。(C)のboxは写真に写っていません。(D)のproduceは名詞では「農作物」の意味があり、女性は、果物を手に取って香りを嗅いでいるように見えるのでexaminingが適切な描写です。

語注 groceries 图 食料品　produce 图 農作物

---

2. 正解 (A)

(A) Bushes have been planted near a **shelter**.
(B) A street lamp **is being installed**.
(C) People **are sitting** on a curb.
(D) Benches **are being assembled**.

【訳】
(A) 低木がシェルターの近くに植えられている。
(B) 街灯が設置されつつある。
(C) 人々は縁石の上に座っている。
(D) ベンチが組み立てられつつある。

【解説】
鉄則5 ▶ 判断に迷う選択肢は最後までキープ
鉄則2 ▶ beingが聞こえたら要注意!
(A)は、shelterが分からず正解の確信が持てなければ、キープして次を聞いていきましょう。(B)と(D)はbeingが用いられていますが、今その動作が行われているところではないので不適切です。(C)も写真の情景に合いません。やはり(A)が残ります。shelterは「天候や危険から非難する所」で、写真にあるような屋根の付いている場所はそれに該当します。

語注 bush 图 低木、茂み　shelter 图 避難所、覆いのある所　curb 图 縁石　assemble 動 組み立てる

3. 正解 **(C)** 疑問詞で始まる疑問文

Where do we send these permit applications?

(A) The process usually takes a few weeks.
(B) It's a permanent position.
(C) Lina will take care of that.

【訳】
これらの許可申請書はどこに送るのですか。
(A) 手続きには通常2、3週間かかります。
(B) それは正社員の職です。
(C) Linaがそれを処理しますよ。

【解説】
鉄則10 ▶ 問題文への応答になり得る選択肢を柔軟に判断する

Whereで「書類の送り先」を尋ねる質問に対して、担当者を教えている(C)は、十分自然な応答です。

> **語注** permit application 許可申請書　permanent 形 恒久的な、常任の

----

4. 正解 **(B)** 選択疑問文

Are you checking out today or **staying** another night?

(A) **Yes**, it's actually still available.
(B) We're leaving tomorrow morning.
(C) I've **stayed** at this hotel many times.

【訳】
本日チェックアウトされますか、それとももう1泊なさいますか。
(A) はい、実はそれはまだ利用可能です。
(B) 明朝出発します。
(C) このホテルには何度も滞在しました。

【解説】
鉄則8 ▶ 選択疑問文にはYes/Noで始まる選択肢は選ばない
鉄則9 ▶ 問題文に含まれる単語に似た音の単語は引っ掛けと疑う

選択疑問文なので、Yesで始まる(A)は考慮外です。(B)の「明朝出発する」は、「もう1泊する」の言い換えとなりこれが正解です。(C)は問題文にあるstayを過去分詞にした引っ掛けです。

5. 正解 (A) 疑問詞で始まらない疑問文

Does this bicycle model come in different colors?

(A) Just what you see in the catalog.
(B) Use the same entrance as before.
(C) Right, but there's nowhere to park it.

【訳】
この自転車のモデルは、ほかの色もありますか。
(A) カタログでご覧になっているものだけです。
(B) 以前と同じ入り口を使ってください。
(C) そうですね、でもそれを止める場所はありません。

【解説】
鉄則10 ▶ 問題文への応答になり得る選択肢を柔軟に判断する

「ほかの色はあるか」という質問に対し、(A)は直接「有無」を伝える返答にはなっていませんが、「カタログにあるものだけ」は応答として成立します。

----

6. 正解 (B) 疑問詞で始まる疑問文

Who gave you that conference **schedule**?

(A) Mr. Barnes was transferred there.
(B) It was in my **registration package**.
(C) We're still a little behind **schedule**.

【訳】
誰がその会議予定をあなたに渡したのですか。
(A) Bamesさんはそこに転勤しました。
(B) それは私の登録書類セットにありました。
(C) 私たちはまだ少し予定より遅れています。

【解説】
鉄則9 ▶ 問題文に含まれる単語に似た音の単語は引っ掛けと疑う
鉄則10 ▶ 問題文への応答になり得る選択肢を柔軟に判断する

消去法が必要な問題です。Whoで始まる疑問文ですが、人名を聞いただけで(A)に飛び付かず、その後もしっかり聞いて削除します。(C)も問題文にあるscheduleを含む、内容が不適切な引っ掛けです。従って、予定表の入手元を答えている(B)が正解です。registration packageは、数日間に渡って行われる有料の会議やセミナーに登録した人がもらう資料のセットのことです。

語注 transfer 動 転勤させる　behind schedule 予定より遅れた

7. 正解 (C) 疑問詞で始まらない疑問文

Isn't this laminating machine due **for maintenance**?

(A) Because of a missing component.
(B) It arrived by the deadline.
(C) A technician's coming in next week.

【訳】
このラミネート加工機はメンテナンスの時期なのではないですか。
(A) 部品が欠損しているせいです。
(B) それは締め切りまでに到着しました。
(C) 技術者が来週来ます。

【解説】
鉄則7 ▶ 否定疑問文と付加疑問文は普通の疑問文と考えて応答する

文頭の否定語は無視して、「機械はメンテナンス時期か」という質問と考えましょう。すでにその問題に対処していることを表す(C)が自然な応答です。(B)は問題文のfor maintenanceを聞き逃した人を迷わせる誤答選択肢です。

語注 missing 形 見当たらない　component 图 部品

----

8. 正解 (C) 疑問詞で始まらない疑問文

You know our president, don't you?

(A) It was an impressive demonstration.
(B) No, what do you recommend?
(C) We haven't actually met.

【訳】
うちの社長をご存じですよね。
(A) それは素晴らしい実演でした。
(B) いいえ、あなたのお薦めは何ですか。
(C) 私たちは実際に会ったことがありません。

【解説】
鉄則7 ▶ 否定疑問文と付加疑問文は普通の疑問文と考えて応答する

付加疑問文ですが、「社長を知っているか」という普通の疑問文と同様に対処しましょう。「会ったことがない」すなわち、「知らない」を意味する(C)が自然な応答です。

語注 impressive 形 素晴らしい

9.-11. 🔊 070 🇬🇧 🇺🇸

Questions 9 through 11 refer to the following conversation.

W : Brian, have you called Staley Corporation yet? ❶**We need to finalize the changes to the new service contract.**

M : ❷**I've been tied up in meetings all morning.** I'll make sure it gets done by the end of the day.

W : Once the client agrees to the changes, ❸**the legal department needs to approve the updated version of the contract.** Make sure you leave enough time for them to review it.

M : ❹**I'm just heading out for lunch now. I'll do it as soon as I get back. That will give them all afternoon to look it over.**

【訳】

問題9-11は次の会話に関するものです。

女性：Brian、Staley社にもう電話しましたか。新しいサービス契約書への変更を最終決定しなくてはなりません。

男性：午前中ずっと、会議で手一杯だったんです。必ず今日中に終わらせますよ。

女性：顧客が変更に同意してくれたら、法務部は変更後の契約書を承認しなくてはならないんです。必ず彼らが検討する十分な時間を残してあげてください。

男性：ちょうど今、昼食に出るところです。戻り次第やります。そうすれば、法務部はそれに目を通すのに、午後一杯使えるでしょう。

語注　tie up ~（人）を忙しくさせる　make sure ~ 確実に~をする　legal department 法務部　approve 動 承認する　head out for ~ ~に出発する　look over ~ 動 ~に目を通す

9.　正解 (D)　テーマ問題

【設問】

What are the speakers discussing?

(A) Contacting the head office
(B) Using a law firm's services
(C) Extending a contract
(D) Revising an agreement

【訳】

話し手たちは何について話していますか。
(A) 本社に連絡すること
(B) 法律事務所のサービスを使うこと
(C) 契約を延長すること
(D) 契約を改定すること

【解説】

鉄則11 ▶ 目的・場所・業種は冒頭に注意し、後のキーワードで確認

鉄則15 ▶ キーワードの言い換え表現にアンテナを張る

❶で女性が契約の変更手続きを進めるように男性に促しているので、(C)か(D)が残ります。最後まで聞いても(C)のextending（延長）への言及がないので、包括的な表現であるchangingを言い換えた(D) revising（改訂）を選びます。

10. 正解 (C) 過去の行動を問う問題

【設問】

What did the man do this morning?

(A) He reviewed a document.
(B) He prepared a new contract.
(C) He attended some meetings.
(D) He visited Staley Corporation.

【訳】

男性は今朝何をしましたか。
(A) 彼は文書を見直した。
(B) 彼は新しい契約書を準備した。
(C) 彼は幾つかの会議に出席した。
(D) 彼はStaley社を訪問した。

【解説】

鉄則12 ▶ 過去の行動は中盤、未来の行動は後半にヒントあり

鉄則15 ▶ キーワードの言い換え表現にアンテナを張る

男性の発言❷のtied up in meetings（会議で手一杯だった）を言い換えている(C)が正解です。

----

11. 正解 (B) 詳細問題

【設問】

When will a document be ready for the legal department?

(A) In the next few minutes
(B) Shortly after lunch
(C) At the end of the day
(D) Tomorrow morning

【訳】

法務部へ文書を渡す準備はいつできますか。
(A) 2、3分後
(B) 昼食後間もなく
(C) 今日の終わり
(D) 明日の朝

【解説】

❸で「法務部の了承が必要」と言う女性に、男性は❹で「昼食後すぐやる」と言っているので(B)が正解です。

設問9-11の語注　extend 動 延長する　revise 動 改訂する　shortly 副 間もなく

12.-14. 🔊071 🇨🇦 🇦🇺

Questions 12 through 14 refer to the following conversation.

W : Hi. I'm from Coastal Graphics. ❶**Is this where we sign in for the marketing conference?**

M : Yes. Let me check my list . . . Here it is, Coastal Graphics. May I have your name, please?

W : It's Melanie Grant, ❷**but you might not find it.** My supervisor, Laura Page, was originally supposed to attend, but she sent me at the last minute. ❸**I hope that's OK.**

M : No problem. ❹**However, the attendees' badges have already been labeled, so you'll have to print your name on this blank one.**

【訳】

問題12-14は次の会話に関するものです。

女性：こんにちは、Coastal Graphicsの者です。マーケティング会議の到着署名をする場所はここですか？

男性：はい、リストをチェックしますね……はい、ありました、Coastal Graphicsさんですね。お名前をいただけますか。

女性：Melanie Grantですが、私の名前はないと思います。本来は私の上司のLaura Pageが出席するはずだったのですが、ギリギリになって私が出ることになったのです。大丈夫だといいのですが。

男性：問題ありませんよ。でも、出席者のお名前はすでに名札に貼り付けてあるので、この何も書いていない名札にお名前を書いていただかねばなりません。

語注 sign in 到着の署名をする　supervisor 图 上司　originally 圖 元々　at the last minute 土壇場で　badge 图 バッジ、記章　print 匭 活字体で書く

----

12. 正解 (A)　テーマ問題

【設問】	【訳】
What is the woman doing?	女性は何をしているところですか。
(A) Arriving at an event	(A) イベントに到着しつつある。
(B) Delivering some designs	(B) デザインを届けている。
(C) Checking in at a hotel	(C) ホテルにチェックインしている。
(D) Signing a contract	(D) 契約書に署名している。

【解説】

鉄則11 ▶ 目的・場所・業種は冒頭に注意し、後のキーワードで確認

女性は冒頭の❶で、会議のために到着署名をする場所を尋ねているので(A)が適切です。男性の発言❹のattendees' badgesでも、彼女がイベントの参加者であることが確認できます。

13.　正解 (B)　テーマ問題

【設問】

Why is the woman concerned?

(A) She did not pay for a room.
(B) She is not included on a list.
(C) She did not hear from her supervisor.
(D) She is late for a meeting.

【訳】

女性はなぜ心配しているのですか。
(A) 彼女は部屋代を払っていない。
(B) 彼女はリストに含まれていない。
(C) 彼女の上司から連絡がない。
(D) 彼女は会議に遅れている。

【解説】

鉄則15 ▶ キーワードの言い換え表現にアンテナを張る

男性に名前を聞かれた女性は、❷でyou might not find it（あなたはそれを見つけられないかも）と言い、さらに❸でI hope that's OK.（大丈夫だといいのですが）と心配しています。この状況を言い換えた(B)が正解です。

14.　正解 (D)　未来の行動を問う問題

【設問】

What does the man ask the woman to do?

(A) Show some identification
(B) Go to a different room
(C) Fill out a registration form
(D) Make her own name tag

【訳】

男性は女性に何をするように頼んでいますか。
(A) 身分証を見せる
(B) 別の部屋へ行く
(C) 登録用紙に記入する
(D) 彼女自身の名札を作る

【解説】

鉄則12 ▶ 過去の行動は中盤、未来の行動は後半にヒントあり

鉄則15 ▶ キーワードの言い換え表現にアンテナを張る

男性は最後の発言❹で、自分で名札に名前を書くように言っています。それを言い換えている(D)が正解です。

設問12-14の語注　identification 身分証

15.-17. 🔊 072 🇬🇧 🇺🇸

Questions 15 through 17 refer to the following conversation and advertisement.

W : Hi, I'm calling about your ad for a used guitar. Is it still on sale?

M : Yes. It's a medium-bodied Redman Classic—are you interested?

W : I have a question first. The ad says it's in excellent condition, ❶**but I was wondering how old it is.**

M : I bought it six months ago. Then I got a new job and ❷**no longer had enough time to practice.** It's basically as good as new. Try it out, and if you change your mind, no problem.

W : Could I stop by tomorrow evening, around seven?

M : Sure. Just one thing—❸**the street number's actually 210.** There was a misprint in the ad.

【訳】

問題15-17は次の会話と広告に関するものです。

女性：こんにちは、あなたの中古ギターの広告についてお電話しています。まだ売れていないですか？

男性：はい。このギターは中サイズのRedman Classicです——興味おありですか。

女性：まず、質問があります。広告では、状態は非常に良いとのことでしたが、どれくらい古いのかなと思って。

男性：6カ月前に購入しました。その後仕事が変わって、練習時間が十分取れなくなったのです。基本的には新品同様の状態です。試してみてください、それで気持ちが変わったならそれでも構いません。

女性：明日の夜7時ごろ立ち寄ってもいいですか。

男性：いいですよ。一つだけ——実は番地は210番なのです。広告ではミスプリントがありました。

> **語注**   basically 副 基本的に　try out ~ ~を試す

15. 　正解 (A)　テーマ問題

【設問】

What does the woman ask about the guitar?

(A) Its age
(B) Its color
(C) Its brand
(D) Its size

【訳】

女性はギターについて何を尋ねてますか。

(A) 古さ
(B) 色
(C) ブランド
(D) 大きさ

【解説】

鉄則15▶ キーワードの言い換え表現にアンテナを張る

女性は❶でhow old it is（どれくらい古いか）を知りたいと言っているので、(A)のage（古さ）が言い換えになります。

16. 正解 (B) テーマ問題

【設問】

Why is the man selling the guitar?

(A) He does not have a place to practice.
(B) He does not play it often.
(C) He is moving because of work.
(D) He purchased a new one.

【訳】

男性はなぜギターを売っているのですか。

(A) 彼は練習する場所がない。
(B) 彼は頻繁に演奏しない。
(C) 彼は仕事のせいで転居する。
(D) 彼は新しいものを購入した。

【解説】

鉄則15▶ キーワードの言い換え表現にアンテナを張る

男性は❷で「練習する時間がない」と言っています。つまり、頻繁には演奏できないということですから、(B)が言い換えとなり正解です。

---

17. 正解 (C) 詳細問題＋図表問題

> # 売ります──アコースティックギター
> # 使用期間6カ月のみ！
>
> 200ドル ─ コンディション良好
> 受け取りは平日午後7時以降.
> Hendricks通り100

【設問】

Look at the graphic. According to the man, which number is incorrect?

(A) 6   (C) 100
(B) 7   (D) 200

【訳】

図を見てください。男性によると、どの数字が間違っていますか。

(A) 6   (C) 100
(B) 7   (D) 200

【解説】

鉄則14▶ 選択肢と図表の共通項目以外の情報が聞き所

この図と選択肢で「共通項目以外の情報」とは、それぞれの数字が示す内容です。すなわち、6は「購入時期」、7は「時刻」、100は「通りの番号」、200は「金額」で、それらが聞き所です。❸で、男性が「通りの番号」が間違っていると言っているので、(C)が正解です。

 ちらしや名刺などの図表問題では、4つの選択肢が何を意味しているのか分かりづらくて聞き所を押さえにくい場合もあります。ここで考え込んで先読みのリズムを乱すくらいなら、「スルーする」のもアリです。

設問15-17の語注 purchase 動 購入する incorrect 形 誤った

18.-20. 🔊 074 🍁

Questions 18 through 20 refer to the following advertisement.

Do you want to make your home more eco-friendly? **❶Then invest in one of PHG Corporation's brand-new low-energy fridges.** With their streamlined design and power-saving technology, **❷owning one will reduce your electricity consumption by up to 30 percent compared to older models.** Over time, that means **❸big savings for your household budget.** They're available in a range of sizes to suit your needs, from compact to extra-large. **❹All PHG products are designed with one goal in mind: to make your daily life easier.**

【訳】
問題18-20は次の広告に関するものです。
あなたの家をもっと環境に優しくしたいですか。それならPHG社から新発売の低エネルギー冷蔵庫に投資してください。効率的なデザインと省エネ技術で、1台あれば従来モデルより最大30パーセントまで電力消費を減らすことができるでしょう。長期的に見れば、家計の大きな節約になります。ニーズに合わせて、コンパクトから特大まで、さまざまなサイズがあります。全てのPHG製品は1つのゴールを念頭に設計されています。皆さんの日常をより暮らしやすくすることです。

語注　eco-friendly 形 環境に優しい　invest in ~ ~に投資する　brand-new 形 発売されたばかりの　fridge 图 冷蔵庫（refrigeratorの略語）　streamlined 形 合理化された　own 動 所有する electricity consumption 電力消費　up to ~ ~まで　compared to ~ ~に比べて　household budget 家計の予算　a range of ~ さまざまな範囲の~

18. 　正解　(C)　テーマ問題

【設問】	【訳】
What is being advertised?	何が宣伝されていますか。
(A) A power company	(A) 電力会社
(B) A financial service	(B) 金融サービス
(C) Home appliances	(C) 家庭電化製品
(D) Office equipment	(D) 事務用機器

【解説】
鉄則15▶ キーワードの言い換え表現にアンテナを張る
鉄則11▶ 目的・場所・業種は冒頭に注意し、後のキーワードで確認

❶でfridges（冷蔵庫）と言っているので、その総称である「家庭電化製品」で言い換えている(C)が正解です。もしfridgesという単語を知らなくても、❷の「消費電力量を減らす」などのキーワードがヒントになります。

19. 正解 (B) 詳細問題

【設問】

According to the speaker, how can listeners save money?

(A) By switching to renewable energy
(B) By using less electricity
(C) By entering a discount code
(D) By trading in an old product

【訳】

話し手によると、聞き手はどのようにしてお金を節約できますか。

(A) 再生可能なエネルギーに切り替えることによって
(B) より少なく電力を使うことによって
(C) 値引きコードを入力することによって
(D) 古い製品を下取りしてもらうことで

【解説】

鉄則15▶ キーワードの言い換え表現にアンテナを張る

❷のreduce your electricity consumption（電力消費量を減らす）と、❸のbig savings for your household budget（家計の大きな節約）から、(B)が選べます。reduce（減らす）をusing less（より少なく使う）で言い換えています。

----

20. 正解 (A) 詳細問題

【設問】

What is the company's purpose?

(A) To offer customers convenience
(B) To promote innovative services
(C) To raise environmental awareness
(D) To provide long-lasting products

【訳】

会社の目的は何ですか。

(A) 顧客に利便性を提供すること
(B) 革新的なサービスを促進すること
(C) 環境意識を高めること
(D) 耐久性のある製品を供給すること

【解説】

鉄則15▶ キーワードの言い換え表現にアンテナを張る

❹で質問文のpurposeの言い換えとなるgoalが使われています。そこで述べられているto make your daily life easier（皆さんの日常をより暮らしやすくすること）をconvenienceを用いて言い換えている(A)が正解です。

設問18-20の語注 advertise 動 宣伝する　trade in ~ ～を下取りに出す　awareness 名 意識　long-lasting 形 長く続く

21.-23. 075 🇬🇧

Questions 21 through 23 refer to the following excerpt from a meeting.

Next, we'll review the report from ❶**RGB Associates, the consultants we hired** to help increase sales at our fast-food chain. RGB recommends completely ❷**redesigning the layout of our restaurants to make them more inviting to working women. Apparently, women like our menu items, but are put off by the cramped seating arrangements.** By offering diners more space and privacy, we could attract more female customers during the weekday lunch rush. This would be a costly move. ❸**We need to consider whether we'll win enough new customers to justify the risk.** What do you think?

【訳】
問題21-23は次の会議の抜粋に関するものです。
次に、わが社のファストフードチェーンの売り上げ増加を助けるために雇ったコンサルタント、RGB Associatesの報告書を再度検討してみましょう。RGBは、働く女性にとってもっと魅力的になるように、わが社のレストランのレイアウトを一からデザインし直すことを勧めています。見たところ女性たちは、私たちのメニュー項目は気に入っているようですが、座席の並び方が窮屈で足が遠のいているようです。食事客にもっとスペースとプライバシーを提供することで、ウイークデーの忙しい昼食時により多くの女性客を呼ぶことができるかもしれません。これは、費用がかかる対策になるでしょう。そのリスクに見合うほどの新しい客を獲得できるかどうか、検討する必要があります。皆さんはどう思いますか。

> **語注**　review 動 再検討する　recommend 動 勧める　inviting 形 行きたくなるような　apparently 副 見たところ　put off ~ ～を遠ざける　cramped 形 窮屈な　diner 名（レストラン等で）食事をする人　costly 形 高価な　justify 動 正当化する

21.　正解 (D)　テーマ問題

【設問】	【訳】
What is RGB Associates?	RGB Associatesとは何ですか。
(A) A food-testing laboratory	(A) 食品検査研究所
(B) An advertising agency	(B) 広告会社
(C) An architecture firm	(C) 建築事務所
(D) A consulting company	(D) コンサルティング会社

【解説】
❶でずばり「私たちが雇ったコンサルタント」と言っているので(D)が正解です。

22. 正解 (D) テーマ問題

【設問】

What change does the speaker mention?

(A) Putting more women in advertisements
(B) Opening new restaurant branches
(C) Adding more items to a menu
(D) Making eating areas more comfortable

【訳】

話し手はどんな変更について言及していますか。

(A) 広告にもっと多くの女性を載せること
(B) 新しいレストランの支店を開くこと
(C) メニュー項目をもっと増やすこと
(D) 食事エリアをもっと快適にすること

【解説】

鉄則15▶ キーワードの言い換え表現にアンテナを張る

❷で質問文のchangeの言い換えになりそうな言葉redesigningがあり、店をもっと魅力的にするためにレイアウトを変えることに言及しているので、(D)が正解です。invitingをcomfortable、seatingをeating areasで言い換えています。

---

23. 正解 (C) 意図推定問題

【設問】

What does the speaker mean when she says, "This would be a costly move"?

(A) She wants to change a budget.
(B) She thinks prices should be lower.
(C) She believes a suggestion is bold.
(D) She disagrees with a strategy.

【訳】

話し手は "This would be a costly move" という発言で、何を意味していますか。

(A) 彼女は予算変更を望んでいる。
(B) 彼女は価格は下げられるべきだと考えている。
(C) 彼女は提案は大胆だと思っている。
(D) 彼女は戦略に同意していない。

【解説】

鉄則13▶ 意図推定問題は、話の流れに注意

❸で、コスト高になるリスクを冒すべきかどうかを検討するべきだと述べています。従って、この提案がリスクを含む大胆なものであると考えていることを表す(C)が最適です。

Part 3で2問、Part 4で3問出題される「意図推定問題」は、選択肢の消去法も必要になるなど、正解を選びにくい問題です。なので、何問かは「スルーしてもいいや」くらいの気持ちで取り組んでもOKです。

24.-26. 🔊 076 🇨🇦

Questions 24 through 26 refer to the following telephone message.

Hello, ❶this is Amanda Booth, the building manager, calling about the leak in your ceiling. ❷We had a roofing company on site yesterday. They were able to find the source of the leak and fix the roof. However, we need to schedule a carpenter to repair the water damage inside ❸your apartment as well. The work will take a few days, and we will arrange for you to stay at a nearby hotel until it's finished. We apologize for the inconvenience. ❹Please call me back at 555-0813 to discuss this in more detail.

【訳】

問題24-26は次の電話メッセージに関するものです。
こんにちは、ビル管理責任者のAmanda Boothです。お宅の天井の水漏れについてお電話しています。昨日、屋根工事の業者を現場に来させました。彼らは水漏れの元を見つけ屋根を修理してくれました。しかしながら、あなたの部屋の中の水漏れダメージを補修するには、大工さんとも予定を組まねばなりません。作業は2、3日かかりますので、それが終わるまで滞在していただくために、近くのホテルを手配します。ご不便をおかけし申し訳ありません。この件の詳細を打ち合わせするため、555-0813まで折り返しお電話ください。

語注 leak 图 水漏れ　ceiling 图 天井　carpenter 图 大工　apologize 動 謝罪する

----

24. 正解 (B) テーマ問題

【設問】

Who is the speaker calling?

(A) A construction company
(B) A building tenant
(C) A plumber
(D) A hotel guest

【訳】

話し手は誰に電話していますか。

(A) 建設会社
(B) ビルのテナント
(C) 配管工
(D) ホテルの客

【解説】

鉄則11▶ 目的・場所・業種は冒頭に注意し、後のキーワードで確認

話し手は冒頭の❶で、ビルの管理責任者と名乗り、your ceiling（お宅の天井）という言い方をしているので、その相手は(B)のテナントと考えられます。また、後の❸のyour apartmentというキーワードでも再確認できます。

25. 正解 (A) 詳細問題

【設問】

According to the speaker, what happened yesterday?

(A) The roof was repaired.
(B) Someone moved out.
(C) A reservation was canceled.
(D) There was a storm.

【訳】

話し手によると、昨日何がありましたか。
(A) 屋根が修理された。
(B) 誰かが引っ越して行った。
(C) 予約がキャンセルされた。
(D) 嵐があった。

【解説】

鉄則15▶ キーワードの言い換え表現にアンテナを張る

yesterdayは❷で聞こえてきて、業者が来て屋根を修理した（fix）と言っています。このfixをrepairedで言い換えている(A)が正解です。

---

26. 正解 (C) 未来の行動を問う問題

【設問】

What does the speaker ask the listener to do?

(A) Submit an estimate
(B) Recommend a service
(C) Return a telephone call
(D) Pay an overdue bill

【訳】

話し手は聞き手に何をするように頼んでいますか。
(A) 見積もりを提出する
(B) サービスを薦める
(C) 電話を折り返す
(D) 期限切れの請求書の支払いをする

【解説】

鉄則12▶ 過去の行動は中盤、未来の行動は後半にヒントあり

鉄則15▶ キーワードの言い換え表現にアンテナを張る

最後の❹に出てくるPleaseが依頼内容を導く合図です。その後のcall me back（折り返し電話する）を言い換えている(C)が正解です。

設問24-26の語注 plumber 图 配管工　estimate 图 見積もり　overdue 形 期日を過ぎた

27. 正解 (A) 語彙問題

【訳】

Gerard Ladinoは地元の新鮮な食材を彼のレストラン用に仕入れるために、何軒かの地域の農家と提携している。

(A) 動 仕入れる　(B) 動 由来する　(C) 動 流れる　(D) 動 挿入する

【解説】

鉄則16▶語彙問題はコロケーションで選択肢を絞る

空所の前後だけではイメージが湧かなければ、最後まで見てみましょう。前に戻って読むよりも効率的なことが多いです。文末のfor his restaurantまで加味すると「レストラン用に地元の新鮮な食材を仕入れるために」となる(A) sourceが選べます。

> sourceの「仕入れる」という動詞の意味を知らなくても、「根源」などsourceの名詞が持つイメージから見当を付けてみましょう。

語注 farmer 图 農家　ingredient 图 食材

---

28. 正解 (C) 文法問題：動詞

【訳】

ファラ行きの公共交通機関がなかったので、そこにある製造施設まで連れて行ってもらうため、Bonillaさんは地元のドライバーを手配した。

(A) 動 手配する　(B) 图 手配　(C) 動 手配した　(D) 動 手配している

【解説】

鉄則18▶動詞は、形・数・態・時制をチェック

前半部分は、すでにthere＋was（動詞）＋no public transportation（主語）の形ができ上がっているので、空所には後半部分のMs. Bonillaを主語とする述語動詞が新たに必要です。従って(A) arranges（現在形）、(C) arranged（過去形）が残ります。前半は「公共交通機関がなかったので」という過去の話になっているので、空所にも過去形(C)が適切です。

語注 manufacturing facility 製造施設

29. 正解 (D) 文法問題：品詞

【訳】
海外の口座からHartford銀行への電信送金の手数料は35ドルでおよそ3営業日かかる。
(A) 動 概算された　(B) 名 概数　(C) 形 およその　(D) 副 およそ

【解説】
数詞（ここではthree）の前には、副詞を選ぶのが原則で、ここでも(D) approximately（およそ）が正解です。ほかに数詞の前に選ぶ副詞には、nearly（ほとんど）、exactly（正確に）などがあります。

語注 wire transfer 電信送金

---

30. 正解 (B) 語彙問題

【訳】
Bernard's Burgersは、カナダ東部の至る所にあるフランチャイズチェーンだが、Colvin投資グループによって買収された。
(A) 前 ～に向かって　(B) 前 ～中至る所に　(C) 前 ～の間で　(D) 副 脇に

【解説】
鉄則16▶ 語彙問題はコロケーションで選択肢を絞る

前置詞を含む語彙問題は、空所の前の動詞と直後の名詞に注目しましょう。(A) towardは「～へ向かって」という意味なので、移動を伴うような動詞なら合いますが、located は状態を表すので不適切です。(B) throughoutなら「カナダ東部の至る所に」となり適切です。(C) among（～の間で）は、原則的に後ろに「複数」の意味を表す語が必要です。(D) aside（横に）は副詞なので、fromなどの前置詞が続かないと次の名詞に続きません。

---

31. 正解 (D) 文法問題：品詞

【訳】
Chenさんは厳しいが公平なマネジャーで、詳細にまで気を配ることを重んじ、不注意に対する寛大さはほとんど持ち合わせていない。
(A) 動 許容する　(B) 形 寛大な　(C) 副 寛大に　(D) 名 寛大さ

【解説】
鉄則19▶ 名詞を修飾するのは形容詞、それ以外を修飾するのは副詞

空所には、形容詞little（ほとんどない）が修飾する名詞(D) tolerance（許容）が適切です。littleを代名詞と考えると副詞(C) tolerantlyも可能ですが、意味不明な文意になるので不適切です。

語注 strict 形 厳しい

32. 正解 (A) 語彙・文法混合問題

【訳】

携帯電話やコンピューターのような電子機器の使用は離着陸の間は許可されない。
(A) ～のような (B) 瘛 まるで～のように (C) ～の両方 (D) 瘛 ～するために

【解説】

空所の後ろにandがあるので、(C) both ofに一瞬目が行きますが、both of の後ろに必要なtheなどの限定詞がないので引っ掛けと見抜きましょう。空所の前には動詞がないので、接続詞である(B) as if、(D) so thatも不適切となり、(A) such asが残ります。

> **語注** permit 動 許可する　takeoff 图 離陸　landing 图 着陸

----

33. 正解 (C) 文法問題：品詞

【訳】

Arabest社のスタッフミーティングは、対面参加するのが不便な社員もいるため、通常はオンラインで開催される。
(A) 图 不便 (B) 動 不便をかけた (C) 形 不便な (D) 副 不便に

【解説】

空所には、it isの補語になる形容詞(C) inconvenient が適切です。(B)を動詞 inconvenience（不便をかける）の過去分詞と考え、受動態を想定した人もいるかもしれませんが、この動詞は「人に不便をかける」と言うときに使うのが自然で、to attend in personを受ける形式主語のitに対して用いるのは不自然です。

> **語注** in person 対面で

----

34. 正解 (C) 語彙問題

【訳】

Bandoさんと彼女のチームの不断の努力のおかげで、新しいソフトウェアは予定通り来週の金曜日に発売開始となる。
(A) 图 シリーズ (B) 图 役割 (C) 图 努力 (D) 图 側面

【解説】

鉄則16 ▶ 語彙問題はコロケーションで選択肢を絞る

Thanks to the tireless ------- of ~（～の不断の-------のおかげで）の空所には (C) efforts（努力）が決まり文句です。

> **語注** tireless 形 不断の　launch 動 発売を開始する

Part 6

時短模試クオーター③ 解答・解説

35.-38.

※下線部は設問の正解の訳です。

【訳】

問題35-38は次のお知らせに関するものです。

テナント各位

Axeminster ビジネスパークは、施設全体に新しい火災警報装置の設置を予定していま<u>す。第1段階として、JTセキュリティコンサルティングの調査員チームが来週、建物の火災リスクの査定を実施します</u>。調査は火曜日の午前9時に始まります。チームは、JTセキュリティコンサルティングの制服と写真付き身分証を身に着けて、敷地内の全ての<u>ユニットを調査します</u>。彼らが皆さんのオフィスに入ることを許容し、必要に応じて、調査に協力していただけるようお願いします。ご質問や気になる点がありましたら、遠慮なく私にまでご連絡お願いします。

敬具
Michelle Fields
ビル管理責任者

語注 entire 形 全体の　facility 名 施設　inspector 名 調査員　assessment 名 査定　property 名 地所　premise 名 敷地　as necessary 必要に応じて　hesitate 動 ためらう

【設問】

35. (A) install
(B) installed
(C) installing
(D) installs

36. (A) Thankfully, the damage from the fire proved to be minimal.
(B) The inspection will begin at 9:00 A.M. on Tuesday.
(C) There is no need for you to do anything during this process.
(D) If you are interested in the position, drop by my office anytime.

37. (A) on　　(C) with
(B) at　　(D) to

38. (A) vehicles　(C) documents
(B) computers　(D) offices

【訳】

35. 選択肢の訳は省略

36. (A) ありがたいことに、火事の被害は最小であると判明しました。
(B) 調査は火曜日の午前9時に始まります。
(C) この作業の間、あなたは何もする必要はありません。
(D) その仕事に興味があれば、いつでも私の事務所に寄ってください。

37. 選択肢の訳は省略

38. (A) 車両
(B) コンピューター
(C) 文書
(D) オフィス

35. 正解 (C) 文法問題：動詞

【解説】
鉄則18 ▶ 動詞は、形・数・態・時制をチェック

空所の前に前置詞があるので、文の述語になる(A)、(D)は外れます。後ろに目的語となる名詞があるので、過去分詞の(B)も不適切。動名詞の(C)が正解です。

----

36. 正解 (B) 文選択問題

【解説】
空所の前で、調査があることを述べ、空所の後ろでは、そのチームの服装について言及しているので、空所には、調査の具体的な日時を述べている(B)が適切です。The inspectionと定冠詞が付いている点からも、調査についてすでに触れている文脈に自然に当てはまります。(A)、(D)は、関連する言及が全くないので不適切です。(C)は、最後から２文目の「必要なら協力して」という記述と矛盾します。

----

37. 正解 (A) 語彙問題

【解説】
鉄則16 ▶ 語彙問題はコロケーションで選択肢を絞る

premisesを「敷地、構内」という意味で使うときは、通常、前置詞にはonを用います。従って(A)が適切です。

----

38. 正解 (D) 語彙問題

【解説】
この英文はビル管理責任者が各テナントに宛てた、火災リスク調査のお知らせです。調査の目的からして、調査員がテナントの車両、コンピューター、文書にアクセスするというのは不自然です。適切なのは(D)のオフィスです。

設問35-38の語注　prove 動 判明する　drop by ~ ～に立ち寄る

39.-40.

【訳】

問題39-40は次のテキストメッセージに関するものです。

RENT-N-RIDE
8月23日 午前9時59分

Dagmar Krawicz 様　Rent-N-Rideのオンラインポータルでお車をご予約いただきありがとうございます。予約詳細は以下の通りです。

予約番号　1519510
引き取り：8月26日木曜日　午後4時　ロリマー空港
返却場所：8月29日日曜日　午後4時　お引き取り場所にて
車両：中型の電気自動車
見積合計額　　：258.40ドル
基本料金　　　：220.00ドル
割引コード　　：利用なし
税金及び手数料：　38.40ドル

24時間前までのキャンセルは無料です。それ以外の場合は、8月26日に全額がお客様のクレジットカードに請求されます。変更、キャンセルはこちらをクリックしてください。

---

39. Krawiczさんについて何が当てはまると考えられますか。
(A) 電話で予約した。
(B) 特別レンタル料金の恩恵を受けるだろう。
(C) 車を返却する前にガソリンを購入しなければならない。
(D) 車をロリマー空港に置いておくだろう。

40. テキストメッセージによると、8月25日まではKrawiczさんは何ができますか。
(A) 無料キャンセルする
(B) 予約を確認する
(C) 支払いを完了する
(D) 支払い方法を変更する

39. 　正解　(D)　内容一致問題

鉄則15▶ キーワードの言い換え表現にアンテナを張る

Krawiczさんはこのメッセージの受信者、すなわち車の借り手です。詳細2行目でレンタカーの引き取り場所はロリマー空港となっています。3行目の返却場所も引き取り場所となっているので、(D)が言い換えとなり正解です。

40. 　正解　(A)　詳細問題

8月25日という日付は載っていませんが、下部のただし書きにCancellations are free up to 24 hours in advance.（24時間前までのキャンセルは無料）とあります。レンタルは8月26日ですから、その24時間前の25日までにできることは、(A) Make a free cancellationです。(B) は、通常当日にもできるので不自然です。

205

41.-43.

【訳】

問題41-43は次のEメールに関するものです。

*** E-mail ***

送信者:	Aidan O'Reilly
受信者:	Kathleen Blum
日付:	2月22日
件名:	グラフィックデザイナー職

こんにちは Kathleen,

昨日の電話での話し合いに沿って、グラフィックデザイナーへの提示給与について私のチームと話し合いました。あなたのアドバイスには感謝していますが、私たちの予算には残念ながら限りがあります。私が言った給与を基に求人手配を進めてください。

話し合った通り、職務説明では以下を強調してください:
-候補者は3年の経験があること、広告業界であればなお良し。
-ImageSuiteソフトウエアを使った写真やイラストの編集を熟知しており、納期が厳しい複数のプロジェクトを管理できる能力があること
-代理店が特に忙しいときには夜間や週末も残業できること。

御社が弊社の全ての基準に合う候補者を見つけるのが困難な場合は、お知らせください。完璧に条件に合う人が好ましいですが、必要なら経験がより少ないデザイナーでも検討します。ほかに情報が必要であれば遠慮なく私にご連絡ください。

よろしくお願いします。
Aidan O'Reilly
Sunburst広告

---

41. Blumさんはどこで働いていると考えられますか。
(A) ソフトウエア開発会社
(B) 人材紹介会社
(C) 市場調査会社
(D) デザイン会社

42. O'Reillyさんは仕事について何を示していますか。
(A) ただちに人を入れる必要がある。
(B) 重役クラスのポジションである。
(C) 仕事のスケジュールがさまざまに変わる。
(D) 広告業界での経験が必要である。

43. Eメールによると、Sunburst広告は何をすることをいとわないですか。
(A) 求人の条件を修正する
(B) 新人を研修する
(C) より高い給料を提供する
(D) 予算を修正する

---

41. 正解 (B) テーマ問題

【解説】
鉄則11 ▶ 目的・場所・業種は冒頭に注意し、後のキーワードで確認

第1段落のPlease move forward with the hiring process（求人手配を進めてください）を見ると、社内の人事担当者の可能性もありますが、選択肢には業種しか並んでいません。従って(B) At a recruiting firmを選びます。最終段落冒頭のIf your firm has difficulty finding candidates（御社が候補者を見つけるのが困難な場合は）で確信が持てます。

---

42. 正解 (C) 内容一致問題

【解説】
鉄則15 ▶ キーワードの言い換え表現にアンテナを張る

O'Reilly さんは求人要件の最後の項目でThey should be available to work overtime in the evenings or on weekends（夜間や週末にも残業できること）と述べています。つまり、募集している職にはさまざまな時間に残業があるということなので、それを言い換えている(C) It has a variable work schedule.が正解です。広告業界での経験については、1つ目の要件でpreferably（できれば）と言っているだけなので(D)は不正解です。

---

43. 正解 (A) 詳細問題

【解説】
鉄則15 ▶ キーワードの言い換え表現にアンテナを張る

Sunburst広告はこのメールの送信者O'Reillyさんの会社です。最終段落で、もし候補者が見つからなければwe will consider a less experienced designer（より経験が少ないデザイナーでも検討する）と言っているので、(A) Modify the job criteriaがその言い換えとなり正解です。

44.-47.

【訳】

問題44-47は次のオンラインチャットの話し合いに関するものです。

                                    ●Pavel   ●Syed   ●Dani   ●Alexandra

Pavel Keretsky［午前11時36分］
うちのCEOが今朝、親会社と会合をしました。彼は自分のラップトップに新製品のIsland Questのデモを入れていて、それを重役たちに見せようと決めたのです。

Syed Abedin［午前11時37分］
それって古いデモですよね。私たちがまだグラフィックやゲームプレーの作業中ってご存じなのでしょうか。

Pavel Keretsky［午前11時38分］
どうかしら。重役たちはSigmaのGhost Cowboysの方がリアリティーがあって、エキサイティングに見えると言ったらしいです。

Dani MacLeod［午前11時39分］
それって全く違う製品ですよ！

Alexandra Nemoto［午前11時40分］
Island Quest 3は、このシリーズのファンが求め続けている全てを備えたものです。Sigmaのターゲット層とは全く違います。

Dani MacLeod［午前11時41分］
どれぐらいで、新たにプレーできるデモを作れるでしょうか。Ghost Cowboysと違って、実際に競合している製品と並べて比較しながら見せられるような。

Syed Abedin［午前11時42分］
週末ですね。テストや幾つかのアートのアップデートを来週まで延期しなくてはなりませんけど。

Alexandra Nemoto［午前11時43分］
すでに、テスト用の限定版ゲームプレーモードを作りましたよ。

Pavel Keretsky［午前11時44分］
素晴らしい。新しいIsland Quest がどんなにすごいものになるか、親会社に見せましょうよ。

---

44. Island Questとは何だと考えられます
か。
(A) スポーツ競技
(B) テレビ番組
(C) ビデオゲームシリーズ
(D) アニメ映画

45. Sigmaの製品について書き手たちは何
を示唆していますか。
(A) 比較的安価だ。
(B) それの売り上げ目標を上回った。
(C) 最近アップデートされた。
(D) 直接的な競合品ではない。

46. 午前11時42分に、Abedinさんは "End
of the week" という発言で、何を意図
していますか。
(A) 幾つかのアップデートはほとんど完
成している。
(B) テストは彼が予測していたより早く
スタートするだろう。
(C) 提示された締め切りは早過ぎる。
(D) 製品は間もなく見せる準備ができる。

47. 書き手たちは何をする予定ですか。
(A) 新しい宣伝キャンペーンを発表する
(B) 彼らの作品の品質を証明してみせる
(C) 新製品をできるだけ早く発表する
(D) ライバル製品の特徴を幾つか取り入
れる

語注 apparently 副 〜らしい totally 副 全く put together 〜 〜をまとめ上げる side-by-
side 横に並べて put off 〜 〜を延期する relatively 副 比較的 surpass 動 しのぐ competitor
名 競合者

Part
7
クオーター③
普通

時短模試 解答・解説

44. 正解 (C) テーマ問題

【解説】

鉄則11 ▶ 目的・場所・業種は冒頭に注意し、後のキーワードで確認

冒頭のKeretskyさんの発言the demo of the new Island Quest on his laptop から、パソコンでデモをするものなので、ほぼ(C) A video game seriesのイメージが湧きます。次の11時37分のAbedinさんの発言the graphics and gameplay（グラフィックとゲーム）でも確認できます。

----

45. 正解 (D) 内容一致問題

【解説】

鉄則15 ▶ キーワードの言い換え表現にアンテナを張る

11時41分にMacleodさんが、with side-by-side comparisons to the games we're actually competing with, unlike Ghost Cowboys（Ghost Cowboysと違って、実際に競合している製品と並べて比較しながら）と言っています。Sigmaは Ghost Cowboysのメーカーですから、(D) It is not a direct competitor.がその言い換えになり正解です。

----

46. 正解 (D) 意図推定問題

【解説】

鉄則13 ▶ 意図推定問題は、話の流れに注意

Abedinさんのこの発言は、アップデートの完了予定ではなく、デモプレー用の見本ができるかという問いへの答えなので、(A) Some updates are almost complete.は不適切です。同様に、テストの話をしている(B)も不正解。締め切りが提示されているわけではないので(C)も当てはまりません。従って(D) A product can be ready to show soon.が残ります。

47. 正解 (B) 詳細問題

【解説】
鉄則15▶ キーワードの言い換え表現にアンテナを張る

最後の11時44分にKeretsky さんが、We'll show the parent company how good the new Island Quest will be. (新しいIsland Quest がどんなにすごいものになるか、親会社に見せましょうよ) と書いています。(B) Demonstrate the quality of their workがその言い換えになり正解です。彼らは、新製品の発売にまでは言及していないので(C) Release a new product as soon as possible は不適切です。

48.-52.

【訳】

問題48-52は次のEメール、テキストメッセージ、ウェブページに関するものです。

受信者：Davis Warner
送信者：Cindy Morehead
件名：応募書類の評価
日付：2月15日

Davis Warner様

おめでとうございます！　あなたは、Deion産業のインターンシップ選別プログラムの評価者として認定されました。あなたには評価者として、毎年インターン希望者によってオンラインで提出された応募書類と小論文を評価していただきます。高評価の応募者は弊社の選考委員会に送られ、委員会が最も有望な候補者を面接します。

近いうちにあなたは、弊社の評価システムDeion-SelectNetへのログイン方法を説明するテキストメッセージを受け取ります。2月19日の午後11時59分までにあなたのアカウントを作成してください。一緒に働くのを楽しみにしております！

敬具
Cindy Morehead
選考委員会

こんにちは、Davis Warner。下記のユーザーネームと仮パスワードを使って、Deion-SelectNetにこちらからログインしてください。

　　ユーザーネーム：daviswarner0017
　　パスワード：PajEkhE9

ログイン後、アカウントを有効にするための新しいパスワードを作ってください。それで応募書類へのアクセスが可能になり、評価を開始できます。1週間に最低40件の評価を終えない場合は、オンラインの評価研修会に参加しなければなりません。本件に関する詳細マニュアルは、評価ガイドライン、セキュリティー規則、給与支払い手続きと共に、あなたの評価者アカウントにあります。

https://deion-selectnet.com/myaccount/

| 業務 | 作業記録 | メッセージ（新着3件） | マニュアル |

日付: 3月22日
評価者: Davis Warner

週	評価完了件数
2月22日-28日	51
3月1日-7日	55
3月8日-14日	38
3月15日-21日	50

48. Eメールの目的は何ですか。
(A) 応募を断ること
(B) 受賞者を発表すること
(C) 雇用を申し出ること
(D) 面接を設定すること

49. インターン選別過程の一部として言及されていないものは何ですか。
(A) 応募書類をアップロードすること
(B) 学校の成績証明書を提出すること
(C) エッセイを書くこと
(D) 委員会と話をすること

50. テキストメッセージによると、Warnerさんのアカウントにあるものは何ですか。
(A) 支払いに関する情報
(B) 求人に関するリンク
(C) 評価者の完全なリスト
(D) 新製品の説明

51. Warnerさんは2月20日以前に何をしましたか。
(A) インターンシップに申し込んだ。
(B) Deion産業のオフィスを訪問した。
(C) 何件かの応募書類を評価した。
(D) パスワードを変更した。

52. Warner さんについて正しいと考えられることは何ですか。
(A) 3月に応募書類の最初の評価を始めた。
(B) いかなるメッセージも受け取ってない。
(C) 補足研修を受けた。
(D) 電話インタビューを受けた。

語注 application 图 申請（書） rating 图 評価 certify 動 認定する rater 图 評価者 assess 動 評価する submit 動 提出する prospective 形 見込みのある promising 形 有望な candidate 图 候補者 temporary 形 仮の activate 動 起動させる regulation 图 規則 payroll procedure 給与支払い手続き reject 動 拒絶する transcript 图 成績証明書 supplemental 形 補足の undergo 動 体験する

48. 正解 (C) テーマ問題

【解説】
鉄則11 ▶ 目的・場所・業種は冒頭に注意し、後のキーワードで確認

Eメールの冒頭で、You have been certified as a rater（評価者として認定された）とあり、最後にWe look forward to working with you!（一緒に働くのを楽しみにしている）とあるので、(C) To offer employmentが最適です。

---

49. 正解 (B) NOT問題

【解説】
鉄則15 ▶ キーワードの言い換え表現にアンテナを張る

(A)、(C)については、Eメール第1段落のyou will assess以下で、the application forms and essays submitted onlineと出ています。(D)も、Eメール第1段落の最終文interview the most promising candidatesの言い換えです。従って、言及のない(B) Submitting school transcriptsが正解です。

---

50. 正解 (A) 詳細問題

【解説】
鉄則15 ▶ キーワードの言い換え表現にアンテナを張る

テキストメッセージ最終文のYour rater account includesの最後の項目に、payroll procedures.（給与支払い手続き）があるので、その言い換えとなる(A) Information about getting paidが正解です。

---

51. 正解 (D) 詳細問題＋CR問題

【解説】
鉄則27 ▶ CR問題のヒントは、他の設問のヒントがない部分にある

設問にbefore February 20という日付があるので、Eメールの第2段落のcreate your account before 11:59 P.M. on February 19（2月19日午後11時59分までにアカウントを作成して）という、日時に関連した情報がまだヒントに使われていないことを思い出しましょう。ウェブページの表から、Warnerさんが評価業務をしたことは明らかなので、彼はすでにアカウントを有効にした、つまり仮パスワードを自身のパスワードに変更したことになり、(D) He changed a password.が正解です。

52. 　正解　(C)　内容一致問題＋CR問題

【解説】
鉄則27 ▶ CR問題のヒントは、他の設問のヒントがない部分にある

これまでウェブページの表に記載されている情報がヒントに使われていないので、そこが関係すると意識しましょう。まずテキストメッセージ中盤のIf you do not complete以下に、「評価件数が週40件未満であればオンラインの評価研修会に参加しなければならない」とあります。表から3月8日-14日の週は40件を達成できてないので、Warnerさんは研修会に出席したと推測でき、(C) He was given supplemental training. が正解です。

1. 　正解 **(D)**　🔊 078　

※太字は解説で触れている部分です。

(A) A stepladder **is being taken** out of a storage area.
(B) A man is projecting a video on the screen.
(C) A man is replacing a **light bulb**.
(D) A flower arrangement has been put on a table.

【訳】
(A) 脚立が倉庫から取り出されつつある。
(B) 男性はスクリーンに動画を投影している。
(C) 男性は電球を交換しつつある。
(D) 生け花がテーブルの上に置かれている。

【解説】
鉄則2 ▶ being が聞こえたら要注意！
鉄則3 ▶ 写真にない名詞が聞こえたら引っ掛け
鉄則4 ▶ 人物だけに気を取られない！

脚立はすでに設置されているので、今脚立を取り出しつつある状態を描写している(A)は不正解。男性が作業している物はプロジェクターですが、スクリーンに投影してはいないので(B)も不正解です。light bulbは写真に写っていないので(C)も間違いです。目立つ人物に気をとられがちですが、部屋の奥にある生け花を描写している(D)が正解です。

語注　stepladder 图 脚立　replace 動 交換する　light bulb 图 電球（長細い蛍光灯はlight tube）

2.  正解 (A) 🔊079

(A) Some merchandise is displayed on a **raised platform**.
(B) A **staircase** leads to the entrance of a store.
(C) Posters are **being** attached to the side of a building.
(D) Bottles are **being** thrown into garbage bins.

【訳】
(A) 商品が幾つか台の上に並べられている。
(B) 階段は店の入り口につながっている。
(C) ポスターが建物の側面に貼られつつある。
(D) ボトルがゴミ箱に投げ入れられつつある。

【解説】
鉄則2 ▸ being が聞こえたら要注意！

鉄則3 ▸ 写真にない名詞が聞こえたら引っ掛け

鉄則5 ▸ 判断に迷う選択肢は最後までキープ

(A)は即断しにくい選択肢なのでキープしておきましょう。(B)のstaircaseは写真に写っていません。(C)と(D)はbeingを用いた引っ掛けで、今まさにその動作が行われているわけではないので不適切です。商品がraised platform（1段高く設置された台）の上に置かれた状態を伝えている(A)が正解です。

語注 merchandise 图 商品　raised 形 1段高くなった　platform 图（作業用に高く設置された）台　staircase 图 階段（手すりなども含む階段全体を指す）　garbage bin ごみ箱

3. 正解 (B) 疑問詞で始まる疑問文

Who's that man waiting in the reception area?

(A) **No**, I didn't expect it to be so crowded.
(B) **It** must be the candidate I'm interviewing.
(C) Travelers can apply for a tax exemption.

【訳】

受付で待っている男性は誰ですか。
(A) いいえ、私はそこがそんなに混むとは予測していませんでした。
(B) きっと私が面接する予定の応募者です。
(C) 旅行者は免税を申請できます。

【解説】

鉄則6▶ 疑問詞で始まる疑問文にはYes/No で始まる選択肢は選ばない

Whoで始まる疑問文なので、Noで始まる(A)は外せます。(B)がストレートな答えです。このようにIt やThatを使って「人」を指すこともあります。

> **語注** candidate 图 候補者　tax exemption 免税

----

4. 正解 (B) 平叙文

The clients just **called me** from the airport.

(A) I didn't quite catch their names.
(B) Erin's on her way to meet them.
(C) Most commuters prefer the train.

【訳】

顧客が空港から私に電話してきたばかりです。
(A) 彼らの名前がよく聞き取れませんでした。
(B) Erinが迎えに行っています。
(C) ほとんどの通勤者は電車を好みます。

【解説】

鉄則10▶ 問題文の応答になり得る選択肢を柔軟に判断する

最初の発言者が「私に電話してきた」と言っているのに、電話相手の名前を第三者が「よく聞き取れなかった」と言う(A)は不自然です。「客が空港から電話してきた」という状態への対処となる「迎えは出ている」の(B)が自然な応答です。

> **語注** not quite あまり〜ない

5. 正解 (C) 疑問詞で始まる疑問文

When can we see the finished ad design?

(A) **Yes**, those are very good seats.
(B) We'll leave as soon as it's over.
(C) The client just asked for more changes.

【訳】
完成した広告デザインはいつ見られますか。
(A) はい、それらはとても良い席です。
(B) 私たちはそれが終わり次第出発します。
(C) 顧客がさらなる変更を依頼してきたばかりです。

【解説】
鉄則6 ▶ 疑問詞で始まる疑問文にはYes/No で始まる選択肢は選ばない

鉄則10 ▶ 問題文の応答になり得る選択肢を柔軟に判断する

疑問詞で始まる疑問文なので、Yesで始まる(A)はすぐに外せます。(B)は話がかみ合いません。(C)はストレートな応答ではありませんが、追加変更の依頼があったばかりなので、すぐには見られないという趣旨の発言と考えられます。

----

6. 正解 (B) 平叙文

I'm worried there won't be enough **parking** for the seminar **attendees**.

(A) The classroom overlooks the **park**.
(B) I thought that was canceled.
(C) Because they **attended** it last year.

【訳】
セミナー参加者のための十分な駐車スペースがないのが心配です。
(A) 教室から公園が見下ろせます。
(B) それはキャンセルになったと思っていました。
(C) 彼らが去年それに参加したからです。

【解説】
鉄則9 ▶ 問題文に含まれる単語に似た音の単語は引っ掛けと疑う

鉄則10 ▶ 問題文の応答になり得る選択肢を柔軟に判断する

(A)は問題文にあるpark、(C)は同様にattendedを含む引っ掛けです。セミナーの駐車スペースについての心配を聞いて、セミナーの開催自体に驚いている(B)があり得る応答です。

7. 正解 (C) 疑問詞で始まる疑問文

When's the caterer **supposed** to **get back** to you?

(A) We **posted** an advertisement online.
(B) You can **return** it for a full refund.
(C) They'll call tomorrow morning.

【訳】

ケータリング業者はいつあなたに連絡を折り返してくることになっているのですか。
(A) 私たちはオンライン広告を出しました。
(B) あなたはそれを返品して全額払い戻ししてもらえます。
(C) 彼らは明朝、電話をくれます。

【解説】

鉄則9▶問題文に含まれる単語に似た音の単語は引っ掛けと疑う

(A)はpostedが問題文のsupposedと音が似ている引っ掛けです。(B)も問題文のget backからreturnを連想させる引っ掛けです。「いつ」で始まる質問にストレートに答えている(C)が正解です。ちなみに、選択肢を読んでいるのはオーストラリア人なのでadvertisementを「アドバーティスメント」のように発音しています。

> **語注** full refund 全額の返金

---

8. 正解 (B) 疑問詞で始まらない疑問文

Is there someplace to **store** our luggage after we **check** out?

(A) The **store** carries all kinds of suitcases.
(B) The concierge will keep it for us.
(C) It's **checked** by an inspector twice a year.

【訳】

チェックアウトした後に荷物を保管する場所がありますか。
(A) その店はあらゆる種類のスーツケースを扱っています。
(B) コンシェルジュが私たちのためにそれを預かってくれるでしょう。
(C) それは年に2回、検査官がチェックします。

【解説】

鉄則9▶問題文に含まれる単語に似た音の単語は引っ掛けと疑う

(A)のstoreと(C)のcheckは問題文に含まれる単語ですが、共に意味が問題文のものとは異なり、適切な応答になっていません。保管場所の有無を直接答えてはいませんが、コンシェルジュに任せればいいと答えている(B)が適切な応答です。

> **語注** luggage 图 荷物　concierge 图 (ホテルの) コンシェルジュ

9. 正解 (A) 疑問詞で始まらない疑問文

Didn't we **hire** a new IT **technician**?

(A) She's starting this afternoon.
(B) A problem with the **ignition**.
(C) That rate is a little too **high**.

【訳】

新しいIT技術者を雇ったのではないのですか。
(A) 彼女は今日の午後からスタートです。
(B) 点火装置での問題です。
(C) その料金は少し高過ぎます。

【解説】

鉄則7 ▶ 否定疑問文と付加疑問文は普通の疑問文と考えて応答する

鉄則9 ▶ 問題文に含まれる単語に似た音の単語は引っ掛けと疑う

問題文冒頭の否定語は無視します。単純に、雇ったかどうかを聞かれたと考えて対処しましょう。(A)は、雇った人が今日の午後来ると答えることで、間接的に質問の答えになっています。(B)は問題文のtechnicianに音が似たignitionを、(C)は問題文のhireに音が似たhighを使った引っ掛けです。

語注 ignition 图 点火装置

10.-12.

Questions 10 through 12 refer to the following conversation.

W : Stefan, ❶I need a new desk chair. There's something wrong with mine. I can't change the height anymore.

M : OK. You'll need to submit a request form for a new one. I'll print that out for you right now. Just fill it out, ❷then bring it to me to sign.

W : Then what?

M : Take it to Mai-Ling in procurement for processing. You may have to wait a few days for the replacement—in the meantime, ❸why don't you take the chair in Evangeline's office? She's on vacation for the next two weeks.

W : ❹I'll do that as soon as I've submitted the form.

【訳】
問題10-12は次の会話に関するものです。
女性：Stefan、私は、新しいデスクチェアが必要です。私の椅子は何かおかしいんです。もう高さを調節できないんです。
男性：OK。新しい椅子の要望書を出す必要があります。今すぐそれを印刷してあげます。それに記入したら、私が署名するから持ってきてください。
女性：その後は？
男性：それを調達部のMai-Lingに持っていって処理してもらってください。代わりの椅子が来るまで2、3日待たないといけないかもしれません——その間は、Evangelineのオフィスの椅子を持っていってはどうですか。彼女は次の2週間、休暇です。
女性：用紙を提出し次第、そうします。

語注 height 图 高さ　fill out ～ ～に記入する　procurement 图 調達　processing 图 処理　replacement 图 代替物　in the meantime その間は

----

10. 正解 (B) テーマ問題

【設問】
What is the problem?

(A) An order was incorrect.
(B) A chair cannot be adjusted.
(C) A desk is the wrong height.
(D) A printer is not working.

【訳】
問題は何ですか。

(A) 注文が間違っていた。
(B) 椅子が調節できない。
(C) 机の高さが間違っている。
(D) プリンターが作動しない。

【解説】
鉄則11 ▶ 目的・場所・業種は冒頭に注意し、後のキーワードで確認

女性は❶で、「高さの調整ができなくなったので新しい椅子が必要」と述べています。従って(B)が正解です。冒頭でchairを聞き逃しても、❸の、chairを一時的に交換する話で確認できます。

11. 正解 (D) 詳細問題

【設問】

What does the man say he must do?

(A) Call a technician
(B) Return an order
(C) Speak to his supervisor
(D) Sign a document

【訳】

男性は何をしないといけないと言っていますか。

(A) 技術者に電話する
(B) 注文品を返す
(C) 彼の上司と話す
(D) 書類に署名する

【解説】

鉄則15▶ キーワードの言い換え表現にアンテナを張る

設問にあるようなmust（あるいはhave to）を使った発言を男性はしていません。しかし❷のbring it to me to signのitは要望書を指し、meは不定詞to signの意味上の主語なので、この部分は「（私が）署名するためにそれを私に持ってきてください」という意味になります。この内容と合致する(D)が正解です。

----

12. 正解 (C) 詳細問題

【設問】

Why will the woman go to Evangeline's office?

(A) To report a problem
(B) To make a request
(C) To borrow an item
(D) To submit a form

【訳】

なぜ女性はEvangelineのオフィスに行くのですか。

(A) 問題を報告するため
(B) 要望をするため
(C) 品物を借りるため
(D) 用紙を提出するため

【解説】

鉄則15▶ キーワードの言い換え表現にアンテナを張る

会話の後半の❸で男性が「Evangelineのオフィスの椅子を持っていっては」と提案し、女性は❹でI'll do thatと答えています。(C)がその言い換えになり正解です。

13.-15.

Questions 13 through 15 refer to the following conversation with three speakers.

W1 : ❶**Excuse me, I'm Harriet. I've been assigned here from the Brixton store.**

M : Hi, I'm Thomas. I'll call Ms. Napoli for you. "Ms. Napoli, the cashier from Brixton is here."

W2 : Hello, you must be Harriet. Thanks for coming all the way out here. I realize it's quite a long way.

W1 : Oh, I live nearby. That's why my manager asked me to work here ❷**while you're shorthanded.**

W2 : Well, we appreciate it. I'll be busy training two new cashiers this week, so we're really glad to have your help. If you have any questions during your shifts, just ask Thomas.

M : That's right, Harriet. ❸**I'll be at the next register if you need anything.**

【訳】
問題13-15は3人の話し手による次の会話に関するものです。
女性1：失礼します、私はHarrietです。Brixton店からこちらに派遣されました。
男性　：こんにちは、僕はThomasです。Napoliさんを呼びますね。「Napoliさん、Brixtonからレジ係の方がいらしてます」。
女性2：こんにちは、あなたがHarrietね。遠くから来てくれてありがとう。かなり遠い道のりですよね。
女性1：ああ、私この近所に住んでいるんです。なので、人手が足りない間はここで働くように、マネジャーが私に依頼してきたんです。
女性2：そうですか、ありがたいです。2人の新人レジ係の研修で今週は忙しくなるから、あなたのヘルプがあるのは本当にうれしいです。シフト中に何か質問があれば、Thomasに聞いてくださいね。
男性　：そうですよ、Harriet。何か必要なら、僕があなたの隣のレジにいますからね。

語注 assign 動 割り当てる　cashier 图 レジ係　realize 動 ～だとよく分かる　appreciate 動 感謝する

- -

13. 正解 (A) テーマ問題

【設問】	【訳】
What is Harriet doing?	Harrietは何をしていますか。
(A) Reporting for work	(A) 仕事に出向いている
(B) Delivering a package	(B) 荷物を届けている
(C) Applying for a job	(C) 仕事に応募している
(D) Placing an order	(D) 注文をしている

【解説】

鉄則15 ▶ キーワードの言い換え表現にアンテナを張る

Harrietと名乗る女性が❶で、よその支店から送られて来たと言っています。report for workで「出勤する」という意味になるので、(A)が言い換えとなり正解です。

---

14. 正解 (C) テーマ問題

【設問】

What problem do the speakers mention?

(A) Business has been slow.
(B) A process is taking a long time.
(C) A store needs more staff.
(D) A new worker is absent.

【訳】

話し手たちはどんな問題に言及していますか。

(A) 業務が滞っている。
(B) 手続きに長くかかっている。
(C) 店はもっとスタッフが必要だ。
(D) 新しい社員が欠席している。

【解説】

鉄則15 ▶ キーワードの言い換え表現にアンテナを張る

ほかの支店から支援目的で派遣されてきたHarrietさんが❷で、while you're shorthanded (あなたがたが人手不足の間) と発言しています。つまりこの会話全体は人手不足を巡るものだと分かるので、(C)が正解です。

---

15. 正解 (D) 未来の行動を問う問題

【設問】

What does the man say he will do?

(A) Interview job candidates
(B) Switch shifts with Harriet
(C) Take a training course
(D) Provide help when needed

【訳】

男性は何をすると話していますか。

(A) 候補者に採用面接をする
(B) Harrietとシフトを交代する
(C) トレーニングコースを取る
(D) 必要なときに手助けをする

【解説】

鉄則12 ▶ 過去の行動は中盤、未来の行動は後半にヒントあり

鉄則15 ▶ キーワードの言い換え表現にアンテナを張る

男性は最後の発言の❸で、「必要なときは隣のレジにいる」と言っています。つまり彼はHarrietを助けられるという意味なので、(D)が正解です。

設問13-15の語注 report for ~ ~に出向く place an order 注文する candidate 图 候補者

16.-18. 🔊091 🇦🇺 🇨🇦

Questions 16 through 18 refer to the following conversation.

M : Hi, ❶**I bought this jacket from your online store,** but I don't like how it looks on me. Can I return it here, or do I have to send it back? I have the receipt.

W : Sure, we'll take it back. I'm sorry you weren't happy with your purchase. ❷**Would you like to have a look around and perhaps exchange it for something else?**

M : I do need to find a new jacket, but I'm on my lunch break.

W : ❸**Well, we're open until eight tonight** if you want to come back later.

【訳】
問題16-18は次の会話に関するものです。
男性：こんにちは、このジャケットをおたくのオンラインストアで買ったのですが、着てみたら気に入らなくて。ここで返品できますか、それとも返送すべきですか。領収書はあります。
女性：結構ですよ、お引き取りします。お買い上げいただいた物が気に入っていただけなくて残念です。店内をご覧になって、ひょっとして何かほかの物と交換を希望されますか。
男性：新しいジャケットは確かに見つけなくてはならないのですが、昼休み中なんですよ。
女性：では、再度のご来店をお望みなら、うちは今夜は8時まで開いております。

語注 purchase 图 購入物

----

16. **正解** (C) 詳細問題

【設問】
What does the man say about the jacket?

(A) It is the wrong size.
(B) It is defective.
(C) It was ordered online.
(D) It was delivered late.

【訳】
男性はジャケットについて何と言っていますか。
(A) サイズが間違っている。
(B) 不良品だ。
(C) オンラインで注文された。
(D) 遅れて配達された。

【解説】
鉄則15▶ キーワードの言い換え表現にアンテナを張る

男性は❶で「オンラインで購入した」と言っているので、(C)が言い換えになります。

17. 正解 (D) 詳細問題

【設問】

What does the woman suggest?

(A) Accepting a store credit
(B) Checking the store's Web site
(C) Altering a garment
(D) Exchanging an item

【訳】

女性は何を提案していますか。
(A) 店の金券を受け取ること
(B) 店のウェブサイトをチェックすること
(C) 衣服を仕立て直すこと
(D) 品物を交換すること

【解説】

鉄則15▶ キーワードの言い換え表現にアンテナを張る

女性は❷で男性に、別の商品との交換の可能性を持ちかけているので(D)が正解です。something elseをitemで言い換えています。

----

18. 正解 (A) 意図推定問題

【設問】

What does the man imply when he says, "I'm on my lunch break"?

(A) He does not have much time.
(B) He has ordered some food.
(C) He will finish some work later.
(D) He is on his way to a restaurant.

【訳】

男性は "I'm on my lunch break" という発言で何を示唆していますか。
(A) 彼は時間があまりない。
(B) 彼は食事を注文したばかりだ。
(C) 彼は後である作業を終わらせる。
(D) 彼はレストランへ行く途中だ。

【解説】

鉄則13▶ 意図推定問題は、話の流れに注意

女性が「店内を見て回ってほかの物と交換する可能性は？」と確認した後に、男性が「今は昼休み中」と答え、その後、店員は❸で「店は8時まで開いている」と言っています。つまり男性には今は時間のゆとりがないことが伺えるので、(A)が適切です。(B)と(D)もあり得る状況ですが、この会話だけでは推定するに足りる情報がありません。

設問16-18の語注　defective 形 欠陥のある　alter 動 仕立て直す、変える　garment 名 衣服
on one's way to ~ ～への途中

19.-21. 🔊 092 🇺🇸 🇬🇧

Questions 19 through 21 refer to the following conversation and list.

M : GlobeRoamer.com customer service, may I help you?

W : Yes, ❶I used your Web site to rent a car for one day in Bangkok, but there were two charges to my credit card on that date.

M : I see. Sometimes our rental car vendors take a deposit, which is refunded two weeks later.

W : Maybe that's what it was. ❷One charge is for 79 dollars, which I expected, and the other is for 200.

M : I'll look it up. ❸What's your confirmation number?

W : Would that be on my credit card statement?

M : It'll actually be on your GlobeRoamer.com account page. Once you log in, you'll see your past reservations with confirmation numbers for each.

【訳】

問題19-21は次の会話とリストに関するものです。

男性：GlobeRoamer.comのカスタマーサービスです。ご用件を承ります。

女性：はい、私は御社のウェブサイトを使って、バンコクで1日車をレンタルしたのですが、私のクレジットカードにその日付で2回請求があったんです。

男性：なるほど。時々弊社のレンタル業者は、保証金をいただくことがありますが、それは2週間後に返金されています。

女性：多分それかも知れません。1件は79ドルで、予想通りでした。もう1件が200ドルです。

男性：お調べします。確認番号は何でしょうか。

女性：それってクレジットカードの明細に載っていますか。

男性：実はそれは、GlobeRoamer.comのお客様のアカウントページに載っております。ログインなされば、過去の予約が、それぞれの確認番号と共にご覧になれますよ。

語注 vendor 图 業者　deposit 图 保証金　refund 働 払い戻す　statement 图 取引明細書

----

19. 正解 (B) テーマ問題

【設問】	【訳】
Why is the woman calling?	なぜ女性は電話しているのですか。
(A) To report a mechanical problem	(A) 機械的な問題を報告するため
(B) To inquire about a transaction	(B) 取引について問い合わせるため
(C) To cancel a reservation	(C) 予約をキャンセルするため
(D) To ask about a vehicle size	(D) 車のサイズについて尋ねるため

【解説】

鉄則11▶目的・場所・業種は冒頭に注意し、後のキーワードで確認

鉄則15▶キーワードの言い換え表現にアンテナを張る

女性は❶で、1回のカーレンタルで2回の請求があったと述べ、❷でその具体的な数字を述べています。これらの趣旨を反映して言い換えているのが(B)です。

----

20. 正解 (C) 詳細問題＋図表問題

【設問】

Look at the graphic. What type of car did the woman most likely rent?

(A) A compact
(B) A standard
(C) A premium
(D) A minivan

GlobeRoamer.com
レンタカー料金：バンコク

コンパクト	49ドル/日
スタンダード	59ドル/日
プレミアム	79ドル/日
ミニバン	89ドル/日

【訳】

図を見てください。女性はどのタイプの車を借りたと考えられますか。

(A) コンパクト　(C) プレミアム
(B) スタンダード　(D) ミニバン

【解説】

鉄則14▶選択肢と図表の共通項目以外の情報が聞き所

選択肢と図との「共通項ではない」情報は料金なので、そこが聞き所です。女性は❷で、2種類の請求額のうち79ドルは予想通りだと述べているので、79ドルの車を借りたと考えられます。表にある79ドルの車種は(C)のプレミアムです。

----

21. 正解 (D) 未来の行動を問う問題

【設問】

What does the man ask the woman to do?

(A) Send a credit card statement
(B) Provide the name of a vendor
(C) Share her current location
(D) Find a reservation code

【訳】

男性は女性に何をするよう頼んでますか。

(A) クレジットカードの明細を送る
(B) 取扱業者の名前を教える
(C) 現在の彼女の場所を教える
(D) 予約コードを見つける

【解説】

鉄則12▶過去の行動は中盤、未来の行動は後半にヒントあり

鉄則15▶キーワードの言い換え表現にアンテナを張る

男性は後半の❸で、confirmation number（確認番号）を求めています。(D)のreservation codeならその言い換えとして選べます。

設問19-21の語注 inquire 動 問い合わせる　transaction 名 取引　current 形 現在の

22.-24.

Questions 22 through 24 refer to the following advertisement.

For 42 years, Aeneas has been synonymous with high-quality Greek cuisine. Now, ❶**along with our original Chester Street location,** you can experience our delicious, authentic food in the Market District, right next to Logan Station. ❷**To celebrate our expansion, each table will receive a complimentary appetizer platter until the end of the month.** It's the perfect opportunity to discover why we've been voted the home of "Springville's Best Greek Food." ❸**Visit us online to see our full selection of dishes, book a table, or place an order for takeout.**

【訳】

問題22-24は次の広告に関するものです。
42年間、Aeneasと言えば上質のギリシャ料理と同義語です。今や、私たちの元々のChester通りの場所に加えて、ローガン駅に隣接するマーケット地区でも当店のおいしい正統派料理を味わっていただけます。当店の事業拡大を祝い、月末まで、各テーブルに無料の前菜大皿をサービスします。それは、当店が「スプリングビルの最高のギリシャ料理」の本家に選出されている理由を知っていただくちょうどよい機会です。当店のウェブページをご覧になり、全てのメニューをチェックし、テーブルを予約するか、お持ち帰りのためのご注文をお願いします。

語注　synonymous with ～ ～と同義の　cuisine 图 料理　along with ～ ～と併せて authentic 形 本物の　expansion 图 拡大　platter 图 大皿　be voted ～ ～に選出される　home 图 本家、本場

22.　正解 (A)　テーマ問題

【設問】	【訳】
What is the restaurant celebrating?	レストランは何を祝っていますか。
(A) A branch opening	(A) 支店の開店
(B) An anniversary	(B) 記念日
(C) An award	(C) 賞
(D) An annual event	(D) 例年のイベント

【解説】

鉄則11 ▶ 目的・場所・業種は冒頭に注意し、後のキーワードで確認

冒頭の❶along with our original ... location（元々の店に加えて）のフレーズを耳にした時点で、新店がオープンすると推測できます。さらに❷でTo celebrate our expansionと続けています。このexpansionとは新店のオープンのことですから、(A)が正解です。

23. 正解 (C) 詳細問題

【設問】
What will the restaurant do this month?

(A) Hold a contest for customers
(B) Extend its opening hours
(C) Provide free appetizers
(D) Introduce new dishes

【訳】
今月、レストランは何をしますか。
(A) 顧客のためにコンテストを催す
(B) 営業時間を延ばす
(C) 無料の前菜を提供する
(D) 新しい料理を導入する

【解説】
鉄則15▶ キーワードの言い換え表現にアンテナを張る

設問のthis monthは❷の最後に出てくるuntil the end of the monthの言い換えです。従ってその前で述べられているreceive a complimentary appetizer platter (無料の前菜大皿をもらう) が、今月末まで実施されることであり、(C)が正解です。

----

24. 正解 (D) 詳細問題

【設問】
According to the speaker, why should listeners go to a Web site?

(A) To read some reviews
(B) To use a delivery service
(C) To sign up for an activity
(D) To make a reservation

【訳】
話し手によると、なぜ聞き手はウェブサイトを閲覧すべきなのですか。
(A) レビューを幾つか読むため
(B) 配達サービスを利用するため
(C) アクティビティーに申し込むため
(D) 予約をするため

【解説】
鉄則15▶ キーワードの言い換え表現にアンテナを張る

❸のVisit us onlineの後にその目的が3つ羅列されています。その2つ目のbook a tableの言い換えが(D)です。

Part **4**
クォーター④ 普通

時短模試 解答・解説

設問22-24の語注 anniversary 图 記念日　annual 形 例年の　extend 動 延長する　sign up for ~ ~に申し込む

25.-27. 🔊 095 🇦🇺

Questions 25 through 27 refer to the following excerpt from a meeting.

❶**I want to talk about the new ad we designed for Murchison Bank.** They conducted focus groups with some customers to get feedback on it, and the results were not good. The ad tested well with older customers, but not with the younger demographic. ❷**The client wants us to submit a revised proposal by Monday.** That's not a lot of time. Today, ❸**I want to hear your ideas on how to make the design appeal more strongly to people** in their 20s and 30s. First, let's look in more detail at the focus group results.

【訳】
問題25-27は次の会議の抜粋に関するものです。
Murchison銀行のために私たちがデザインした新しい広告についてお話ししたいと思います。彼らはそれに対する感想を聞くために、顧客のフォーカスグループを作りましたが、結果はかんばしくありませんでした。広告は年配の顧客には受けが良かったのですが、若い年齢層にはそうではありませんでした。クライアントは月曜日までに修正提案を提出するよう求めています。あまり時間はありません。今日は、いかにして20代、30代の人たちにこのデザインをより強力にアピールさせるかについて、皆さんのアイデアをお聞きしたいと思います。まず、フォーカスグループの結果について、より詳細に見てみましょう。

語注 conduct 動 実施する demographic 图 購買層、世代人口 revise 動 改訂する in more detail もっと詳しく

----

25. 正解 (B) テーマ問題

【設問】	【訳】
Where does the speaker most likely work?	話し手はどこで働いていると考えられますか。
(A) At a publishing firm	(A) 出版社
(B) At an advertising agency	(B) 広告代理店
(C) At a financial institution	(C) 金融機関
(D) At a software company	(D) ソフトウエア会社

【解説】
鉄則11▶目的・場所・業種は冒頭に注意し、後のキーワードで確認

❶で「私たちがデザインした新しい広告」と言っているので、(B)が正解です。❷のThe clientや、❸の後半のhow to以下の「いかにしてデザインをより強力にアピールさせるか」と言ったキーワードからも再確認できます。

26. 正解 (D) 意図推定問題

【設問】

What does the speaker imply when he says, "That's not a lot of time"?

(A) He will request a deadline extension.
(B) A task could not be done properly.
(C) The meeting will be shorter than planned.
(D) Some work must be completed quickly.

【訳】

話し手は "That's not a lot of time" という発言で何を示唆していますか。

(A) 彼は締め切りの延長を求めるつもりだ。
(B) ある作業を適切に行うことができなかった。
(C) 会議は予定していたより短くなるだろう。
(D) ある作業は素早く完成されなければならない。

【解説】

鉄則13 ▶ 意図推定問題は、話の流れに注意

この発言は、その前の❷の「クライアントが月曜日までに修正提案の提出を求めている」という状況を受けてのものです。従って、クライアントの要求を満たす作業にはThat's not a lot of time. (あまり時間がない)という流れですから、(D)が正解です。

---

27. 正解 (C) 未来の行動を問う問題

【設問】

What does the speaker ask listeners to do?

(A) Design a new product
(B) Take part in a focus group
(C) Suggest some changes
(D) Print a high-resolution image

【訳】

話し手は聞き手に何をするように依頼していますか。

(A) 新製品をデザインする
(B) フォーカスグループに参加する
(C) 幾つかの変更を提案する
(D) 高解像度の画像を印刷する

【解説】

鉄則12 ▶ 過去の行動は中盤、未来の行動は後半にヒントあり

話し手は❸で、I want to hear your ideasと言って聞き手に協力を求めています。ここで求められているアイデアとは、デザインをより強力にアピールさせる方法つまりsome changes (幾つかの変更)ですから、(C)が正解です。

設問25-27の語注　deadline 图 締め切り　extension 图 延長　properly 副 適切に
high-resolution 形 高解像度の

Part 4 クォーター④ 普通　時短模試 解答・解説

233

28.-30. 🔊 096 🇺🇸

Questions 28 through 30 refer to the following recorded message.

❶**Ms. Faire, this is Dr. Cliff. You're recovering well from your surgery,** so I'll make a couple of changes to your prescription. First, your stomach pain seems under control now, ❷**so I won't prescribe any more of the pain medication. I suspect that taking it three times a day** is what has been causing your loss of appetite. ❸**Also, you can now take Tropozol at bedtime only, since it tends to make you drowsy.** If you start having trouble with your appetite or sleep, see me again and we'll adjust your dosage.

【訳】

問題28-30は次の録音メッセージと処方箋に関するものです。
Faireさん、Cliff医師です。あなたは手術から順調に回復されていますので、あなたの処方箋を2、3変更します。まず、あなたの胃痛は今は治まっているようなので、痛み止めはもう処方しません。痛み止めを日に3回服用することが食欲不振の原因だったのではないかと考えています。また、眠くなる傾向があるので、今後はTropzolは寝る前に服用するだけで結構です。もし、食欲や睡眠の問題が出てきたら、また診察に来てもらって服用量を調整しましょう。

語注 prescription 图 処方箋　surgery 图 手術　under control 制御されて　pain medication 痛み止め　suspect 働 疑う　appetite 图 食欲　drowsy 厖 眠い　dosage 图 投薬

---

28. **正解** (A) テーマ問題

【設問】	【訳】
What has Ms. Faire recently done?	Faireさんは最近何をしましたか。
(A) She had an operation.	(A) 彼女は手術をした。
(B) She underwent dental work.	(B) 彼女は歯に詰め物をした。
(C) She began a new diet.	(C) 彼女は新しい食事法を始めた。
(D) She changed doctors.	(D) 彼女は医師を変えた。

【解説】
鉄則15▶ キーワードの言い換え表現にアンテナを張る

❶で、Faireさんは患者であり、手術から回復中ということが分かるので、surgeryをoperationで言い換えている(A)が正解です。

29. 正解 (B) 詳細問題＋図表問題

【設問】

Look at the graphic. Which medication will Ms. Faire stop taking completely?

(A) Restatin
(B) Hydrox
(C) Tropozol
(D) Moreloc

【訳】

図を見てください。Faireさんはどの薬の服用を完全に停止しますか。

(A) Restatin
(B) Hydrox
(C) Tropozol
(D) Moreloc

患者名：Gina Faire 様

薬品名	朝	昼	晩
Restatin	●		
Hydrox	●	●	●
Tropozol	●		●
Moreloc			●

【解説】

鉄則14▶ 選択肢と図表の共通項目以外の情報が聞き所

図の処方箋の薬品名が選択肢と共通項ですから、その横に示された服用のタイミングが聞き所です。❷で、1日3回服用だった痛み止めの処方をなくす旨が述べられています。処方箋で1日3回服用欄に印が付いているのは(B)のHydroxだけですから、これが正解です。

----

30. 正解 (C)

【設問】

According to the speaker, what problem can Tropozol cause?

(A) Headaches
(B) Stomach pains
(C) Sleepiness
(D) Weight loss

【訳】

話し手によると、Tropozolは何の問題を引き起こしますか。

(A) 頭痛
(B) 胃痛
(C) 眠気
(D) 体重減少

【解説】

鉄則15▶ キーワードの言い換え表現にアンテナを張る

❸のTropozolの説明でmake you drowsyと言っているので、drowsy（眠い）をsleepinessで言い換えている(C)が正解です。drowsyと言う単語を知らないときは「bedtimeにだけ服用する」という指示から推測するとよいでしょう。

設問28-30の語注 dental work 歯のセメントの詰め物 stomach pain 胃痛

31. 正解 (A)   文法問題：動詞

【訳】

Leonitisさんは、Chronica ソフトウエア社の本部に在籍しており、新製品を開発する国際プロジェクトチームを率いている。
※選択肢の訳は省略

【解説】

鉄則18 ▶ 動詞は、形・数・態・時制をチェック

who . . . headquartersは、文の主語Ms. Leonitisを説明する関係詞節なので、空所にはMs. Leonitisを主語とする述語動詞が必要です。従って、述語にならない形の(B)leadingは外れます。Ms. Leonitisは単数なので(D) leadも不正解。空所の後のan international project teamを目的語に取って「〜チームを率いる」という意味になる(A)が正解です。

語注　headquarters 图 本部

----

32. 正解 (D)   語彙問題

【訳】

カメラがケースから落ちたとき、不運にも修理不可能な壊れ方をした。
(A) 前 〜を超えて　(B) 前 〜に反して　(C) 前 〜の上に　(D) 前 〜を超えて

【解説】

鉄則16 ▶ 語彙問題はコロケーションで選択肢を絞る

選択肢には前置詞が並んでいるので、空所の後のrepairは名詞であると判断できます。名詞repairと一般的なコロケーションがあるのは(D) beyond（〜を超えて）。beyond repairで「修理を超えて」つまり「修理不可能」という意味になります。

----

33. 正解 (C)   文法問題：接続詞関連

【訳】

住宅改築作業の業者を雇う際、費用は必ずしも最重要の検討要素とはならない。
(A) 前 〜へ　(B) 前 〜の　(C) 接 〜するとき　(D) 接 〜だけれども

【解説】

consider to 〜やconsider of 〜という形はないので(A)と(B)は除外されます。問題文後半は、空所に入るべき接続詞の後の主語とbe動詞が省略されて直接〜ingがきていると考え、(C) when、(D) althoughから正解を選択します。「費用はいつも重要とは限らない」と「業者を雇う」をつなぐには、(C) when が最適です。

34. 正解 (C) 語彙・文法混合問題

【訳】

Wildhamカントリークラブの会員以外の全てのビジターは、到着したらロビーの受付でチェックインしなければならない。

(A) 接 あたかも〜するかのように　　(C) 〜以外の
(B) たとえ〜としてであっても　　(D) 全ての中の

【解説】

空所の前には動詞がなく節の形にはなっていないので、節同士をつなぐ接続詞(A)は外れます。ゴルフ場の会員以外がビジターですが、(B)、(D)は、(B) visitors even as members（会員としてのビジターであっても）、(D) visitors of all members（全会員のビジター）となり、「会員＝ビジター」と言ってることになり不自然です。「クラブ会員以外のビジターは」となる(C)が正解です。

---

35. 正解 (B) 語彙問題

【訳】

最優秀新製品賞の受賞スピーチで、シンさんは彼女が率いたデザインチームの懸命な働きに感謝した。

(A) 動 示した　(B) 動（援助などに）感謝した　(C) 動 宣言した　(D) 動 実施した

【解説】

鉄則16▶ 語彙問題はコロケーションで選択肢を絞る

直後のthe hard work . . .を続けるには、「感謝した」という意味になる(B) acknowledgedが最適です。

---

36. 正解 (A) 文法問題：品詞

【訳】

床板の再塗装は、大規模な改装なしで部屋に新鮮な印象を与える比較的安価な方法だ。

(A) 副 比較的　(B) 名 親類　(C) 名 関係　(D) 形 関係のある

【解説】

鉄則19▶ 名詞を修飾するのは形容詞、それ以外を修飾するのは副詞

空所には、形容詞inexpensive（高くない）を修飾する副詞の(A) relativelyが正解です。aの後なので名詞の(C) relationを選んで、inexpensiveがこれを後ろから修飾していると考える人もいますが、a relation（関係）という名詞とinexpensive way（高くない方法）という名詞句が、間にofなどの前置詞もなく並ぶことは文法的にあり得ません。TOEIC Part 5で名詞の後に形容詞が続く形は、非常にまれです。

語注　floorboards 名 床板　inexpensive 形 高くない　extensive 形 大規模な

237

37. 正解 (B) 語彙問題

【訳】

Metra証券の合理化された申し込みシステムを使えば、投資用のアカウントを作る全ての手続きはたった数分しかかからない。

(A) 形 (量や程度が) わずかな　(B) 形 全ての　(C) 形 (色などが) かすかな　(D) 形 迅速な

【解説】

鉄則16 ▶ 語彙問題はコロケーションで選択肢を絞る

processとコロケーションがありそうな形容詞は(B)と(D)です。空所を除く問題文の後半の意味は「投資用のアカウントを作る手続きはたった数分しかかからない」なので、この文意に沿ってprocessを形容するふさわしい語は(B) whole (全ての) です。

> **語注**　streamlined 形 合理化された　investment 名 投資

---

38. 正解 (C) 文法問題：品詞

【訳】

Fort Waltonビーチは、Gulf海岸地域の家族連れにとって手頃なバケーション先として古くから知られている。

(A) 動 与えられた　(B) 副 手頃に　(C) 形 手頃な　(D) 名 手頃さ

【解説】

鉄則19 ▶ 名詞を修飾するのは形容詞、それ以外を修飾するのは副詞

空所には、名詞vacation destination (休暇の目的地) を修飾する(C) affordable (手頃な) が適切です。(A) affordedも過去分詞と考えれば文法上は可能ですが、意味が不自然です。

> 空所に名詞を修飾する語が求められている問題で、形容詞と、形容詞化した過去分詞や現在分詞が残ったら、形容詞を選んでおく方が正解の可能性は高いです。

> **語注**　destination 名 目的地

39.-42.

※下線部は設問の正解の訳です。

【訳】

問題39-42は次の情報に関するものです。

Beck Barista Pro Espressoマシンをご購入いただきありがとうございます！ **ご使用前に同封のマニュアルをご一読ください。** 2ページの梱包リストをチェックして、全ての部品や付属品が同梱されているかご確認ください。ユニットを**組み立てる**際は指示書を注意深く参照してください。全ての手順に従い、ユニットを電源につなぐ前に、部品を正しく設置したことを確認してください。ご質問やご懸念があれば、800-555-0215のカスタマーサポートチームまでご連絡をお願いします。ライブチャットサポートは、ウェブサイトにて**毎日**午前8時から午後5時まで利用可能です。

【設問】	【訳】
39. (A) Here's how to make the perfect cup of coffee. (B) We are celebrating our 25th year in business. (C) Delivery is free for all purchases over $50. (D) Please read the enclosed manual before use.	**39.** (A) これが完璧なコーヒーの入れ方です。 (B) 弊社は創業25周年を迎えております。 (C) 50ドルを超えるご購入は全て配送無料です。 (D) ご使用前に同封のマニュアルをご一読ください。
40. (A) replacing (B) shipping (C) assembling (D) cleaning	**40.** (A) 交換している (B) 出荷している (C) 組み立てている (D) 清掃している
41. (A) printer (B) unit (C) light (D) heater	**41.** (A) プリンター (B)（商品の）完成品1個 (C) 電灯 (D) ヒーター
42. (A) daily (B) certainly (C) finally (D) usually	**42.** (A) 毎日 (B) 確かに (C) ついに (D) 通常は

語注 purchase 動 購入する ensure 動 確実にする component 名 部品

39. 正解 (D)　文選択問題

【解説】

空所の後ろにCheck the packing list on Page 2（2ページの梱包リストをチェックして）とあるので、空所にはページ数の言及につながるmanualを含む(D)が適切です。

---

40. 正解 (C)　語彙問題

【解説】

空所に入る動作は、指示書を見ながらする作業の(C) assembling（組み立てる）が最適です。梱包内容の確認が求められているなど、このマシンは買ったばかりだと考えられるので、(A) replacing（交換する）、(D) cleaning（清掃する）は不適切です。

---

41. 正解 (B)　語彙問題

【解説】

冒頭の内容から、コーヒーメーカーの購入時の指示書と分かっているので、空所にはコーヒーメーカーの言い換えになる(B) unitが最適です。

---

42. 正解 (A)　語彙問題

【解説】

文末にライブチャットサポートの利用可能時間が言及されているので、空所に(A) dailyのような利用可能日の情報がないと不自然です。viaの前にカンマがあれば(C) usuallyもあり得ますが、「通常はウェブサイトからチャットサービスがある」という意味になり、通常以外のときはどうなるのか顧客が戸惑うような表現になり不適切です。

設問39-42の語注　enclosed 形 同封された

43.-44.

【訳】

問題43-44は次のお知らせに関するものです。

Body In Motionは、ウィリアムズバーグのコミュニティースタープログラムに参加していることを誇りにしています。プログラムでは住民の皆さんに地元でのお買い物を奨励しています。このプログラムは地元の数十軒の施設で割引が効く、25ドル分のコミュニティ VIPカードを買い物客の皆様にご提供しています。

当社では、Body In Motionのゴールドレベルの新規・既存会員様全員に無料でコミュニティー VIPカードを差し上げております。ゴールド会員様はエクササイズのための器具をどれでもお使いになれますし、どのフィットネスクラスにもご参加いただけて、ロッカーレンタルも無料です。その上、ウィリアムズバーグの素晴らしいお店、レストランやカフェ、美容室などで割引も受けられるのです！

シルバーとブロンズ会員様は、受付でコミュニティ VIPカードを購入できます。コミュニティースターの全加盟店リストは、弊社ウェブサイトでご覧いただけます。

---

43. お知らせの目的は何ですか。
    (A) 料金変更の通知を提供すること
    (B) コンテストの結果を発表すること
    (C) 新しいクラスの詳細を伝えること
    (D) 割引企画を宣伝すること

44. このお知らせはどこにありそうですか。
    (A) スポーツスタジアム
    (B) 官公庁のオフィス
    (C) フィットネスセンター
    (D) レストラン

語注 participant 图 参加者 encourage 動 奨励する eligible for ~ ～の資格がある establishment 图 施設 complimentary 形 無償の existing 形 現存の scheme 图 策、計画

---

43. 正解 (D) テーマ問題

【解説】

鉄則11▶ 目的・場所・業種は冒頭に注意し、後のキーワードで確認

鉄則15▶ キーワードの言い換え表現にアンテナを張る

このお知らせの書き手であるBody In Motionは、あるプログラムに参加して、割引が受けられるカードを提供していると述べています。第2段落以降の内容は、同カードのサービスの説明です。従って、(D) To advertise a discount scheme が正解です。選択肢では、programをschemeで言い換えています。

---

44. 正解 (C) テーマ問題

【解説】

第2段落でWeやourを使っているので、このお知らせは、書き手であるBody In Motionの施設に掲示されていると考えられます。Body In Motionについては exercise equipmentやfitness classesといった言葉があるので、この施設は(C) のfitness centerと考えられます。

45.-47.

【訳】
問題45-47は次のEメールに関するものです。

受信者:	Vera Chang <verachang@camdencafe.com>>
送信者:	アメリカ独立事業主協会 <admin@aaibo.com>
件名:	会員用の保険プラン
日付:	4月20日

会員各位

アメリカ独立事業主協会（AAIBO）は、飲食店業界に特化した特別保険プランを提供するために、国内最大の保険会社の一つである、Wisdom Solutionsと提携しました。Wisdom Solutionsの新しいAAIBO団体プランは、あなたの事業を守る素晴らしい方法です。このプランはAAIBO会員専用で、小さなレストランやカフェに、他の保険会社による一般賠償責任保険や営利損害保険を大きく改善した内容を提供します。

詳細を見たりAAIBO団体プランに加入したりするには、aaibo.com のアカウントにログインして、"Offers"のページに進んでもらうだけです。Wisdom Solutionsの保険をすでに持っていたとしても、AAIBOの団体保険に切り替えて保険料をより安くすることが可能です。AAIBO会員は9月30日まで、違約金なしでプランの切り替えが可能です。

敬具
Claire Meadows
AAIBO 管理担当

45. Changさんとは誰だと考えられますか。
(A) スーパーのマネジャー
(B) 飲食店のオーナー
(C) Wisdom Solutionsの顧客
(D) コーヒー製品の販売業者

46. Eメールの目的は何ですか。
(A) 保険金請求に応えること
(B) 会員登録の更新を勧めること
(C) 限定のオファーを宣伝すること
(D) 事業の合併を発表すること

47. AAIBO 団体プランの特徴でないものはどれですか。
(A) いつでも無料でキャンセルできる。
(B) 小規模事業を助けることを意図している。
(C) 部分的にはレストラン産業のために作られた。
(D) 同じ会社のほかのプランより安い。

----

45. 正解 (B) テーマ問題

【解説】

鉄則11 ▶ 目的・場所・業種は冒頭に注意し、後のキーワードで確認

Changさんの名前はEメールの受信者欄にあります。彼女のメールアドレスにcamdencafeとある点にまず注目しましょう。さらに彼女は「会員各位」と書かれたメールを受け取っているのですから、The American Association of Independent Business Owners（アメリカ独立事業主協会）の会員であり事業主です。従って、正解は(B) A food service business ownerです。第1段落の第3文目にあるit offers small restaurants and cafésという記述からも再確認できます。

----

46. 正解 (C) テーマ問題

【解説】

鉄則11 ▶ 目的・場所・業種は冒頭に注意し、後のキーワードで確認

鉄則15 ▶ キーワードの言い換え表現にアンテナを張る

冒頭で保険会社との提携に言及し、その保険をa fantastic way や significant improvementsと肯定的な表現で描写し、第2の段落でも利点に言及して勧めているので、(C) To promote an exclusive offerが正解です。第1段落3文目のAvailable only to AAIBO membersをexclusiveで言い換えています。

----

47. 正解 (A) NOT問題

【解説】

鉄則15 ▶ キーワードの言い換え表現にアンテナを張る

最終行で「保険の切り替えは無料」とは言ってますが、until September 30という条件付きです。(A)はat any timeとあるので、これが述べられていない特徴となり正解です。(B)と(C)は、第1段落の3文目にit offers small restaurants and cafésで言及があり、(D)は第2段落2文目のyou can lower your premiumsの言い換えになるので、不正解です。

48.-52.

【訳】
問題48-52は次のEメールとウェブページに関するものです。

送信者：krista.emory@thestanwyckhotel.com
受信者：thomas.cheung@thestanwyckhotel.com
日付：3月5日
件名：ウェブサイトの推薦コメント

こんにちは、Tom

うちのウェブサイトの「お薦めの言葉」セクションを更新する必要があると気付きました。コメントの一つはAzalea劇場について言及していますが、そこは1年以上前に閉鎖しています。それに、うちの新しい事前チェックインアプリやルームサービスメニューの拡充については、何も触れられていません。どちらもお客様には大人気なのに。

旅行の感想を投稿しているウェブサイトを幾つか閲覧して、お客様の最近のコメントを探してもらえますか。1、2件引用して古いコメントと入れ替えられます。いつものように、それぞれの投稿者の氏名と国名を入れて、全文のレビューへのリンクも張ってください。

質問があったら知らせてください。よろしく！

Krista Emory
マーケティングマネジャー

---

http://www.thestanwyckhotel.com/testimonials

「混み合う時間に着きましたが、フレキシブルチェックインシステムのおかげでフロントで待たずに済みました。利用客がより快適に過ごせるようにする努力に感謝！」
― Kai Ogawa　日本

「とてもお薦め！　Stanwyckホテルは観光名所へのアクセスがとてもよくで、たくさんの素敵なお店やレストランも徒歩圏内です」― Tony Sydor　アメリカ

「素晴らしい滞在でした。部屋は清潔で、広く、設備も整っていました――そして、繁華街のホテルにしては料金も手頃でした。また利用します！」
― Riva Lehkonen　フィンランド

「スタッフはとても親しみやすくて親切でした。おかげで私の旅も大変充実しました。Sandyには特に感謝。彼女は近隣のお薦めをたくさん教えてくれて、スペイン語の旅のパンフレットをくれたんです」― Marina Mendez　スペイン

48. Emoryさんはどんな問題に言及していますか。
(A) 彼女は幾つかのレビューを見つけられない。
(B) メニューがオンラインで更新されていない。
(C) 一部の情報が時代遅れになっている。
(D) あるウェブページが削除されている。

49. EmoryさんはTomに何をするように頼んでいますか。
(A) 外部サイトへのリンクを加える
(B) 事業についての感想を言う
(C) 彼女にコメントを送って承認を求める
(D) さまざまな国のホテルをリサーチする

50. ウェブページで、Stanwyck Hotelについて示されていないものは何ですか。
(A) 便利な場所にある。
(B) 手頃な価格設定になっている。
(C) 最近改装された。
(D) 広い部屋がある。

51. 最近、ウェブサイトに追加された可能性が高いのは、誰のコメントでしょうか。
(A) Kai Ogawa
(B) Tony Sydor
(C) Riva Lehkonen
(D) Marina Mendez

52. MendezさんはSandyについて何を示唆していますか。
(A) 彼女は観光地まで車で乗せてくれた。
(B) 彼女はもうStanwyckホテルで働いていない。
(C) 彼女は複数の言語を流ちょうに話す。
(D) 彼女は地元に詳しい。

> **語注** testimonial 图（商品の）推薦文　advance 形 事前の　expand 動 拡大する　pull quotes 一部を抜粋する　flexible 形 柔軟な、融通の利く　appreciate 動 感謝する　spacious 形 広々とした　well-furnished 形 設備が整った　enhance 動 高める　brochure 图 パンフレット　out of date 時代遅れの　approval 图 承認　affordably 副 手頃に　no longer もはや～ない

48. 正解 (C) 詳細問題

【解説】
鉄則15▶ キーワードの言い換え表現にアンテナを張る

EmoryさんはEメールの冒頭で、お客様の「お薦めの言葉」のコーナーを更新する必要があると言い、2文目でOne comment mentions the Azalea Theater, which closed over a year ago.と、情報が古い例を挙げています。その言い換えとなる(C) Some information is out of date.が正解です。あったはずの特定のレビューを探しているわけではないので、(A)は不正解です。

----

49. 正解 (A) 詳細問題

【解説】
鉄則15▶ キーワードの言い換え表現にアンテナを張る

Emoryさんは第2段落の最後でwith a link to the full reviewと言って、コメントを引用した人の名前や国名に加えて外部サイトへのリンクも貼るように指示しています。この部分を言い換えた(A) Add links to external Web sitesが正解です。

----

50. 正解 (C) NOT問題

【解説】
鉄則15▶ キーワードの言い換え表現にアンテナを張る

(A)は、Sydorさんのレビューのgreat access to tourist attractions以下を、(B)と(D)は、Lehkonenさんのレビューのthe rates were very reasonableとspaciousをそれぞれ言い換えています。(C)のIt was recently renovated.は言及がないので、これが正解です。

51. 正解 (A) 詳細問題＋CR問題

【解説】

鉄則27 ▶ CR問題のヒントは、他の設問のヒントがない部分にある

鉄則15 ▶ キーワードの言い換え表現にアンテナを張る

レビューには、recentlyかどうかを判断する日付が載っていないので、Eメールの情報も必要なCR問題と分かります。Eメール第1段落の後半there's nothing about以下の情報がまだどの問題のヒントにもなっていません。そこにnew advance check-in app（新しい事前チェックインアプリ）とあり、チェックインのためのアプリが「最近」導入されたことが分かります。このアプリをflexible check-in systemと言い換えて取り上げている(A)のOgawaさんのレビューが最近と考えられます。

---

52. 正解 (D) 内容一致問題

【解説】

鉄則15 ▶ キーワードの言い換え表現にアンテナを張る

Mendezさんのレビューには、Sandyさんについてwho gave me many great recommendations nearbyとあります。(D) She is knowledgeable about the local area.がこの言い換えとなり正解です。

53.-57.

【訳】

問題53-57は次の商品説明、指示書、Eメールに関するものです。

Solibo マットレスカバー　89.99ドル

より贅沢な睡眠体験のために、Sleepytime製のSoliboマットレスカバーであなたのマットレスを保護しましょう！　Soliboマットレスカバーは、100パーセント天然で、かつ持続可能な方法で仕入れた、抗菌特性のある植物性繊維使用の高品質の布で織られています。

ほかの利点には次のものがあります。
・色の種類が豊富（白、グレー、バーガンディ、淡いブルー）
・肌にチクチクしない柔らかくて心地よい肌触り
・こぼれた液体がマットレスの染みになることを防ぐ非毒性防水剤で処理済み
・2年保証

Sleepytimeのマットレスカバーのお手入れ方法

Sleepytimeのマットレスを清潔に保ち、長くお使いいただけるように、マットレスカバーのご使用をお勧め致します。Sleepytimeでは、あらゆる標準的なマットレスに対応したカバーを、お客様のニーズに合わせてご提供しています。ビニール、ナイロン、布地のオプションがございます。

ビニールまたはナイロンのカバーをお使いの場合は、湿った布で拭き取ってきれいにしてください。化学薬品系の洗浄剤は絶対に使用しないでください。寝具の交換はカバーが完全に乾いてから行ってください。布地のカバーは洗濯機で洗えます。ビニールのカバーは過度の冷気や湿気にさらされるとひび割れることがあります。氷点下の気温や湿気の多い場所では保管しないでください。

他社のカバーをご使用の際にできた染みや傷には、Sleepytimeマットレスの保証は適用されません。弊社のカバーは防水ですが、他社ブランドの製品はそうでない場合があります。

送信者：customerservice@sleepytimebedding.com
受信者：robertoperez@andanohotel.com
日付：11月7日
件名：Re: 傷んだマットレス

Perez様

貴ホテルの傷んだSleepytimeマットレスに関するEメールをありがとうございます。ご説明と添付の写真に基づけば、御社の状況は保証でカバーされます。代替品を入手していただくには、マットレスの領収書のデジタルコピーをEメールでreturns@sleepytimebedding.comにお送りください。件名は「請求 FC213-591」として、発送先をそのメールにお書きください。確認メールを受け取られたら1、2週間以内に代替品が発送されます。

また何かございましたら、お知らせください。

Janice Gordon / Sleepytime 寝具カスタマーサービス

---

53. 商品説明第1段落4行目の "properties" に最も意味が近いのは
(A) 持ち物
(B) 特徴
(C) 好み
(D) 場所

54. Soliboマットレスカバーについて何が示唆されていますか。
(A) Sleepytimeマットレスにのみフィットする。
(B) 合成素材から作られている。
(C) リサイクルに適している。
(D) 洗濯機で洗っても安全だ。

55. 指示書によると、ビニールのカバーの持ち主は何をすべきですか。
(A) 太陽にさらすのを避ける
(B) 乾燥した場所に保管する
(C) 洗剤で染みを取り除く
(D) 2年で交換する

56. 傷んだマットレスについて正しいと考えられることは何ですか。
(A) 永久保証が付いている。
(B) Sleepytimeのカバーで保護されていた。
(C) 2年以内に購入されていた。
(D) 有機製品で処理されていた。

57. GordonさんはPerezさんに何をするように頼んでいますか。
(A) 保証を見直す
(B) 送料を支払う
(C) 何枚かの写真を郵送する
(D) 住所を提供する

語注 woven 動 weave（織る）の過去分詞　sustainably 副 持続可能なやり方で　source 動 仕入れる　anti-bacterial properties 抗菌特性　burgundy 图 バーガンディ色、暗紅色　irritate 動 ひりひりさせる　agent 图 薬剤　stain 動 汚す、染みを付ける 图 染み　damp 形 湿った　bedding 图 寝具　crack 動 ひび割れる　exposed to ~ ~にさらされる　subfreezing 形 氷点下の warranty 图 保証　regarding 前 ~に関して　accompany 動 伴う　synthetic 形 合成の detergent 图 洗剤

---

53. 正解 (B) 語彙問題

【解説】
今回のanti-bacterial propertiesのような場合、このpropertiesは化学物質などの特性を意味するので、(B) characteristicsが正解です。

---

54. 正解 (D) 内容一致問題＋CR問題

【解説】
鉄則15 ▶ キーワードの言い換え表現にアンテナを張る
1つ目の文書にある商品説明の2文目woven from premium fabric（高級繊維で織られている）から、Sleepytime製寝具の中でも、Soliboマットレスカバーは布製と分かります。2つ目の文書（指示書）の第2段落の4文目にFabric covers are machine-washable.とあるので、(D) They are safe for washing machines. が言い換えとなり正解です。

---

55. 正解 (B) 詳細問題

【解説】
鉄則15 ▶ キーワードの言い換え表現にアンテナを張る
vinyl coverは2つ目の文書の第2段落6文目に、Do not store them . . . in a damp environment.（それらを湿気の多い場所では保管しないでください）とあるので、(B) Keep it in a dry locationが正解です。(C)は指示書の第2段落2文目でNever use a chemical-based cleaning agent.と言っているので間違いです。

56. 正解 (B) 内容一致問題＋CR問題

【解説】
鉄則27▶ CR問題のヒントは、他の設問のヒントがない部分にある

2つ目の文書の後半に出てくる、保証に関する説明がまだヒントに使われていないことに注目しましょう。この部分に、「他社のカバーを使った場合には保証は適用されない」と書かれています。Eメールの2文目にyour situation is covered by the warrantyとあるので、PerezさんのホテルのマットレスカバーはSleepytime製と分かります。従って、(B) It was protected by a Sleepytime cover.が正解です。

----

57. 正解 (D) 詳細問題

【解説】
鉄則15▶ キーワードの言い換え表現にアンテナを張る

GordonさんはEメールの送信者です。Eメールの4文目でindicate the shipping destination in the e-mail（発送先をEメールに示してください）とあるので、(D) Provide an addressが言い換えとなり正解です。

皆さん、練習問題と時短模試のPart 7の音声を聞いて、音読やリピーティング練習をしていますか？　vinylの発音はヴィニールではなく「ヴァイナル（前にアクセント）」など、知らなかった発音も確認しておきましょう。

1. 正解 (D)

※太字は解説で触れている部分です。

(A) He's walking through a doorway.
(B) He's **putting on** a pair of glasses.
(C) He's **folding** up a **sheet**.
(D) He's **holding** a stack of chairs.

【訳】
(A) 彼は歩いて戸口を通り抜けつつある。
(B) 彼は眼鏡をかけつつある。
(C) 彼はシートを折り畳みつつある。
(D) 彼は積み重ねた椅子を抱えている。

【解説】
鉄則1 ▶ putting on が聞こえたら引っ掛け
鉄則3 ▶ 写真にない名詞が聞こえたら引っ掛け

(A)は写真の状況を反映していません。(B)はputting onを用いた引っ掛けで、彼は今眼鏡を掛けつつあるわけではありません。(C)はfoldとhold、sheetとseat（座席）の聞き違えを狙っていますが、sheetはどこにも写ってないので外せます。椅子を積み重ねたものを抱えている動作を正しく描写しているのは(D)です。

語注 doorway 图 戸口　fold up 畳み込む　stack 图（積み上げた）山

---

2. 正解 (A)

(A) The people are walking side by side.
(B) The people are wading into the water.
(C) The roadway is **being** paved with bricks.
(D) The **dock** is **being** repaired.

【訳】
(A) 人々が並んで歩いている。
(B) 人々は水の中を苦労して進んでいる。
(C) 車道はレンガで舗装されつつある。
(D) 波止場は補修されつつある。

【解説】
鉄則2 ▶ being が聞こえたら要注意！
鉄則3 ▶ 写真にない名詞が聞こえたら引っ掛け

(A)が2人の人物の様子を正しく描写していて正解です。(C)と(D)はその作業が今行われているわけではないので間違い。共に、beingが用いられた引っ掛けです。(D)のdock（波止場）は写真にありません。

語注 side by side 並んで　wade into ~（水の中）を苦労して歩いていく　pave 動 舗装する　dock 图 波止場

3. 正解 (D)

(A) A line of **cars** is traveling over a **bridge**.
(B) The boats are **being** tied together.
(C) **Sailors** are climbing aboard a ship.
(D) The hills overlook the boats on the water.

【訳】
(A) 1列の車列が橋を渡りつつある。
(B) ボートが一緒にくくられつつある。
(C) 船員たちが船に乗り込みつつある。
(D) 丘から水面のボートが見渡せる。

【解説】
鉄則2 ▶ being が聞こえたら要注意！

鉄則3 ▶ 写真にない名詞が聞こえたら引っ掛け

(A)の車列も橋も、(C)の船員もこの写真では確認できません。(B)はbeingが用いられている引っ掛けで、ボートは今ロープでつながれている最中ではありません。(D)が、背後の丘からの眺めを適切に描写しています。

語注 aboard 前 ～に乗って　overlook 動 見渡す

4. 正解 (A) 疑問詞で始まる疑問文

Why did Amanda come in early?

(A) **To** prepare for the board meeting.
(B) I'd prefer to wait outside.
(C) **No**, she usually takes the bus.

【訳】
Amandaはなぜ早く来たのですか。
(A) 重役会の準備をするためです。
(B) 私は外で待つ方がいいです。
(C) いいえ、彼女は通常はバスを利用しています。

【解説】
鉄則6▶疑問詞で始まる疑問文にはYes/Noで始まる選択肢は選ばない

正解は(A)です。Whyで始まる疑問文に、目的を表す不定詞は適切な応答です。(C)はNoで始まっているので即外せます。

> **語注** board meeting 重役会

----

5. 正解 (B) 疑問詞で始まらない疑問文

Aren't the banks open in the afternoon?

(A) Across from the convention center.
(B) Not during the holidays.
(C) To exchange some money.

【訳】
銀行は、午後は開いているのではないのですか。
(A) コンベンションセンターの向かいです。
(B) 休日の間は開いていません。
(C) 幾らかのお金を交換するためです。

【解説】
鉄則7▶否定疑問文と付加疑問文は普通の疑問文と考えて応答する

否定語を無視して、「銀行は午後開いているか」という質問と考えます。They are not open during the holidays.を短く答えている(B)は自然な応答です。

6.　正解 (A)　疑問詞で始まらない疑問文

Does the price **include** delivery?

(A) That's **separate**.
(B) It's still available.
(C) We do appreciate it.

【訳】

価格は送料を含んでいますか。
(A) それは別です。
(B) それはまだありますよ。
(C) それを本当に感謝しています。

【解説】

鉄則10 ▶ 問題文への応答になり得る選択肢を柔軟に判断する

(A)のseparate（分けられた、別々の）は、問題文のinclude（含んでいる）と対照的な語です。すなわち「含まれていない」を意味することになり適切な応答です。

7.　正解 (C)　疑問詞で始まらない疑問文

Can you **remind** me when it's time to go?

(A) What did they have in **mind**?
(B) It started a little after eleven o'clock.
(C) Of course—I'll send you a text.

【訳】

出るときがきたら教えてもらえますか。
(A) 彼らは何をするつもりなんですか。
(B) それは11時少し過ぎに始まりました。
(C) もちろん——メッセージを送りますよ。

【解説】

鉄則9 ▶ 問題文に含まれる単語に似た音の単語は引っ掛けと疑う

(A)は、問題文に含まれるremindと似た単語mindを含む引っ掛けです。(B)は過去形で答えているので迷わず除外です。「思い出させてほしい」という依頼にOf courseで応じている(C)が適切な応答です。

> **語注**　remind 動 思い出させる

8.　正解 (B)　疑問詞で始まる疑問文

Where can I find some more envelopes?

(A) Just **put them** on my desk.
(B) We probably need to order some.
(C) **Sure**, I'd be happy to.

【訳】
どこにもっと封筒があるのですか。
(A) それらを私の机に置いておいてください。
(B) おそらく幾らか発注する必要があります。
(C) いいですよ、喜んでやります。

【解説】
鉄則10 ▶ 問題文への応答になり得る選択肢を柔軟に判断する

(A)はput themを聞き逃すと引っ掛かりそうな誤答選択肢です。もっと多くの封筒を探している質問に「注文しないといけない」と答えている(B)は自然な応答です。(C)のSureはほぼYesと言っているのと同じなので、疑問詞で始まる疑問文の応答にはなりません。

9.　正解 (C)　選択疑問文

Do these boxes go here or in the closet?

(A) **Yes**, that works for me.
(B) They can go **if they're finished**.
(C) I'll take them for you.

【訳】
これらの箱は、ここに入れますか、それともクローゼットに入れますか。
(A) はい、それで私はOKです。
(B) 彼らは終了したら帰って構いません。
(C) あなたの代わりに 私がそれらを持っていきます。

【解説】
鉄則8 ▶ 選択疑問文にはYes/Noで始まる選択肢は選ばない
鉄則9 ▶ 問題文に含まれる単語に似た音の単語は引っ掛けと疑う

選択疑問文ですから、Yesで始まる(A)は外せます。(B)はif以下が不適切です。置き場所を示すのではなく、「自分が持っていく」と申し出ている(C)が自然な応答です。

語注　work for ~ ～にとってうまくいく

10. 正解 (C) 疑問詞で始まらない疑問文

Can we **talk** for a few minutes?

(A) The **talk** was informative.
(B) No, it **took** longer than that.
(C) I'm about to make a call.

【訳】
2、3分話せますか。
(A) そのお話は有益でした。
(B) いいえ、あれより時間がかかりました。
(C) 電話をかけるところなんです。

【解説】
鉄則9▶ 問題文に含まれる単語に似た音の単語は引っ掛けと疑う

鉄則10▶ 問題文への応答になり得る選択肢を柔軟に判断する

(A)は問題文に出てきたtalkを含む引っ掛け選択肢で、(B)は過去形で答えているので決定的に不適切です。(C)は間接的にNoと言っていることになり、あり得る応答です。

語注 informative 形 有益な

----

11. 正解 (B) 疑問詞で始まる疑問文

How are we getting to the airport tomorrow?

(A) **No**, that will take too long.
(B) The hotel has a shuttle bus.
(C) It costs ten euros per passenger.

【訳】
明日どのようにして空港に行くのですか。
(A) いいえ、それは長くかかり過ぎるでしょう。
(B) ホテルのシャトルバスがありますよ。
(C) それは乗客1人当たり10ユーロかかります。

【解説】
鉄則6▶ 疑問詞で始まる疑問文にはYes/Noで始まる選択肢は選ばない

Howで始まる疑問文なので、Noで始まる(A)はまず外せます。手段を尋ねる質問に対しては、(B)がストレートな応答です。(C)はHowをHow muchと錯覚した人を引っ掛ける選択肢です。

語注 passenger 名 乗客

12. 正解 (A)　疑問詞で始まらない疑問文

Hasn't the mail come yet?

(A) It's a little late today.
(B) We've never been there.
(C) You can take some of mine.

【訳】

郵便はまだ来ていないのですか。
(A) 今日はちょっと遅いですね。
(B) 私たちはそこに行ったことがありません。
(C) 私の分を少し取っていいですよ。

【解説】

鉄則7 ▶ 否定疑問文と付加疑問文は普通の疑問文と考えて応答する

否定語は無視して、「郵便は来たか」という質問と考えましょう。Noがなくても(A)は自然な応答です。

---

13. 正解 (A)　疑問詞で始まる疑問文

Who's arranging our transportation in Toronto?

(A) I thought we'd just rent a car.
(B) For the entire weekend.
(C) It was a gift from my boss.

【訳】

トロントでの私たちの移動は誰が手配してくれているのですか。
(A) 私たちが車を借りるのだと思っていました。
(B) 週末の間ずっとです。
(C) それは、私の上司からのプレゼントでした。

【解説】

鉄則10 ▶ 問題文への応答になり得る選択肢を柔軟に判断する

(A)は、「誰が手配するか」という質問に対して、「自分たちが」段取りすると思っていたという自然な応答です。

語注 transportation 图 交通手段　entire 形 全体の

14. 正解 (C) 平叙文

This room's a little warm.

(A) I'll get some more chairs.
(B) We can use it until noon.
(C) Shall I open a window?

【訳】
この部屋は少し暖かいです。
(A) もっと椅子を持ってきます。
(B) それを正午まで使えます。
(C) 窓を開けましょうか。

【解説】
鉄則10 ▶ 問題文への応答になり得る選択肢を柔軟に判断する

「部屋が暖かい」という発言に対して、(C)の「窓を開けましょうか」はごく自然な提案です。

----

15. 正解 (A) 疑問詞で始まらない疑問文

You **weren't** at the **budget** meeting, **were you**?

(A) **No**, but I read the minutes.
(B) We met them at the sales convention.
(C) It's over our **budget**, I'm afraid.

【訳】
あなたは予算会議にいませんでしたよね。
(A) いませんでした、でも議事録は読みました。
(B) 彼らとは販売会議で会いました。
(C) 残念ながら、それは私たちの予算をオーバーしています。

【解説】
鉄則7 ▶ 否定疑問文と付加疑問文は普通の疑問文と考えて応答する
鉄則9 ▶ 問題文に含まれる単語に似た音の単語は引っ掛けと疑う

付加疑問文ですが、「会議にいたか」という普通の質問と考えると、Noで始まる(A)は「いいえ、でも……」という流れになり、適切です。(C)は問題文にある単語budgetを含む引っ掛けです。

語注 budget 图 予算　minutes 图 議事録

16.-18. 🔊115 🇬🇧 🇺🇸

Questions 16 through 18 refer to the following conversation.

W : ❶**The Web site you've made for my bakery looks amazing.** The photos make everything look so tasty!

M : I'm glad you like it. But this is just the test version of the site. ❷**Are there any changes you'd like to make?**

W : ❸**I want to highlight our specialty cakes. Each cake is personalized and made-to-order,** including our wedding and birthday cakes.

M : OK, ❹**let's add that to the home page** so it's the first thing users see when they visit your site.

【訳】
問題16-18は次の会話に関するものです。
女性：うちのベーカリーのために作ってくださったウェブサイトは素晴らしいです。写真では全てがとてもおいしそうに見えます！
男性：気に入っていただけてうれしいです。でも、これはまだサイトの試作版です。何か変更なさりたいところはありますか。
女性：当店の特製ケーキを強調したいです。ウエディングケーキやバースデーケーキをはじめ、それぞれのケーキは、名前を入れたオーダーメードなんです。
男性：分かりました、サイトを見たユーザーの目に最初に入るように、それをホームページに追加しましょう。

語注 amazing 形 素晴らしい　highlight 動 強調する　specialty 名 特製　personalized 形 名前入りの　made-to-order オーダーメードの

----

16. 正解 (D) テーマ問題

【設問】	【訳】
What are the speakers discussing?	話し手たちは何について話していますか。
(A) A catering order	(A) ケータリングの注文
(B) A new recipe	(B) 新しいレシピ
(C) A photo shoot	(C) 写真撮影
(D) A Web site	(D) ウェブサイト

【解説】
鉄則11 ▶ 目的・場所・業種は冒頭に注意し、後のキーワードで確認

女性が冒頭❶でウェブサイトを褒め、❷で男性が変更の希望を聞き、❸の女性の変更希望に❹で男性が応えるという内容なので、会話のテーマとしては(D)が適切です。

17. 　正解　(A)　詳細問題

【設問】

What does the woman want to emphasize about some products?

(A) They are custom-made.
(B) They will be delivered for free.
(C) They are inexpensive.
(D) They have won awards.

【訳】

幾つかの商品について女性は何を強調したがっていますか。
(A) それらがカスタムメードである。
(B) それらが無料配送される。
(C) それらが安価である。
(D) それらが賞を受賞した。

【解説】

鉄則15▶ キーワードの言い換え表現にアンテナを張る

女性は❸で、「特製ケーキを強調したい」と言っています。personalized and made-to-orderをcustom-madeで言い換えている(A)が正解です。

18. 　正解　(C)　未来の行動を問う問題

【設問】

What will the speakers do next?

(A) Greet some visitors
(B) Go to another location
(C) Modify a design
(D) Taste some food

【訳】

話し手たちは次に何をしますか。
(A) 訪問者に挨拶する
(B) 別の場所に行く
(C) デザインを修正する
(D) 幾つかの食べ物を試食する

【解説】

鉄則12▶ 過去の行動は中盤、未来の行動は後半にヒントあり

男性が後半の❹で、let's add that to the home pageと言っています。すなわち、サイトのデザインを変更するのですから(C)が正解です。

設問16-18の語注 emphasize 動 強調する　for free 無料で　inexpensive 形 安価な　modify 動 修正する　taste 動 味見する

Part
3

ハーフ①
易しめ

時短模試 解答・解説

19.-21. 🔊 116 🇨🇦 🇦🇺

Questions 19 through 21 refer to the following conversation.

W ： All right, ❶**here is your receipt with the tracking number for your package.** It should arrive in two to three days. Is there anything else?

M ： Actually, I'm moving next month. What paperwork do I need ❷**to fill out to redirect my mail?**

W ： ❸**You can request mail forwarding online.** That's for a domestic address. If you're moving overseas, there's a different form, and you have to submit it in person.

M ： My new place is here in town, ❹**so I'll just fill out the form online this afternoon.** Thank you.

【訳】

問題19-21は次の会話に関するものです。

女性：OK、これが、あなたのお荷物の追跡番号付き受領証です。2、3日で着くはずです。ほかに何かございますか。

男性：実は、来月引っ越しするんです。郵便の転送にはどのような書類に記入する必要がありますか。

女性：オンラインで転送希望を出せます。住所が国内の場合ですけど。海外への引っ越しであれば、別の用紙があり、それを直接提出しなければなりません。

男性：新居はこの町内なので、今日の午後にオンラインで書式に入力しておきます。ありがとう。

語注　receipt 图 受取証　redirect 動 転送する　mail forwarding 郵便転送　submit 動 提出する

----

19. **正解** (B)　テーマ問題

【設問】	【訳】
What is the man doing?	男性は何をしているところですか。
(A) Signing for a delivery	(A) 配達物に署名をしている
(B) Mailing a package	(B) 荷物を郵送している
(C) Printing a document	(C) 書類を印刷している
(D) Applying for a passport	(D) パスポートを申し込んでいる

【解説】

鉄則11▶目的・場所・業種は冒頭に注意し、後のキーワードで確認

冒頭❶で女性が「あなたの荷物の受領証」と言っているので、(B)が正解です。❶の時点では郵送か宅配かは断言できませんが、選択肢の消去法、あるいは❷や❸にmailというキーワードがあることからも確認できます。

20.　正解 (D)　詳細問題

【設問】

What does the woman explain to the man?

(A) Where to make a payment
(B) Where to find a business
(C) How to check a schedule
(D) How to arrange a change

【訳】

女性は男性に何を説明していますか。
(A) 支払いをする場所
(B) 事業所の場所
(C) 予定のチェックの仕方
(D) 変更の仕方

【解説】

鉄則15 ▶ キーワードの言い換え表現にアンテナを張る

選択肢の中で、女性の説明❸にあるmail forwarding（郵便転送）というキーワードの言い換えになるのは、(D)しかありません。転送する→配達先住所を変更するということです。

21.　正解 (C)　未来の行動を問う問題

【設問】

What does the man say he will do this afternoon?

(A) Drop off some documents
(B) Travel to another country
(C) Complete an online form
(D) Move into a new home

【訳】

男性は午後に何をすると言っていますか。
(A) 複数の文書を届ける
(B) 別の国に旅行する
(C) オンラインで書式に記入する
(D) 新居に移る

【解説】

鉄則12 ▶ 過去の行動は中盤、未来の行動は後半にヒントあり

鉄則15 ▶ キーワードの言い換え表現にアンテナを張る

男性の最後の発言の❹で「オンラインの書式に記入する」と述べているので、(C)が正解です。fill outをcompleteで言い換えています。

> **設問19-21の語注**　drop off ~ 〜を置いていく

Part
3

ハーフ①
易しめ

時短模試 解答・解説

22.-24. 🔊117 🇬🇧 🇺🇸

Questions 22 through 24 refer to the following conversation.

W : Hi, I need to cater an event at lunchtime next Friday. Would you be able to handle that?

M : Absolutely! ❶**Have you seen our menu already?**

W : ❷**I've got one right here in front of me.** I'd like four sandwich assortments and a fruit plate.

M : ❸**Do you know about our "B Combo"? It comes with six sandwich platters, fruit, and dessert. It wouldn't cost you much more.**

W : Well . . . it's not a big event. I'd prefer not to waste any food.

M : No problem. ❹**Let me get the address and contact information,** then I'll take your order.

【訳】

問題22-24は次の会話に関するものです。

女性：もしもし、次の金曜日の昼食時のイベントにケータリングが必要なんです。対応をお願いできますか。

男性：もちろんです！ 当店のメニューはもうご覧になりましたか。

女性：目の前にあります。サンドイッチの詰め合わせ4つと、フルーツ皿1つお願いします。

男性：当店の「Bコンボ」はご存じですか。サンドイッチの大皿6皿と、フルーツとデザート付きです。費用はそんなに余分にかかりません。

女性：そうですね……。大きなイベントではないのです。食べ物を無駄にしたくないですし。

男性：了解しました。住所と連絡先を教えてください。それからご注文を承ります。

語注 handle 動 扱う　absolutely 副 絶対的に　assortment 名 詰め合わせ　platter 名 大皿　waste 動 浪費する

---

22. 正解 (B) 詳細問題

【設問】	【訳】
What does the woman say she has?	女性は何を持っていると言っていますか。
(A) An order form	(A) 注文フォーム
(B) A menu	(B) メニュー
(C) An invitation	(C) 招待状
(D) A business card	(D) 名刺

【解説】

❶でHave you seen our menu already?と尋ねる男性に対して、女性は❷でI've got one right hereと答えています。oneはmenuを指しているので、(B)が正解です。

23. 正解 (B) 意図推定問題

【設問】

Why does the woman say, "It's not a big event"?

(A) To apologize for a mistake
(B) To refuse a suggestion
(C) To correct a misunderstanding
(D) To request a discount

【訳】

女性はなぜ "It's not a big event" と言っているのですか。

(A) ミスを謝罪するため
(B) 提案を断るため
(C) 誤解を訂正するため
(D) 値引きを求めるため

【解説】

鉄則13 ▶ 意図推定問題は、話の流れに注意

女性の注文は4つなのに、男性は❸で6つのセットを薦めています。それに対する「大きなイベントではない」という発言は、「だから6つのセットはいらない」ことを示唆しています。男性の提案を断っていることになるので、(B)が正解です。

----

24. 正解 (D) 詳細問題

【設問】

What does the man want to know?

(A) The venue's capacity
(B) The order number
(C) The payment method
(D) The event's location

【訳】

男性は何を知りたがっていますか。

(A) 会場の収容人数
(B) 注文番号
(C) 支払い方法
(D) イベントの場所

【解説】

鉄則15 ▶ キーワードの言い換え表現にアンテナを張る

男性は❹で「住所と連絡先」を求めています。女性はイベントへのケータリングを希望しているので、この「住所」は「イベントの場所」と考えられ、(D)が言い換えになり正解です。

設問22-24の語注 apologize 動 謝罪する refuse 動 断る venue 名 開催地 capacity 名 収容人数、収容力

25.-27. 🔊118 🇦🇺 🇨🇦 🇺🇸

Questions 25 through 27 refer to the following conversation with three speakers.

M1: ❶**Ms. Barkley, thank you for coming to this interview. Why are you interested in an internship here at the Silvera Group?**

W : ❷**I'm majoring in business at my university,** and I hope to work in finance after I graduate. I want to learn as much as I can about the industry before then.

M2: Well, ❸**our firm works with a wide range of corporations, governments, and individual clients.**

M1: ❹**If you're selected as an intern, you'll learn about many different facets of the finance industry.**

【訳】
問題25-27は3人の話し手による次の会話に関するものです。
男性1：Barkleyさん、今回の面接にお越しいただきありがとうございます。なぜ、ここSilveraグループでのインターンシップに興味を持たれたのですか。
女性 ：大学でビジネスを専攻しており、卒業後は金融関係で働くことを希望しています。それまでに、業界についてできるだけ多くのことを学びたいと思っているのです。
男性2：なるほど、わが社は幅広い種類の企業、政府機関、個人の顧客と取引があります。
男性1：もしあなたがインターンとして選ばれたら、金融業界のさまざまな側面を学べるでしょう。

語注 major 動 専攻する a wide range of ~ 幅広い~ facet 名 (人や事の) 一面、様相

----

25. **正解** (A) テーマ問題

【設問】
What are the speakers mainly discussing?
(A) An internship program
(B) A new regulation
(C) A research project
(D) A promotional campaign

【訳】
話し手たちは主に何について話していますか。
(A) インターンシッププログラム
(B) 新しい規則
(C) 研究プロジェクト
(D) 販促キャンペーン

【解説】
鉄則11 ▶ 目的・場所・業種は冒頭に注意し、後のキーワードで確認

男性1が冒頭の❶で、男性の会社のインターンシップに興味を持った理由を尋ねています。女性がそれに答えた後、❹で男性1が、インターンに選ばれた場合に学べる内容などを説明しているので、(A)が適切です。

26. 正解 (C) 詳細問題

【設問】

Who is the woman?

(A) A journalist
(B) A government official
(C) A student
(D) A recruiter

【訳】

女性は誰ですか。
(A) ジャーナリスト
(B) 政府の職員
(C) 学生
(D) 人材採用担当者

【解説】

鉄則15 ▶ キーワードの言い換え表現にアンテナを張る

女性は❷で、現在進行形を用いて「大学でビジネスを専攻中」と述べているので、(C)が言い換えとなり正解です。(D)の人材採用担当者は男性の方です。

---

27. 正解 (B) 詳細問題

【設問】

What is mentioned about the Silvera Group?

(A) It has branches in other countries.
(B) It engages in a variety of activities.
(C) It is a very large company.
(D) It specializes in technical training.

【訳】

Silvera Groupについて何が言及されていますか。
(A) ほかの国に支店がある。
(B) さまざまな活動に従事している。
(C) 非常に大きな会社である。
(D) 技術研修を専門にしている。

【解説】

鉄則15 ▶ キーワードの言い換え表現にアンテナを張る

Silvera Groupは男性が勤める会社です。男性2は❸で、さまざまな業種と取引をしていると述べているので、それを言い換えている(B)が正解です。(C)は、想像はできますが、そうと断定できる発言がありません。

設問25-27の語注 regulation 图 規則　promotional 形 販促の　recruiter 图 人材採用担当者　branch 图 支店　engage in ~ ~に従事する　specialize in ~ ~を専門とする

28.-30. 🔊119 🇬🇧 🇦🇺

Questions 28 through 30 refer to the following conversation.

W : Hi, this is Lily Cooper. I just received the menus you printed for my restaurant, **❶but I noticed the dessert menus weren't included.**

M : I'm sorry, Ms. Cooper—someone should have contacted you about that. We accidentally printed those on the wrong paper stock. We're redoing the dessert menus right now. **❷I was planning to drop them off at your restaurant myself this afternoon.**

W : Oh, **❸thanks, but there's no need for that. I don't need them until the end of the week.** Just ship them by regular mail.

【訳】
問題28-30は次の会話に関するものです。

女性：もしもし、Lily Cooperと申します。今、私のレストランのために印刷してもらったメニューを受け取ったのですが、デザートメニューが入っていないことに気付いたんです。

男性：すみません、Cooperさん——その件について、誰かが連絡しておくべきでした。誤ってデザートメニューを在庫があった間違った紙に印刷してしまったんです。今、まさにやり直しているところです。今日の午後に自分で、あなたのレストランにお届けするつもりでした。

女性：あら、ありがとうございます、でもその必要はありません。週末までいらないんです。普通郵便で発送してください。

語注 notice 動 気付く redo 動 やり直す drop off ~ ～を置いていく

---

28. 正解 (C) テーマ問題

【設問】
Why is the woman calling?

(A) To request a refund
(B) To change an order
(C) To ask about missing items
(D) To report a printing error

【訳】
女性はなぜ電話しているのですか。

(A) 返金を求めるため
(B) 注文を変更するため
(C) 不足している品物について尋ねるため
(D) 印刷ミスを報告するため

【解説】
鉄則11 ▶ 目的・場所・業種は冒頭に注意し、後のキーワードで確認
鉄則15 ▶ キーワードの言い換え表現にアンテナを張る

女性は❶で、「デザートメニューが入っていなかった」と言っているので、それをmissing items（不足している品物）と言い換えている(C)が正解です。

29. 正解 (A) 詳細問題

【設問】

What does the man offer to do?

(A) Make a delivery
(B) Give a discount
(C) Check a stock room
(D) Update a design

【訳】

男性は何をすることを申し出ていますか。

(A) 配達をする
(B) 値引きをする
(C) 保管室をチェックする
(D) デザインを新しくする

【解説】

鉄則15▶ キーワードの言い換え表現にアンテナを張る

男性は❷で、I was planning to drop them offと述べています。(A)がそれを言い換えています。

----

30. 正解 (D) 詳細問題

【設問】

What does the woman tell the man?

(A) She will be out of the office.
(B) She has run out of menus.
(C) She prefers a different kind of paper.
(D) She is not in a hurry.

【訳】

女性は男性に何を告げていますか。

(A) 彼女は外出する予定だ。
(B) 彼女はメニューを切らしてしまった。
(C) 彼女は別の種類の紙を好んでいる。
(D) 彼女は急いでいない。

【解説】

鉄則15▶ キーワードの言い換え表現にアンテナを張る

女性は男性にいろいろ話していますが、3つ目の設問なので最後の方にヒントがあると推定します。「今日の午後配達するつもりだ」と言う男性に対して、❸で女性は「その必要はない。週末までいらない」と答えています。すなわち、急いでいないということなので、(D)が言い換えになります。

設問28-30の語注 refund 图 払い戻し　missing 形 行方不明の　run out of ~ ～を切らす　in a hurry 急いで

Part
3
ハーフ①
易しめ

時短模試 解答・解説

31.-33.

Questions 31 through 33 refer to the following conversation and schedule.

W : Hi, Mr. Yamashita. This is Gina at the Huntley Center. ❶**I'm calling about your cleaning tomorrow.**

M : Yes, it's at eleven thirty, right?

W : That's right, but ❷**Dr. Huntley's first appointment was canceled.** I was wondering ❸**if you'd prefer to come in at nine thirty instead.**

M : Thanks for offering, ❹**but I actually arranged to meet someone for lunch near the clinic, right after my appointment.** So it's more convenient for me to keep it at the original time.

W : That's no problem at all. See you tomorrow!

【訳】

問題31-33は次の会話とスケジュール表に関するものです。

女性：もしもし、Yamashitaさん。こちらHuntleyセンターのGinaです。明日のあなたのクリーニングについてお電話しています。

男性：はい、11時30分ですよね？

女性：その通りなんですが、Huntley医師の最初の予約がキャンセルになったんです。あなたがその代わりに9時半にいらっしゃりたいかもしれないと思って。

男性：お気遣いありがとうございます。でも、実はその予約の直後にクリニックの近くでランチに人と会う約束をしたんです。なので、元の時間のままの方が私には都合がいいんです。

女性：全く問題ございません。では明日！

> **語注** appointment 图 予約　instead 副 その代わりに

----

31. 正解 (D) テーマ問題

【設問】

Where does the woman most likely work?

(A) At a hair salon
(B) At a recruitment agency
(C) At a medical clinic
(D) At a dentist's office

【訳】

女性はどこで働いていると考えられますか。

(A) ヘアサロン
(B) 人材派遣会社
(C) 内科医院
(D) 歯科診療所

【解説】

鉄則11 ▶ 目的・場所・業種は冒頭に注意し、後のキーワードで確認

女性は❶でcleaningという言葉を使っていますが、選択肢に「清掃会社」はありません。すると❷でDr.が聞こえてくるので、「歯のクリーニング」の話と分かり、(D)が選べます。

32. 正解 (A) 詳細問題＋図表問題

【設問】

Look at the graphic. Who canceled an appointment?

(A) Sylvester Wong
(B) Luanne Mitchell
(C) Omar Sutherland
(D) Shay McGaskill

【訳】

図表を見てください。誰が予約をキャンセルしましたか。

(A) Sylvester Wong
(B) Luanne Mitchell
(C) Omar Sutherland
(D) Shay McGaskill

1月27日午前	
午前9時30分	Sylvester Wong
午前10時	Luanne Mitchell
午前10時30分	Omar Sutherland
午前11時	Shay McGaskill
午前11時30分	Dale Yamashita

【解説】

鉄則14 ▶ 選択肢と図表の共通項目以外の情報が聞き所

選択肢と図表に共通していない情報（＝時間）を聞き取る問題です。❷で「最初の予約がキャンセルされた」と言っています。❸でもif you'd prefer to come in at 9:30 insteadと言っています。従って、予約表の一番上、午前9時半の予約をしていた(A)が正解と分かります。

---

33. 正解 (A) 詳細問題

【設問】

Why does the man refuse an offer?

(A) He has a lunch appointment.
(B) A meeting time was changed.
(C) He is too busy today.
(D) A location is inconvenient.

【訳】

男性はなぜ申し出を断ったのですか。

(A) 彼はランチの約束がある。
(B) 会議の時間が変更された。
(C) 彼は今日は忙し過ぎる。
(D) 場所が不便である。

【解説】

鉄則15 ▶ キーワードの言い換え表現にアンテナを張る

男性は❹で、arranged to meet someone for lunchと述べ、元の予約時間の方がよいと言っているので、(A)が言い換えになります。

設問31-33の語注　dentist 图 歯科医　refuse 動 断る　inconvenient 形 不都合な

Part 4

時短模試ハーフ① 解答・解説

34.-36. 🔊122 🇨🇦

Questions 34 through 36 refer to the following radio broadcast.

You're listening to KCML Radio. This Friday, tune in at 7:00 P.M. ❶**to hear jazz pianist Nathan Gilfoyle live** from the Lido Theater. ❷**The performance is part of the Medford Jazz Fest,** which celebrates its 30th anniversary this year. If you'd like to attend in person, ❸**we've got two free tickets up for grabs. I'll give those away to the first two listeners who text me** at 7034 with the name of Gilfoyle's latest album. Coming up, ❹**we'll hear more about this year's festival from its programming director Pilar Sanchez.** I'll be speaking with her right after this break.

【訳】
問題34-36は次のラジオ放送に関するものです。
お聞きの放送はKCMLラジオです。今週の金曜日は、午後7時に周波数を合わせて、LidoシアターからのジャズピアニストNathan Gilfoyleのライブをお聴きください。今回の演奏は、今年30周年を迎えるMedfordジャズフェスの一環です。直接参加されたい方には、どなたでもご応募いただける無料チケットを2枚ご用意しています。このチケットを、Gilfoyleの最新アルバム名を書いて7034番に私宛てのメッセージを送っていただいた先着2名のリスナー様に差し上げます。次は、今年のフェスティバルについて、プログラミングディレクターのPilar Sanchezからさらに話を聞きます。この休憩が終わったらすぐ、私が彼女と話します。

【語注】 anniversary 图 記念日　in person 直接　up for grabs 誰にでもチャンスがある　give away ~ ～を無料で配る　text 動 メッセージを送る

---

34. 正解 (C) テーマ問題

【設問】
What event is the speaker discussing?
(A) An awards ceremony
(B) A film festival
(C) A concert
(D) A play

【訳】
話し手は何のイベントについて話していますか。
(A) 授賞式
(B) 映画フェスティバル
(C) コンサート
(D) 演劇

【解説】
鉄則11▶ 目的・場所・業種は冒頭に注意し、後のキーワードで確認

冒頭の❶で、jazz、live などのキーワードが聞こえてきて(C)が選べます。さらに、❷でもjazzという単語が聞こえてきて再確認できます。

272

35. 正解 (D) 詳細問題

【設問】

What can listeners do by sending a text?

(A) Vote in a poll
(B) Request a song
(C) Submit a question
(D) Win a ticket

【訳】

メッセージを送ることでリスナーたちは何ができますか。

(A) 投票する
(B) 歌をリクエストする
(C) 質問を出す
(D) チケットを勝ち取る

【解説】

話し手は❸で「メッセージを送ってきた最初の2人にチケットをあげる」と言っているので、(D)が正解です。

---

36. 正解 (C) 詳細問題

【設問】

Who is Pilar Sanchez?

(A) A jazz musician
(B) A film director
(C) A festival employee
(D) A music critic

【訳】

Pilar Sanchezとは誰ですか。

(A) ジャズミュージシャン
(B) 映画監督
(C) フェスティバルのスタッフ
(D) 音楽批評家

【解説】

鉄則15 ▶ キーワードの言い換え表現にアンテナを張る

Pilar Sanchezは❹でits programming directorと紹介されています。itsが指しているのは直前のfestivalなので、(C)が言い換えになり正解です。

設問34-36の語注　employee 图 従業員

37.-39. 🔊123 🇺🇸

Questions 37 through 39 refer to the following telephone message.

Hello, this is an automated call from ❶**Fowler's, Bainville's number-one provider of appliances and home improvement goods.** ❷**Your new washing machine is scheduled for delivery tomorrow between ten A.M. and two P.M.** Our delivery personnel will move the item into your residence, but please note they are not responsible for installing it. If you are not home, the team will return your item to our warehouse. ❸ **If you need to change your delivery time, call our customer service department at 555-0321.**

【訳】

問題37-39は次の電話メッセージに関するものです。
こんにちは、ベインビルでナンバーワンの電化製品・家修繕用品販売店Fowler'sからの自動音声通話です。お客様の新しい洗濯機は明日の午前10時から午後2時の間に配達予定です。弊社の配達員は、品物をご自宅の中までお運びしますが、設置する責任は承っておりませんのでご了承ください。ご不在の場合は、チームが品物を倉庫に戻します。配達日時の変更が必要であれば、カスタマーサービス部555-0321までお電話ください。

語注 personnel 图 人員　residence 图 住居　responsible for ～ ～に責任がある
warehouse 图 倉庫

----

37. 正解 (D) テーマ問題

【設問】	【訳】
What does Fowler's sell?	Fowler's は何を販売していますか。
(A) Clothing	(A) 衣服
(B) Computers	(B) コンピューター
(C) Furniture	(C) 家具
(D) Appliances	(D) 電化製品

【解説】

鉄則11 ▶ 目的・場所・業種は冒頭に注意し、後のキーワードで確認

❶のFowler'sの説明でappliances（電化製品）の販売店と言っているので(D)が正解です。❷で洗濯機の配達について連絡しているので、そこでも再確認できます。

38. 正解 (B) 未来の行動を問う問題

【設問】

What is scheduled to happen tomorrow?

(A) A technician will make a repair.
(B) A crew will make a delivery.
(C) Some parts will be replaced.
(D) The listener will move into a new home.

【訳】

明日何が起きる予定になっていますか。

(A) 技術者が修理をする。
(B) 作業班が配達をする。
(C) 部品が幾つか交換される。
(D) 聞き手が新居に引っ越しする。

【解説】

鉄則15▶ キーワードの言い換え表現にアンテナを張る

❷で「明日洗濯機が配達される」と言っているので、(B)が言い換えになります。

---

39. 正解 (A) 詳細問題

【設問】

Why might the listener call the telephone number?

(A) To revise a schedule
(B) To return a purchased item
(C) To give directions to a driver
(D) To confirm an appointment

【訳】

聞き手はなぜその番号に電話するかもしれないのですか。

(A) 予定を変えるため
(B) 購入した品物を返品するため
(C) 運転手に道順を教えるため
(D) 予約を確認するため

【解説】

鉄則15▶ キーワードの言い換え表現にアンテナを張る

最後の文の❸で「配達日を変更する必要があれば電話を」と言っているので、changeをreviseで、delivery timeをscheduleで言い換えている(A)が正解です。

設問37-39の語注 crew 图 作業班　revise 動 改訂する　directions 图 道順　confirm 動 確認する

40.-42. 🔊124 🇬🇧

Questions 40 through 42 refer to the following telephone message.

Hello, Mr. Suharto. Welcome to Tokyo! My name is Marie Bando and I'm with the human resources department here at Medberg Japan. **❶I sent a package to your hotel containing our onboarding documents for new hires.** In it, you'll find a payroll deposit form. **❷Please fill that out and bring it to our orientation meeting on Monday morning.** That way, **❸we can go right to the bank together after the meeting and set up an account.** See you on Monday!

【訳】
設問40-42は次の電話メッセージに関するものです。
こんにちは、Suhartoさん。ようこそ東京へ！ 私の名前はMarie Bandoで、ここMedbergジャパンの人事部の者です。新入社員のための新人研修用書類を入れた小包をあなたのホテルにお送りしました。その中に給与振込依頼書が入っております。そちらに記入して月曜日朝のオリエンテーションミーティングに持参してください。そうすることで、ミーティングの後、銀行に一緒に行って口座を開設できます。では月曜日に！

語注 human resources department 人事部　contain 動 含む　onboarding 形 新人研修の　hire 名 雇われた人　payroll deposit form 給与振込依頼書　fill out ~ ～に記入する

---

40. 正解 (C) テーマ問題

【設問】
Who most likely is Mr. Suharto?

(A) A financial advisor
(B) A department manager
(C) A new employee
(D) A job applicant

【訳】
Suhartoさんは誰だと考えられますか。

(A) 金融アドバイザー
(B) 部長
(C) 新しい社員
(D) 仕事の応募者

【解説】
鉄則11 ▶ 目的・場所・業種は冒頭に注意し、後のキーワードで確認
鉄則15 ▶ キーワードの言い換え表現にアンテナを張る

❶に「新入社員（new hire）のための新人研修用（onboarding）資料を送った」という言及があります。hireやonboardingを知らなくても、❷ではOrientation、❸ではset up an account（口座を開設する）などのキーワードが出てきます。これらからSuhartoさんは新入社員と判断でき、(C)がこれらの要素を集約した言い換えになります。

41. **正解** (D)　未来の行動を問う問題

【設問】

What does the speaker ask Mr. Suharto to do?

(A) Send a package
(B) Reserve a hotel room
(C) Confirm a payment
(D) Complete some paperwork

【訳】

話し手は、Suhartoさんに何をするように頼んでいますか。
(A) 小包を送る
(B) ホテルを予約する
(C) 支払いを確認する
(D) 書類に記入する

【解説】

鉄則12 ▶ 過去の行動は中盤、未来の行動は後半にヒントあり

鉄則15 ▶ キーワードの言い換え表現にアンテナを張る

依頼事項を探すヒントとなるPleaseが❷で聞こえてきます。その後のfill that out（それに記入する）を言い換えている(D)が正解です。

---

42. **正解** (A)　未来の行動を問う問題

【設問】

What will Mr. Suharto do on Monday?

(A) Open a bank account
(B) Lead a training session
(C) Undergo an interview
(D) Travel overseas

【訳】

Suhartoさんは月曜日に何をするでしょうか。
(A) 銀行口座を開設する
(B) トレーニングセッションを率いる
(C) 面接を受ける
(D) 海外旅行をする

【解説】

鉄則12 ▶ 過去の行動は中盤、未来の行動は後半にヒントあり

鉄則15 ▶ キーワードの言い換え表現にアンテナを張る

最後の❸で「一緒に銀行に行って口座を開設する」と言っています。このset up an accountを言い換えている表現が(A)です。

設問40-42の語注　undergo 動 経験する

Part
4

ハーフ 易しめ ①

時短模試 解答・解説

43.-45. 🔊125 🇨🇦

Questions 43 through 45 refer to the following advertisement.

Splash into summer at Raniya, ❶the country's most popular water park! ❷July marks ten years since we opened our doors — to celebrate, all entrance fees are 15 percent off! Enjoy Surf Harbor, ❸the largest wave pool in Asia, plus ten thrilling water slides and six splash pools for all ages. ❹If you prefer to take it easy, Raniya has you covered. Lie back on a comfortable raft and let our artificial river gently carry you all around the park. Check out raniya.com for more information.

【訳】

問題43-45は次の広告に関するものです。
全国随一の人気ウオーターパークRaniyaで夏に飛び込みましょう！　7月で開設10周年——これを祝して全ての入場料は15パーセント引きです。アジア最大の波のプールSurf Harborを楽しんでください。さらに、10台のスリル満点のウオータースライド、全ての年齢向けの6つの水遊び用プールがあります。ゆっくりなさりたい方にも、Raniyaは対応しています。快適ないかだでくつろいでいただければ、人工の川が園内を優しく運んでくれます。詳細はraniya.comをご覧ください。

> **語注** splash 動 しぶきをまき散らす　lie back（何もしないで）くつろぐ　raft 名 いかだ
> artificial 形 人工の　gently 副 優しく

----

43. 正解 (B) テーマ問題

【設問】	【訳】
What is Raniya?	Raniyaとは何ですか。
(A) A cruise ship operator	(A) クルーズ船の運行会社
(B) An amusement park	(B) 遊園地
(C) A beach resort	(C) ビーチリゾート
(D) A shopping center	(D) ショッピングセンター

【解説】
鉄則11 ▶ 目的・場所・業種は冒頭に注意し、後のキーワードで確認

Raniyaについては、❶でwater parkと言っているので、(B)が正解です。❸のwave pool、sliderなどのキーワードでも再確認できます。

44. 正解 (A) 詳細問題

【設問】

According to the advertisement, why is a discount being offered?

(A) To celebrate an anniversary
(B) To promote a new feature
(C) To advertise a new location
(D) To apologize for an inconvenience

【訳】

広告によると、なぜ割引が提供されているのですか。

(A) 記念日を祝うため
(B) 新しい呼び物を宣伝するため
(C) 新しい場所を宣伝するため
(D) 不便さを謝罪するため

【解説】

鉄則15▶ キーワードの言い換え表現にアンテナを張る

❷で、10周年を祝って入場料を15パーセント引きにすると言っているので、(A)が言い換えとなります。

---

45. 正解 (B) 意図推定問題

【設問】

What does the speaker mean when she says, "Raniya has you covered"?

(A) It provides refunds for cancellations.
(B) It includes a relaxing option.
(C) It offers fun activities for children.
(D) It now accepts online orders.

【訳】

話し手は "Raniya has you covered" という発言で何を意図していますか。

(A) キャンセルには払い戻しをする。
(B) リラックスするための選択肢も含んでいる。
(C) 子供向けに面白いアクティビティーを提供している。
(D) 現在オンラインで注文を受け付けている。

【解説】

鉄則13▶ 意図推定問題は、話の流れに注意

この発言の前の❹では、If you prefer to take it easyと言っています。その後にある、使役動詞haveを使ったRaniya has you covered（Raniyaがあなたをカバーされた状態にする）という発言は、「リラックスできるようにする」という意味なので、(B)が正解になります。

設問43-45の語注　feature 图 目玉商品、呼び物　refund 图 払い戻し

46.-48. 🔊 126 🇬🇧

Questions 46 through 48 refer to the following telephone message and floor plan.

Hello, Ms. Findlay, this is Mona Ping at Sawgrass Estates. ❶**I got your message saying you'd like to take one of the second-floor apartments** I showed you yesterday. ❷**You mentioned that you liked the one at the end of the hall,** even though the rent is 200 dollars more per month. However, another prospective tenant just changed her mind, so one more unit is available. It's closer to the elevator and fits your budget better. ❸**We only have these four units left** and we're getting a lot of inquiries about this new property. ❹**Please call me back soon and let me know your choice.**

【訳】

問題46-48は次の電話メッセージとフロアマップに関するものです。
こんにちは、Findlayさん、こちらはSawgrass不動産のMona Pingです。昨日お見せしたアパートの2階の部屋の一つに入居したいとのご伝言を受け取りました。賃料が月200ドル高くても、ホールの奥の部屋がいいとおっしゃっていましたよね。でも、別のテナント希望の方の気が変わったので、もう一部屋が賃貸可能になっております。その部屋の方がエレベーターに近くて、お客様のご予算にもよりかなうものかと存じます。残りはこの4部屋のみで、この新築物件にはたくさんのお問い合わせをいただいております。早めに折り返しのお電話をいただき、お気持ちをお聞かせくださいませ。

語注 rent 图 賃料 prospective 形 見込みのある budget 图 予算 inquiry 图 問い合わせ property 图 不動産

---

46. 正解 (D) テーマ問題

【設問】

What type of property is the caller talking about?

(A) A hotel
(B) A storage facility
(C) A shopping center
(D) An apartment building

【訳】

電話をかけている人はどのようなタイプの不動産について話していますか。

(A) ホテル
(B) 保管施設
(C) ショッピングセンター
(D) アパートの建物

【解説】

鉄則11 ▶ 目的・場所・業種は冒頭に注意し、後のキーワードで確認

話し手は冒頭の❶でsecond-floor apartmentsと言っているので、(D)が正解です。❸のWe only have these four units leftなどからも確認できます。

47. 正解 (D)　詳細問題＋図表問題

【設問】

Look at the graphic. According to the caller, which unit did Ms. Findlay say she liked?

(A) 203　　(C) 208
(B) 207　　(D) 209

【訳】

図を見てください。電話をかけている人によると、Findlayさんはどの部屋が気に入ったと言いましたか。

(A) 203　　(C) 208
(B) 207　　(D) 209

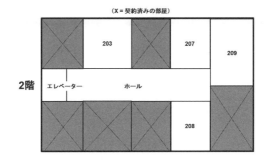

【解説】

鉄則14 ▶ 選択肢と図表の共通項目以外の情報が聞き所

選択肢とフロアマップの共通項目は「部屋番号」。それ以外に載っている情報は、部屋の位置と大きさ、エレベーターの位置です。❷でyou liked the one at the end of the hallという、場所を特定できる発言が聞こえてきます。従って(D)209号室が選べます。

----

48. 正解 (C)　未来の行動を問う問題

【設問】

What does the caller ask Ms. Findlay to do?

(A) Wait until next week
(B) Contact a seller
(C) Indicate a preference
(D) Increase a budget

【訳】

電話をかけている人はFindlayさんに何をするように頼んでいますか。

(A) 来週まで待つ
(B) 販売者に連絡する
(C) 好みを示す
(D) 予算を増やす

【解説】

鉄則12 ▶ 過去の行動は中盤、未来の行動は後半にヒントあり

話し手は、最後の❹を依頼を表すPleaseで始めて、let me know your choiceと頼んでいます。その言い換えになる(C)が正解です。話題になっているのは賃貸物件なので、seller（販売者）となっている(B)は除外されます。

設問46-48の語注　storage 图 保管　preference 图 好み

49. 正解 (C) 語彙問題

【訳】

売り上げが堅調なままであれば、自分のITコンサルティング事業は6カ月以内に利益を出す、とHarringtonさんは期待している。
(A) 副 〜の間に　(B) 前 〜に対抗して　(C) 前 〜以内に　(D) 前 〜の背後に

【解説】

鉄則16▶語彙問題はコロケーションで選択肢を絞る

turn a profit ------- six monthsだけ見て選んでみましょう。six monthsのような期間を表すフレーズとコロケーションがあるのは、(A) duringと(C) withinですが、duringの後には「特定の」期間がくるので、数字の前にtheが必要です。従って、(C)が最適です。

----

50. 正解 (D) 文法問題：品詞

【訳】

この広告主からの今後のメッセージを受け取らないようにするには、単純に下のリンクをクリックして、メニューから「購読停止」を選んでください。
(A) 形 最も単純な　(B) 形 単純な　(C) 名 単純さ　(D) 副 単純に

【解説】

鉄則19▶名詞を修飾するのは形容詞、それ以外を修飾するのは副詞

動詞clickを修飾する副詞(D) simplyが正解です。命令文の動詞の原形に修飾語が付いている形です。

> **語注**　opt out of ~ 〜から逃れる、〜を脱退する　unsubscribe 動 購読解除する

----

51. 正解 (D) 語彙問題

【訳】

エッペルヘイムにあるFurman Brakeの新オフィスに転勤する社員は費用を払い戻してもらえるし、ささやかなボーナスももらえる。
(A) 動 やる気にさせる　(B) 動 雇う　(C) 動 経験する　(D) 動 転勤する

【解説】

鉄則16▶語彙問題はコロケーションで選択肢を絞る

空所に続く「to＋場所」という表現とコロケーションがあるのは(D) transfer（転勤する）だけです。(A) motivateと(C) undergoは他動詞で、後ろには目的語となる名詞が前置詞なしで続きます。(B)のrecruitはまれに自動詞用法もありますが、toが続く場合は不定詞で、The factory will recruit to fill up the vacancies.（工場は空きを埋めるため求人する）のように使います。

52.　正解　(B)　文法問題：代名詞

【訳】
10月27日から11月2日の間、Kimさん宛ての緊急の伝言は全て彼の事務アシスタントのLila Fengに送られることになる。
(A) 代 彼は　(B) 代 彼の　(C) 代 彼自身　(D) 代 彼に

【解説】
鉄則17 ▶ 前に名詞→再帰代名詞、後ろに名詞→所有格、動詞→主格

toの直後なので(D) himを選んでしまう人もいそうですが、後ろにadministrative assistant (事務アシスタント) という名詞があることに注意が必要です。名詞の前なので所有格の(B) hisが正解です。

語注　administrative 形 事務管理の

53.　正解　(A)　文法問題：相関接続詞

【訳】
BelmonteのWhisperclean食洗機は、あまりにも静かに作動するので、ユーザーは、電源を入れ忘れたと思うことがあるほどです。
(A) 副 そんなにも　(B) 副 とても　(C) 形 そのような　(D) 副 もっと

【解説】
鉄則21 ▶ both A and Bなどのセット表現はパートナーを探す

選択肢の中にsoがあるので後ろにthatを探すと、------- quietly thatとなっています。(C) suchもthat節とセットになり得ますが、suchの後には名詞がきます。空所の後ろは名詞ではなく副詞のquietlyなので、(A)が正解です。

54.　正解　(C)　語彙問題

【訳】
Blauheim 料理学校に入学する生徒の数はこの10年で倍増した。
(A) 前 ～の中へ　(B) 副 ～さえ　(C) 前 ～にわたって　(D) 前 ～に沿って

【解説】
鉄則16 ▶ 語彙問題はコロケーションで選択肢を絞る

空所には、期間を表す(C) over が適切です。この語は「～にわたって」という意味で現在完了形とよく一緒に用いられます。

語注　enroll 動 入学させる

55. 正解 (C)　文法問題：接続詞関連

【訳】

Aviatron Research社のARFSシステムは政府公認のパイロット訓練用ツールだが、同社のFly 5k は消費者向けのフライト疑似体験ゲームだ。
(A) 副 〜もまた　(B) 前 〜にもかかわらず　(C) 接 〜する一方で　(D) 接副 それゆえに

【解説】

鉄則20▶ 後ろに主語＋動詞があれば接続詞、語句だけなら前置詞を選ぶ

空所の前にはFly 5K isで「主語＋動詞」、後ろにもSystem isで「主語＋動詞」があるので、空所には接続詞(C)しか入りません。(D) thereforeが接続の働きをするには、前に「;」が必要ですし、ここでは意味の上でも不適切です。

---

56. 正解 (A)　語彙問題

【訳】

Instamartのサタヒープ支店の社員は、毎月倉庫の在庫調べと清掃をしている。
(A) 图 在庫　(B) 图 寸法　(C) 图 前進　(D) 图 例外

【解説】

全ての選択肢がtakeとコロケーションがあります。しかし、andの後のclean the stockroom（倉庫を掃除する）と並んで適切な意味になるのは、(A) inventory（在庫）です。

---

57. 正解 (D)　文法問題：動詞

【訳】

組み立てラインの機械的な問題は解決されたように見えるが、工場長は状況を注意深く観察し続けている。
選択肢の訳は省略

【解説】

鉄則18▶ 動詞は、形・数・態・時制をチェック

空所の直前にisがあるので、後ろに続くのは(C) continuedか(D) continuingしかありません。主語のplant managerの行動を表すと考えると、「工場長は続けている」となる能動態が適切なので、(D)が正解です。

語注　mechanical problem 機械的な問題　assembly line 組み立てライン

58. 正解 (B) 語彙問題

【訳】
Dauphin島の経済は、昨年の観光シーズンの初めにこの地域を襲った破壊的な嵐の後、まだ完全には回復していない。
(A) 副 一般的に　(B) 副 完全に　(C) 副 軽く　(D) 副 単独で

【解説】
鉄則16 ▶ 語彙問題はコロケーションで選択肢を絞る

副詞の語彙問題です。recovered（回復した）と相性が良い副詞は(B) fully（完全に）です。

> **語注**　destructive 形 破壊的な

----

59. 正解 (B) 文法問題：品詞

【訳】
*Wyndham Times*のオンライン写真付きエッセーの読者は、どの画像でもクリックして、それが描いている光景や被写体の短い説明を読むことができる。
(A) 副 記述的に　(B) 名 説明　(C) 動 記述する　(D) 形 記述的な

【解説】
鉄則19 ▶ 名詞を修飾するのは形容詞、それ以外を修飾するのは副詞

冠詞aは名詞に付くはずですが、この設問ではaの後ろは形容詞shortになっています。従って、この形容詞は空所に入る名詞を修飾していると考えて、(B) descriptionを選びます。

> **語注**　subject 名 被写体　depict 動 描写する

----

60. 正解 (A) 語彙問題

【訳】
研究所の安全規則に関するMartelさんのプレゼンテーションは、新人スタッフにとって有益かつ魅力的だった。
(A) 形 有益な　(B) 形 一流の　(C) 形 不可避の　(D) 形 目立つ

【解説】
鉄則16 ▶ 語彙問題はコロケーションで選択肢を絞る

補語となっている形容詞の語彙問題は、まず主語とのコロケーションをチェックしましょう。この文の主語のpresentationとコロケーションがありそうなのは(A) informative（有益な）だけです。

> **語注**　safety regulation 安全規則　engaging 形 魅力的な、興味深い

61. 正解 (D) 文法問題：接続詞関連

【訳】

参加者はセミナーの間、随時質問したり、コメントしたりするよう奨励されている。
(A) 前 ～に沿って　(B) 接 ～する間　(C) 接 ～するとき　(D) 前 ～の間

【解説】

鉄則20▶ 後ろに主語＋動詞があれば接続詞、語句だけなら前置詞を選ぶ

空所の後ろには「主語＋動詞」がないので、前置詞の(A) alongか(D) duringが残ります。during the workshop（セミナーの間）なら意味を成すので、(D)が正解です。alongは長いものに「沿って」と言う場合に使うのが基本です。

語注　participant 名 参加者

----

62. 正解 (C) 語彙問題

【訳】

Tharaudさんは、来月Calex Biofuelsで勤務を開始する5人の新人のために、研修を手配するだろう。
(A) 名 見積もり　(B) 名 取り組み　(C) 名 雇われる人　(D) 名 台所用品

【解説】

鉄則16▶ 語彙問題はコロケーションで選択肢を絞る

training（訓練）の対象になり得るのは「人」を表す(C) hires（雇われる人）だけです。

----

63. 正解 (A) 語彙問題

【訳】

ハンボルトアパートのビル管理責任者は、敷地内で建設や補修作業の予定が入ればすぐに住民に連絡する。
(A) 副 すぐに　(B) 副 きつく　(C) 副 技術的に　(D) 副 きっかり

【解説】

鉄則16▶ 語彙問題はコロケーションで選択肢を絞る

副詞の語彙問題は、まずは副詞が修飾している動詞とのコロケーションをチェックしましょう。informs residents ------- （住民に ------- 知らせる）の空所に入るのは、(A) immediately（すぐに）しかありません。後ろにwhen以下を続けて「～したときはすぐに」という言い方です。

語注　property 名 地所　resident 名 住民　premises 名 敷地

64.-67.

※下線部は設問の正解の訳です。

【訳】

問題64-67は次の記事に関するものです。

> Lumberton複合水泳施設は今春から大規模な改修工事を始めます。予定されている作業はさまざまなエリアの改築を含んでいます。これらには50メートルプール、小さめのリクリエーション用のプールとロッカールームが含まれます。飛び込み台やスコアボードのような設備も交換する予定です。この作業によって施設全体がより現代的で、かつ利用者にとってより便利なものになります。この複合水泳施設は約30年前に運営を開始しました。予定されている改装は初めての大がかりな改修工事で、費用が約1200万ドルと見積もられています。作業は約8カ月かかる予定です。施設は、従って5月から12月一杯閉鎖されます。水泳教室のような幾つかのアクティビティーは、代わりにMerridプールで一時的に提供される予定です。

【設問】

64. (A) The work will be carried out by a local contractor.
(B) The planned work involves improvements to various areas.
(C) Residents are excited about the news announced today.
(D) The facility is known for its state-of-the-art design.

65. (A) commuters
(B) operators
(C) users
(D) businesses

66. (A) is scheduled
(B) schedules
(C) has scheduled
(D) will schedule

67. (A) for
(B) with
(C) to
(D) at

【訳】

64. (A) 作業は地元の業者によって行われる予定です。
(B) 予定されている作業はさまざまなエリアの改築を含んでいます。
(C) 住民たちは、本日発表されたニュースに湧いています。
(D) その施設は最新式デザインで知られています。

65. (A) 图 通勤者
(B) 图 運営者
(C) 图 利用者
(D) 图 事業者

66. 選択肢の訳は省略

67. 選択肢の訳は省略

語注　aquatic 厖 水中の　complex 图 複合施設　undergo 匭 経る　extensive 厖 広範囲の　entire 厖 全体の　estimated 厖 見積もられた　temporarily 副 一時的に　instead 副 代わりに　carry out ~ 〜を実行する　contractor 图 請負業者　resident 图 住民　state-of-the art 最新の

64. 正解 (B)　文選択問題

【解説】

鉄則25▶ 文挿入は代名詞やつなぎ言葉をヒントに文脈から判断

空所直後のThese include のTheseが指すものが空所に含まれるはずです。「これらには50メートルプール……が含まれます」と述べられているので、Theseは(B)のareasを指すと考えると文意が通ります。

----

65. 正解 (C)　語彙問題

【解説】

この施設が誰にとって便利になるかと考えると、この選択肢の中では(C) users（利用者）が最適です。

----

66. 正解 (A)　文法問題：動詞

【解説】

鉄則18▶ 動詞は、形・数・態・時制をチェック

主語のThe work（作業）から考えて、空所には受け身の意味になる(A) is scheduled（予定されている）が適切です。

----

67. 正解 (D)　語彙問題

【解説】

この空所を含む文はSome activities . . . will be temporarily offered の後に、空所を挟んでMerrid Poolという場所を示す名詞がきています。従って空所に (D) at を入れてtemporarily offered at Merrid Pool（一時的にMerrid プールで提供される）とするのが適切です。(B) withを使うと、「Merrid プールと協力してアクティビティーを提供する」という意味にはなるかもしれませんが、「協力してどこで提供するのか」という場所の情報がないことになるので、この文脈では不自然です。

68.-71.

【訳】

問題68-71は次のEメールに関するものです。

送信者：customersupport@happihom.com
受信者：maxineorpik@ezmail.net
日付：11月6日
件名：注文番号　2535105

Maxine Orpik様

Eメールをありがとうございました。Happihomでご注文いただいたお皿のセットが輸送中に割れてしまい遺憾に存じます。残念ながら、その商品は現在入手不可能です。従って、破損した品物を同種の物と交換することはできません。クレジットカードに全額払い戻し致しました。
ご迷惑をおかけし申し訳ございません。当店はほかにも幅広い種類の食器類を扱っております。そのセレクションをご覧になるには、www.happihom.comをご覧いただくか、ご自宅の最寄りのHappihomの支店をお訪ねください。ご自宅に合った別の製品を見つけられることを祈っております。何かご質問がありましたらまたご連絡ください。

Happihomカスタマーサポート

【設問】

68. (A) include
    (B) regret
    (C) appear
    (D) obtain

69. (A) damaged
    (B) incorrect
    (C) missing
    (D) discounted

70. (A) Maintaining the confidentiality of your data is a priority.
    (B) Your credit card information has now been updated.
    (C) We have a wide range of other dishware products available.
    (D) The delay was due to factors beyond our control.

【訳】

68. (A) 動 含む
    (B) 動 遺憾に思う
    (C) 動 現れる
    (D) 動 獲得する

69. (A) 形 破損した
    (B) 形 間違った
    (C) 形 見当たらない
    (D) 形 値引きされた

70. (A) あなたのデータの機密性保持は優先事項です。
    (B) あなたのクレジットカードの情報が更新されました。
    (C) 当店はほかにも幅広い種類の食器類を扱っております。
    (D) 遅延は、不可抗力の要因によるものでした。

71. (A) suits   **71.** (A) 動 似合う
     (B) suitably   (B) 副 適切に
     (C) suitability   (C) 名 適切さ
     (D) suitable   (D) 形 適した

> **語注** crack 動 割る　identical 形 同一の　refund 動 払い戻す　confidentiality 名 機密保持 priority 名 優先　a wide range of 広範囲の　dishware 名 食器類

---

68. ┃正解┃ (B) 語彙問題

【解説】

鉄則16 ▶ 語彙問題はコロケーションで選択肢を絞る

後にthat節が続くのは(B) regretと(C) appearしかありません。しかしappearの後にthat節が続くのは主語がitのときだけなので、コロケーションから(B)に絞れます。that以下には、皿が割れていたという残念な内容が続いているので、意味の上でも(B)が最適です。

---

69. ┃正解┃ (A) 語彙問題

【解説】

これは文脈に依存した問題です。identical one（同じ物）とreplace（交換する）としたら、その対象は前文に出てきた割れた皿だと分かります。crackedをdamagedで言い換えている(A)が適切です。

---

70. ┃正解┃ (C) 文選択問題

【解説】

空所の後にTo view the selection（そのセレクションを見るためには）と続いています。従って、空所にはthe selectionが意味するものが入っている文が必要です。この条件を満たすのは、a wide range of other dishware products（幅広い他の食器類）が入っている(C)です。

---

71. ┃正解┃ (D) 文法問題：品詞

【解説】

鉄則19 ▶ 名詞を修飾するのは形容詞、それ以外を修飾するのは副詞

空所の後ろの名詞productを修飾する形容詞の(D)が正解です。

72.-73.

【訳】

問題72-73は次のお知らせに関するものです。

来館者の皆様へ

お知らせします。Warwick博物館のAddison棟は本日と明日は閉鎖し、その間に定期メンテナンス作業と、一部の展示について当館のコレクションからの他の展示物との入れ替えを行います。この件に関し、ご迷惑をおかけして申し訳ございません。博物館のほかのエリアは通常通りオープンしております。Addison棟の展示物に特にご興味がおありであれば、正面入り口のスタッフにご相談ください。後日のご来館のための無料パスを喜んで発行させていただきます。

---

72. お知らせの目的は何ですか。
- (A) 不便さを謝罪すること
- (B) 装備が故障中であると報告すること
- (C) 緊急閉館を連絡すること
- (D) 遅延の理由を説明すること

73. お知らせによると、なぜ来館者はスタッフと話すべきなのですか。
- (A) 博物館のガイド付きツアーに参加するため
- (B) 別の日の無料入場券を獲得するため
- (C) 制限区域への立ち入りを求めるため
- (D) チケットを払い戻してもらうため

> **語注** exhibit 图 展示物　article 图 品物　regret 動 遺憾に思う　inconvenience 图 不便さ issue 動 発行する　apologize 動 謝罪する　admission 图 入場　restricted area 制限区域

----

72. **正解** (A)　テーマ問題

【解説】

鉄則11 ▶ 目的・場所・業種は冒頭に注意し、後のキーワードで確認

冒頭にis closed today and tomorrowとあります。また、中盤でWe regret any inconvenience this may cause.という謝罪の表現があるので、(A) To apologize for inconvenienceが正解です。1文目でroutine maintenance workと述べているので、emergency（緊急）が付いている(C)は間違いです。

----

73. **正解** (B)　詳細問題

【解説】

鉄則15 ▶ キーワードの言い換え表現にアンテナを張る

最後から2文目でplease speak to a staff memberとあります。また、最後の文でissue you a free pass for a future visitと述べているので、その言い換えになる(B) To obtain free admission on another dayが正解です。

74.-75.

【訳】
問題74-75は次のテキストメッセージのやりとりに関するものです。

Jana Stankiewicz ［午後4時35分］
Devonさん、退社したんですか。

Devon Timmons ［午後4時38分］
3時45分に銀行での予約があったんです。

Jana Stankiewicz ［午後4時39分］
会社を出る前に私の購入注文書を承認していただけましたか？ 明朝提出したいのですが。

Devon Timmons ［午後4時40分］
まだです。今帰社する途中だから、今日、後でやります。

Jana Stankiewicz ［午後4時41分］
ああ、もう直帰されるのかと思ってました。それなら大丈夫です。

Devon Timmons ［午後4時42分］
明日朝一番で私の所に取りに来てください。

Jana Stankiewicz ［午後4時42分］
ありがとうございます！

74. 午後4時40分にTimmonsさんは"Not yet"という発言で何を意味していますか。
(A) 彼は質問には答えられない。
(B) 彼はまだ注文を待っている。
(C) 彼はまもなく銀行に着く。
(D) 彼は後で行動を起こす。

75. Stankiewiczさんは明日何をすると考えられますか。
(A) 銀行へ行く
(B) 注文品を受け取る
(C) Timmonsさんに会う
(D) 早退する

語注 　approve 動 承認する　purchase order 購入注文　on one's way back to ~ ~に戻る途中で　done for the day 一日の仕事を終えた

74. 正解 (D) 意図推定問題

【解説】

鉄則13▶意図推定問題は、話の流れに注意

鉄則15▶キーワードの言い換え表現にアンテナを張る

"Not yet"には、「まだしていない、だからこれからやる」という含みがあります。この発言は、4時39分のStankiewiczさんのWere you able to approve my purchase order before you left?という質問を受けてのものなので、Timmonsさんはこれから注文書を承認すると考えられます。この行為を抽象的に言い換えた(D) He will take an action later.が正解です。

----

75. 正解 (C) 詳細問題

【解説】

4時42分にTimmonsさんは、You can pick it up from me first thing tomorrow morning.と言っています。従って、Stankiewiczさんは明日Timmonsさんと会うので(C) See Mr. Timmonsが正解です。(B) Pick up an orderは、注文した「物」を表し、「注文書」ではないので間違いです。

76.-77.

【訳】
問題76-77は次のEメールに関するものです。

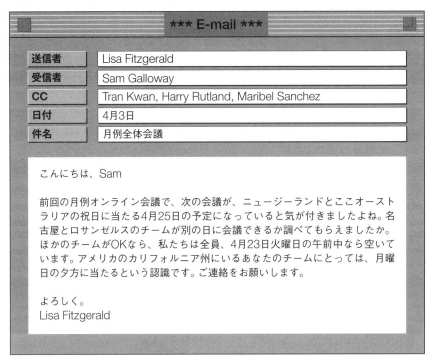

*** E-mail ***

送信者	Lisa Fitzgerald
受信者	Sam Galloway
CC	Tran Kwan, Harry Rutland, Maribel Sanchez
日付	4月3日
件名	月例全体会議

こんにちは、Sam

前回の月例オンライン会議で、次の会議が、ニュージーランドとここオーストラリアの祝日に当たる4月25日の予定になっていると気が付きましたよね。名古屋とロサンゼルスのチームが別の日に会議できるか調べてもらえましたか。ほかのチームがOKなら、私たちは全員、4月23日火曜日の午前中なら空いています。アメリカのカリフォルニア州にいるあなたのチームにとっては、月曜日の夕方に当たるという認識です。ご連絡をお願いします。

よろしく。
Lisa Fitzgerald

76. 最後の会議で何がありましたか。
(A) スケジュールの問題が見つかった。
(B) 出張が計画された。
(C) 先の会議が延期された。
(D) イベント会場が変更された。

77. Gallowayさんのチームはどこにいますか。
(A) オーストラリア
(B) 日本
(C) アメリカ
(D) ニュージーランド

語注　look into ~ ～を調べる　work 動 都合がいい　recognize 動 認識する

76. 正解 (A) 詳細問題

【解説】
鉄則15▶ キーワードの言い換え表現にアンテナを張る

本文1文目のthe next meeting is scheduled for 25 April, which is a national holiday in New Zealand and here in Australiaで、次の会議が祝日に当たることが分かったと述べています。(A) A scheduling problem was found.がその言い換えになり、正解です。

----

77. 正解 (C) 詳細問題

【解説】
Gallowayさんはこのメールの受信者欄に名前があり、Samさんのラストネームです。最後から2文目でyour team there in California in the United Statesと述べているので、(C) In the United Statesが正解です。

78.-80.

【訳】

問題78-80は次のメモに関するものです。

送信者：Uzma Mustafa, 経理部長
受信者：全社員へ
日付：3月2日

4月1日から、出張費に関しては完璧にペーパーレスのシステムに切り替えます。Spendtraxというアプリが、毎月の不要な書類作成と紙の無駄の削減に役立ちます。これに伴い、以降は紙での支払い請求書は受け付けません。

Spendtraxの使用を開始するには、まずアカウントを作らなければなりません。携帯にアプリをダウンロードして指示に従ってください。経理部が皆さんの情報を確実に受け取れるように、職場のEメールアドレスを使って登録してください。アカウントが有効になれば、Spendtraxから確認の通知が送られます。

アプリのウェブサイトで、短い紹介動画を見ることをお勧めします。この動画は、アプリの基本的な機能を全て説明しています。この新しいシステムで、皆さんは、領収書の紙のコピーではなく、画像をアップロードすることになります。しかしながら、当該経費が払い戻されるまでは、バックアップとしてこれらは取っておいてください。

---

78. なぜMustafaさんはこのメモを送ったのですか。
(A) パートナーシップを発表するため
(B) 締め切りを明記するため
(C) 新しいシステムを導入するため
(D) ある会社を推薦するため

79. Spendtraxに登録する際、なぜ社員は職場のEメールアドレスを使わなくてはいけないのですか。
(A) 個人情報の機密を保つため
(B) 会社に彼らの入力情報を提供するため
(C) 個人の電話にアプリをダウンロードするため
(D) 経理部から確認を受け取るため

80. Mustafaさんは社員に何をするように勧めていますか。
(A) 財務データをバックアップする
(B) 請求フォームに記入する
(C) 作業の完了を確認する
(D) 領収書を取っておく

語注 expenses 图 経費　waste 图 無駄、浪費　accordingly 副 それに従って　ensure 動 確実にする　activate 動 有効化する　reimburse 動 払い戻す　relevant 形 関連する、適切な　specify 動 明記する

78. 正解 (C) テーマ問題

【解説】

鉄則11 ▶ 目的・場所・業種は冒頭に注意し、後のキーワードで確認

冒頭で、we will switch to an entirely paperless system for travel expenses と述べ、その利点とアプリの紹介が続いているので、(C) To introduce a new system が正解です。

-----

79. 正解 (B) 詳細問題

【解説】

鉄則15 ▶ キーワードの言い換え表現にアンテナを張る

第2段落の3文目に、設問文と同じ言葉を使ったPlease register using your work e-mail addressという記述があります。その後にto ensure Accounting receives your informationと述べています。(B) To provide their company with their input がこれを言い換えていて正解です。

-----

80. 正解 (D) 詳細問題

【解説】

第3段落の3文目で、「領収書の画像をアップロードすることになる」と述べています。続く4文目のbe sure to keep these as back-up until you are reimbursed for the relevant expensesで、払い戻しが確認できるまではこれら（領収書もしくは領収書の写真）を取っておくよう勧めているので、(D) Keep receiptsが正解です。

Part 7

81.-83.

【訳】
問題81-83は次のお知らせに関するものです。

断水について 🚰

9月22日にPublic Worksの作業班が、ロフトン通りの本管について予定されていた作業を行います。この作業は、アニエロ市で現在進行中のインフラ改善プログラムの一環です。使用期限が終わりに近づいている老朽化した導管の代わりに、新しい導管を設置します。

この作業の影響で、皆さんの敷地への給水が午前8時から午後4時頃まで一時停止します。断水が最小限になるように、作業班は作業の迅速な進行に最善を尽くします。必要であれば、開始予定時刻前に、日中に使用するための水をためておいてください。

給水が復活すると、水が変色して見えるかもしれません。水がきれいになるまで水を流してから、使ったり飲んだりしてください。皆さんの忍耐とご理解に感謝します。さらにお聞きになりたいことがあれば、(643) 555-0851の公共事業部にご連絡ください。

---

81. 予定されている作業の目的は何ですか。
(A) 住居の状態を点検すること
(B) 古い装備を交換すること
(C) 破損したインフラを修理すること
(D) 水質汚染を防ぐこと

82. 公共事業チームについて何が示されていますか。
(A) 作業をできる限り早く終わらせる。
(B) 午前8時より早く開始するかもしれない。
(C) ロフトン通りを一時的に閉鎖する予定だ。
(D) 作業中大きな騒音を立てるかもしれない。

83. [1]、[2]、[3]、[4] と記載された箇所のうち、次の文が入るのに最もふさわしいのはどれですか。

「給水が復活すると、水が変色して見えるかもしれません。」

(A) [1]
(B) [2]
(C) [3]
(D) [4]

語注 main（水道などの）本管　ongoing 形 進行中の　enhancement 名 改善　in place of ~ ～の代わりに　lifespan 名 寿命　property 名 不動産　temporarily 副 一時的に　expedite 動 はかどらせる　run the tap 水を流す（tapは「蛇口」）　consume 動 飲食する　inspect 動 点検する　residence 名 住居　contamination 名 汚染　restore 動 復旧させる　discolored 形 変色した

81. 正解 (B) 詳細問題

【解説】

鉄則15 ▶ キーワードの言い換え表現にアンテナを張る

第1段落3行目でWe are installing new pipes in place of aging onesとあるので、(B) To replace old equipmentが言い換えとなり正解です。パイプについて「老朽化」とは言っていますが、「破損した」とは言っていないので、(C)は間違いです。

----

82. 正解 (A) 内容一致問題

【解説】

鉄則15 ▶ キーワードの言い換え表現にアンテナを張る

設問文のteamはcrewの言い換えです。第2段落2行目にThe crew will do its best to expedite the workとあります。(A) It will finish the work as quickly as possible.がその言い換えとなり正解です。

----

83. 正解 (D) 文挿入問題

【解説】

挿入文 "Once the service is restored, your water may look discolored." は、作業が終わってからのことに言及しているので、お知らせの後半に挿入位置の候補を探りましょう。[4]であれば、直後の「水がきれいになるまで流す」という指示にも自然につながるので、(D)が正解です。

ハーフ①
易しめ

時短模試 解答・解説

84.-87.

【訳】

問題84-87は次のオンラインチャットの話し合いに関するものです。

○Vikram Sharma　○Joao Rodrigues　○Leanne Dao
Vikram Sharma［午前9時28分］ 明日はMallory Snipesの誕生日です。何か特別なことをすべきですよね、ランチに連れて行くとか。
Joao Rodrigues［午前9時29分］ そうですね。彼女は、サイプレス通りのあの寿司店をすごく気に入ってますよ。予約しなくてはいけないですよね、特に私たちが大人数になれば。
Vikram Sharma［午前9時29分］ 誰が行くか確認して、12時でテーブルを予約してみます。
Leanne Dao［午前9時30分］ みんなちょっと待ってください。Malloryは明日1時半から重要なセールスプレゼンがあります。ぎりぎりまで準備で忙しくなるだろうと私に言ってましたよ。
Joao Rodrigues［午前9時31分］ それはまずいですね。何かを段取りするには今日では遅過ぎますよね。
Leanne Dao［午前9時32分］ 明日、遅めの時間にみんなで集まってケーキとコーヒーで祝うのはどうですか——例えば午後4時ごろ。会議室は押さえておきます。ケーキは誰かにベーカリーで買ってきてもらう必要があるけど。
Vikram Sharma［午前9時33分］ 私、喜んでやりますよ。
Joao Rodrigues［午前9時34分］ みんなに招待状を送ります。プレゼントをあげるのもいいですね。全員2、3ドルずつ出し合って。彼女がどんな物が欲しいかはよく分からないのですが。
Leanne Dao［午前9時35分］ 彼女のご主人にメッセージを送って彼の考えを聞いてみます。

84. Rodriguesさんについて何が示唆されていますか。
- (A) 彼はランチの予定についてSnipesさんと話し合った。
- (B) 彼は大きなグループの収容について心配している。
- (C) 彼はプレゼンテーションに取り組むことになっていた。
- (D) 彼は予約時間を変更したがるだろう。

85. 午前9時30分に "Wait a minute, guys" という発言でDaoさんは何を意図していますか。
- (A) 彼女はある情報を調べる必要がある。
- (B) 彼女は休憩を取りたい。
- (C) 彼女は提案に反対である。
- (D) 彼女は決定を先延ばしにしたい。

86. 誰がケーキ購入を引き受けていますか。
- (A) Sharmaさん
- (B) Rodriguesさん
- (C) Daoさん
- (D) Snipes さん

87. なぜ、DaoさんはSnipesさんの夫に連絡するのですか。
- (A) Snipesさんの予定が空いているか確認するため
- (B) お薦めのレストランを聞くため
- (C) 贈り物のアイデアについて彼の意見を聞くため
- (D) 彼をイベントに招待するため

語注 until the last minute ぎりぎりまで　say 副 例えば　invite 图 招待状　contribute 動 寄付する　accommodate 動 収容する　look up ~ ～を調べる

Part
7

ハーフ①
易しめ

時短模試 解答・解説

301

84. 正解 (B) 内容一致問題

【解説】
鉄則15 ▶ キーワードの言い換え表現にアンテナを張る

Rodriguesさんは3回発言していますが、最初の設問なので最初の発言にヒントがあるはずです。We should probably make a reservation, especially if there are a lot of us. で、「人数が多くなるなら予約をすべき」と言っているので、(B)のHe is concerned about accommodating a large group. が言い換えになり正解です。

----

85. 正解 (C) 意図推定問題

【解説】
鉄則13 ▶ 意図推定問題は、話の流れに注意

明日のランチに寿司店に行く話が進みかけているところで、Daoさんはこの発言をしています。続けて「Snipesさんは明日の昼休みは忙しい」と言っています。つまり、寿司店に行くという提案はまずいと言いたいので、(C) She disagrees with a proposal. が正解です。

----

86. 正解 (A) 詳細問題

【解説】
9時32分にDaoさんがSomeone would need to get a cake from the bakery. と発言しています。その直後にSharmaさんがI'd be happy to. と答えているので、(A) Mr. Sharmaが正解です。

----

87. 正解 (C) 詳細問題

【解説】
鉄則15 ▶ キーワードの言い換え表現にアンテナを張る

9時34分にRodriguesさんが、「彼女（Snipesさん）がどんな物が欲しいか分からない」と書いています。それに対してDaoさんがLet me send her husband a text to see what he thinks. と述べています。つまりプレゼントについて助言をもらうためですから、(C) To ask him for gift ideasが正解です。

88.-92.

【訳】

問題88-92は次の広告とオンラインレビューに関するものです。

『競争から協力へ』 Stella Rhys と共に

最高の交渉というものは、全員が勝者になるものです。ベストセラーの『競争から協力へ』で、Stella Rhys は、歩み寄りに基づく成功戦略を概説しています。今回の1日の研修セミナーでは、彼女のアプローチの基本原則を学び実践することができます。それらには、主な問題を特定すること、あなたの目的を伝えること、双方に利益になる提案をすることが含まれています。

    4月 7日：午前11時〜午後6時
    4月13日：午前10時〜午後5時
    4月28日：午前 9時〜午後4時
    5月 4日：午前10時〜午後5時

Stellaのアプローチは、何百もの企業に採用され驚異的な結果を残しています。彼女のセミナーを受講して、なぜ彼女のテクニックが国中の交渉人たちに信頼されているのかを知りましょう！ 各オンラインセッションは795ドルです（グループ割引有り；最低6人から）。お申し込み、レビュー閲覧、またはStellaが持つ資格の詳細を見るには、www.competitiontocollaboration.comをご覧ください。

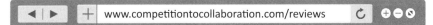

www.competitiontocollaboration.com/reviews

セミナー：競争から協力へ
投稿者：Benjamin Motta
評価：5点満点中4点

私は先月、Stellaに私の会社でセミナーをしてもらうように段取りました。彼女は積極的な参加を促す情熱的な講師です。十数人の同僚と共に参加しましたので、私たちはかなりの大きなグループでした。Stellaは、役に立つさまざまなロールプレイ用の筋書きや、小グループごとのアクティビティーで、全員が確実に参加できるようにしました。7時間という長さにもかかわらず、イベントはあっという間に進みました。いつの間にか6時になっていました！ 彼女は間違いなく金額に見合う価値を与えてくれます。ただし、教材は1日にしては多過ぎると言えるでしょう。日を変えて2回に分けるともっといいかもしれません。

88. Stella Rhysとは誰ですか。
(A) 本の著者
(B) 法律コンサルタント
(C) 会社の創設者
(D) 大学教授

89. Rhysさんのテクニックについて示され
てないものは何ですか。
(A) 書籍で説明されている。
(B) さまざまな講師によって教えられて
いる。
(C) 多くの事業によって用いられている。
(D) 参加者が目標を説明することを含む。

90. Mottaさんがセミナーに参加したのはい
つですか。
(A) 4月7日
(B) 4月13日
(C) 4月28日
(D) 5月4日

91. Mottaさんについて正しいと考えられる
ことは何ですか。
(A) 事前に研修資料を送ってもらった。
(B) Rhysさんの著書を1冊受け取った。
(C) 研修の割引を獲得した。
(D) Rhysさんの研修を数回受けた。

92. Mottaさんは、セミナーについて何を示
唆していますか。
(A) 2つのパートに分割されるべきだ。
(B) 参加者の数を限るべきだ。
(C) 休憩を挟むべきだ。
(D) 値段を下げるべきだ。

語注 collaboration 图 共同作業　compromise 图 妥協　principle 图 原則　identify 動 特定
する　objective 图 目的　benefit 動 利益を与える　remarkable 形 驚くべき　qualification 图 資格
enthusiastic 形 情熱的な　involvement 图 関与　breakout 形 小部会の　describe 動 説明する

88. 　正解　(A)　テーマ問題

【解説】
鉄則11 ▶ 目的・場所・業種は冒頭に注意し、後のキーワードで確認

広告の2文目、In her bestselling book以下で、Stella Rhysが本を書いたこと
が分かるので、(A) A book authorが正解です。

89. 　正解　(B)　NOT 問題

【解説】
鉄則15 ▶ キーワードの言い換え表現にアンテナを張る

設問のtechniqueは、広告の第1段落2文目にあるsuccessful strategyの言い換
えです。同じ文に、Rhysさんのsuccessful strategyが本の中で概説されている
とあるので、(A) It is described in a book.は不正解です。(C) It is used by
many businesses.は、広告のスケジュールの下のStella's approach is used
by hundreds of companiesの、(D) It involves explaining your goalsは、広
告の4文目communicating your objectivesの言い換えなので不正解。残る(B) It
is taught by various instructors.が正解です。

90. 正解 (A) 詳細問題＋CR問題

【解説】
鉄則27▶ CR問題のヒントは、他の設問のヒントがない部分にある

広告に掲載されているセミナーの予定は、いかにもCR問題のヒントになりそうな情報です。設問で問われている日にちを絞り込む条件は、表の日にちの右側に並ぶ開催時間です。レビューの最後から4行目にIt was six o'clock before I knew it!とあるので、セミナーの終了時刻が6時になっている(A) April 7が正解です。

---

91. 正解 (C) 内容一致問題＋CR問題

【解説】
鉄則27▶ CR問題のヒントは、他の設問のヒントがない部分にある

広告にある予定の下の但し書きが、まだヒントとして使われていません。そこにはgroup discounts available; minimum of 6 peopleとあります。一方、Mottaさんはレビューの2〜3行目でI took part with a dozen of my colleaguesと書いています。従って、割引の条件を満たしているので(C) He obtained a discount for the training が選べます。この問題はこうした目の付け所にピンとこないと本文との照合に時間がかかるので、スルーしてもいい問題です。

---

92. 正解 (A) 内容一致問題

【解説】
鉄則15▶ キーワードの言い換え表現にアンテナを張る

選択肢はすべてshould（〜すべき）が入っているので、レビューの中でも改善点について述べている所がヒントです。改善点はたいてい、褒め言葉の後に書いてあります。ここでも最後にIt might be better spread out over two sessions on separate days.とあるので、これを言い換えた(A) It should be divided into two parts.が正解です。

93.-97.

【訳】

問題93-97は次の広告とお知らせ、Eメールに関するものです。

Greenbrook大学ブックフェア──5月6日から8日
Halliwell 体育館　午前10時から午後5時まで
Damiano's Pizza & Subs後援

数千冊の本がバーゲン価格です！　小説から教科書、料理本まであらゆる本がそろっており、全ての読者に向けて何かがあります。全ての収益はキャンパスの施設の改善に投資されます。過去14回の開催で、当フェアは20万ドルを超す金額を集めて学生の役に立ってきました。詳細はブックフェアのページwww.gbrookcollege.eduをご覧ください。

● **ボランティア募集中！** ●

毎年、Greenbrook大学ブックフェアは約100人のボランティアが頼りです。彼らは寄贈本の収集、本の仕分け、会場の準備といった多岐にわたる仕事をこなします。イベントの前（5月3～5日）とフェア期間中（5月6～8日）の両方にボランティアが必要です。手を貸してくださる方は、希望日と、もしあれば以前のブックフェアの経験を書いてボランティアコーディネーターのKeira Blair (k.blair@gbrook.edu)に連絡してください。

送信者：Keira Blair
受信者：Theo Kerabatsos
日付：4月16日
件名：ブックフェア

こんにちは、Theo

Eメールをどうもありがとうございます。あなたのような卒業生がブックフェアの手伝いに興味を持ってくださるなんて素晴らしいことです。フェアが始まる前日のイベントの設営を手伝っていただけるとありがたいです。午前9時にHalliwell 体育館の外でボランティアチームと顔合わせをして、皆さんに手短に指示をします。道順は、添付の地図をご参照ください。全てを終えるには午後3時か4時までかかるはずです。皆さんには、スポンサーのご厚意で無料のランチが振る舞われます。当日お会いできることを楽しみにしています！

よろしくお願いします。
Keira Blair

93. ブックフェアの利益はどのように使われますか。
(A) チャリティに寄付するために
(B) 大学を改善するために
(C) 図書館の新しい棟を建設するために
(D) 学生に奨学金を授与するために

94. Damiano's Pizza & Subsについて何が示されていますか。
(A) イベントにボランティアを出す。
(B) 料理本を出版した。
(C) 大学のキャンパスに店を持っている。
(D) 無料の食事を提供する。

95. お知らせの第1段落1行目の"counts on"に最も意味が近いのは
(A) 探す
(B) 尊重する
(C) 合計する
(D) 頼りにする

96. Eメールの目的は何ですか。
(A) 寄贈者に感謝すること
(B) 要望に同意すること
(C) 申し出を受けること
(D) 変更を説明すること

97. Kerabatsosさんについて正しいと考えられることは何ですか。
(A) 5月6日にBlairさんと会う。
(B) Blairさんに彼の都合を連絡した。
(C) 現在大学で学んでいる。
(D) 去年のブックフェアでボランティアをした。

> **語注** proceed 图 売上高、利益　sort 動 仕分けする　venue 图 会場　alumni 图（集合的に）卒業生、同窓生　appreciate 動 感謝する　brief 動 短く指示を伝える　directions 图 道順　attached 形 添付の　courtesy 图 厚意　wing 图 棟　grant 動 授ける　scholarship 图 奨学金

Part
7

ハーフ①
易しめ

時短模試 解答・解説

93. 正解 (B) 詳細問題

【解説】
鉄則15 ▶ キーワードの言い換え表現にアンテナを張る

設問文のprofits（利益）は広告の3文目のAll proceeds will be invested in upgrading facilities on campus.のproceeds（収益）の言い換えになっています。従って、(B) To make improvements to a collegeが正解です。upgradingがimprovements、facilities on campusがa collegeで言い換えられています。

---

94. 正解 (D) 内容一致問題＋CR問題

【解説】
Damiano's Pizza & Subs は、広告の上部でイベントスポンサーであることが分かります。Eメールの最後から2文目にYou will be served a free lunch courtesy of our sponsor.とあるので、(D) It will provide a free meal.が正解です。

---

95. 正解 (D) 語彙問題

【解説】
count on には「数に入れる→当てにする」という意味の用法があるので、(D) relies on が適切です。

---

96. 正解 (C) テーマ問題

【解説】
鉄則11 ▶ 目的・場所・業種は冒頭に注意し、後のキーワードで確認

Eメールの冒頭で、Eメール送信への礼を言って、ボランティア応募の申し出を感謝しつつ受け入れています。従って、(C) To accept an offerが正解です。なお、alumniは複数形ですが、"People like him（彼のような人々）"という表現が一般的に用いられているように、今回の問題文ではyouという単数の主体を示しています。

97. 正解 (B) 内容一致問題＋CR問題

【解説】
鉄則27 ▶ CR問題のヒントは、他の設問のヒントがない部分にある

お知らせ（notice）の英文からは95の語彙問題しか出題されていないので、この最後の設問には必ずお知らせの情報が絡んでくると予想できます。お知らせの最後の文にはIf you'd like to lend a hand, please contact volunteer coordinator Keira Blair（中略）with your preferred dates and . . .とあります。Eメールの内容からKerabatsosさんはボランティアとしての参加を申し出たと考えられるので、そのときに彼の都合の良い日も連絡しているはずです。従って、preferred datesをavailabilityで言い換えた、(B) He informed Ms. Blair about his availability.が正解です。

1. 正解 (D)

※太字は解説で触れている部分です。

(A) He's moving a piece of **furniture**.
(B) He's lifting a suitcase off of a rack.
(C) He's waiting at an **airline counter**.
(D) He's pushing some luggage on a cart.

【訳】
(A) 彼は家具を運んでいる。
(B) 彼はスーツケースをラックから持ち上げつつある。
(C) 彼は航空会社のカウンターで待っているところだ。
(D) 彼はカートで複数の荷物を押している。

【解説】
鉄則3 ▶ 写真にない名詞が聞こえたら引っ掛け

(A)のfurniture と(C)のairline counterは写真に写っていません。(B)は「持ち上げている」わけではないので間違いです。男性は、カートに荷物を積んで運んでいるので、(D)が適切な描写です。

----

2. 正解 (C)

(A) Some guests are **being shown** to their seats.
(B) Some people are gathered under an **umbrella**.
(C) A table and chairs have been set out on the lawn.
(D) The yard is encircled by a wooden **fence**.

【訳】
(A) 何人かの客が座席に案内されつつある。
(B) 何人かの人が傘の下に集まっている。
(C) テーブルと椅子が芝生の上に設置されている。
(D) 裏庭は木製の柵で囲まれている。

【解説】
鉄則2 ▶ being が聞こえたら要注意！

鉄則3 ▶ 写真にない名詞が聞こえたら引っ掛け

鉄則4 ▶ 人物だけに気を取られない！

(A)は今案内されつつあるわけではないので不適切です。(B)のumbrellaは写っていません。「人」から注目の焦点を外すと、テーブルと椅子の状態を正しく描写している(C)が正解です。(D)のfenceも写真にありません。

語注 lawn 图 芝生 encircle 動 囲む

3. (B)

(A) A **technician** is adjusting a screen.
(B) A presentation is being given in a lecture hall.
(C) **Desks** are being arranged in rows.
(D) People are walking down a flight of stairs.

【訳】
(A) 技術者がスクリーンを調整している。
(B) 講義室でプレゼンテーションが行われつつある。
(C) 机が列に並べられつつある。
(D) 人々は階段を降りつつある。

【解説】
鉄則2 ▶ being が聞こえたら要注意！

鉄則3 ▶ 写真にない名詞が聞こえたら引っ掛け

鉄則5 ▶ 判断に迷う選択肢は最後までキープ

(A)の技術者は写っていません。(B)は、とっさには確信しにくいのでキープです。(C)は、写真にあるのはdeskではなくtableですし、今「並べられつつある」わけでもありません。写真の人は全員座っているので、(D)も不適切です。従って(B)は「プレゼンが行われつつある」状態を正しく表しているので、beingが含まれている文ですが、今回は正解です。

語注 adjust 動 調整する　in rows 列になって　flight of stairs（次の階までの）一続きの階段

4. 正解 (A) 疑問詞で始まる疑問文

Where can I find Ms. Korecki today?

(A) What do you want to talk to her about?
(B) **Yes**, I'm sure you can.
(C) Please leave it on the table by the door.

【訳】
今日は、Koreckiさんはどこにいますか。
(A) 何について彼女に話したいのですか。
(B) はい、きっとあなたはできますよ。
(C) それはドアの横のテーブルに置いておいてください。

【解説】
鉄則6▶ 疑問詞で始まる疑問文にはYes/No で始まる選択肢は選ばない
鉄則10▶ 問題文への応答になり得る選択肢を柔軟に判断する

人の居場所を尋ねる質問に、尋ねる理由を聞くことはよくあるので、(A)は自然な応答です。(B)はWhere で始まる疑問文に対してYesで始まっているので、即外せます。(C)はKoreckiさん宛ての荷物を持ってうろうろしている人の質問ならありえるかもしれませんが、TOEICでそこまで想像力を働かせる必要はありません。

----

5. 正解 (B) 疑問詞で始まる疑問文

When do we need to pick up the rental car?

(A) The traffic wasn't so bad.
(B) You'd better double-check.
(C) **I can help** you carry it in a moment.

【訳】
いつレンタカーを取りに行けばよいですか。
(A) 渋滞はそんなにひどくありませんでした。
(B) 再確認した方がいいですよ。
(C) すぐにそれを運ぶのを手伝います。

【解説】
鉄則10 ▶ 問題文への応答になり得る選択肢を柔軟に判断する

(A)は話がかみ合いません。(C)は、質問が「取りに行けばいいのか」なので、それに対してI can helpだけ聞き取れた人を引っ掛ける選択肢です。質問に対する直接的な答えではありませんが、問われたことに関してアドバイスを与えている(B)が正解です。

6. 正解 (B) 平叙文

I hear you're planning to apply for the sales manager position.

(A) They mostly sell office supplies.
(B) I already have, in fact.
(C) He's not in the office now.

【訳】
あなたが営業部長の職に応募する予定だと聞いていますよ。
(A) 彼らは主に事務用品を販売しています。
(B) 実はもうしました。
(C) 彼は今オフィスにいません。

【解説】
鉄則10▶ 問題文への応答になり得る選択肢を柔軟に判断する

「応募するつもりだと聞いた」に対して「もう（応募）した」となる(B)が自然な応答です。I have already applied for it.が短縮されて、一般動詞のときと同じようにalreadyがhaveの前にきています。

> 語注　apply for ~ 〜に応募する　office supplies 事務用品

---

7. 正解 (C) 疑問詞で始まる疑問文

What's the code to set the alarm system?

(A) **Yes**, they come as a set.
(B) It was caused by overheating.
(C) Oh, I thought you knew it.

【訳】
警報システムを設定するコードは何ですか。
(A) はい、それらはセットになっています。
(B) それは、過熱によって起きました。
(C) おや、あなたはそれをご存じだと思っていました。

【解説】
鉄則6▶ 疑問詞で始まる疑問文にはYes/No で始まる選択肢は選ばない

鉄則10▶ 問題文への応答になり得る選択肢を柔軟に判断する

疑問詞whatで始まる疑問文なので、Yesで始まる(A)は考慮外です。(B)は、関連のありそうな内容ですが、適切な応答ではありません。(C)は直接的な答えではありませんが、相手の質問に驚きで反応しており、あり得る応答です。

> 語注　cause 動 引き起こす

Part
2

ハーフ②

時短模試 解答・解説

8. 正解 (B) 疑問詞で始まらない疑問文

Can you suggest a good restaurant around here?

(A) It seems like a good investment.
(B) Actually, I just moved to this neighborhood.
(C) Because I used to work there.

【訳】

この辺でいいレストランを提案してもらえますか。
(A) それはよい投資のようですね。
(B) 実は、この近辺には引っ越ししてきたばかりなのです。
(C) かつてそこで働いていたからです。

【解説】

鉄則10 ▶ 問題文への応答になり得る選択肢を柔軟に判断する

近所のお薦めのレストランを尋ねられて、(B)は「引っ越ししてきたばかり」つまり、「近所のことを知らない」と答えています。これも直接的な答えではありませんが、あり得る応答です。

----

9. 正解 (C) 疑問詞で始まらない疑問文

Weren't any larger vehicles available?

(A) I can meet you anytime.
(B) Let's try using a bigger font.
(C) Everything was completely booked.

【訳】

もっと大きな車はなかったのですか。
(A) いつでもあなたとお会いできますよ。
(B) もっと大きなフォントを使ってみましょう。
(C) 全て完全に予約済みだったんです。

【解説】

鉄則7 ▶ 否定疑問文と付加疑問文は普通の疑問文と考えて応答する

否定語を無視してシンプルに考えましょう。「もっと大きな車はなかったか」という質問に対して、「全て予約済みだった」と言う(C)は自然な応答です。冒頭のWereをwhereやwhenと聞き間違えないように気を付けましょう。

語注 available 形 入手できる

10. 正解 (B) 平叙文

We should **call** the **manufacturer** about our freezer.

(A) The production schedule has been revised.
(B) What's wrong with it?
(C) I'm not sure what it's **called**.

【訳】
冷凍庫のことでメーカーに電話すべきです。
(A) 生産スケジュールが修正されました。
(B) どこか調子が悪いのですか。
(C) それが何と呼ばれているのか確信がありません。

【解説】
鉄則9▶問題文に含まれる単語に似た音の単語は引っ掛けと疑う
鉄則10▶問題文への応答になり得る選択肢を柔軟に判断する
(A)は問題文のmanufacturer(メーカー)という単語と少し関連がありそうですが、話がかみ合っていません。メーカーに電話すべき理由を確認している(B)が、自然な応答です。(C)は、問題文にあるcallが用いられている引っ掛けです。

> **語注** manufacturer 名 メーカー revise 動 修正する

---

11. 正解 (C) 疑問詞で始まる疑問文

Who'd like to join me for a cup of coffee?

(A) It's included in the price.
(B) We really enjoyed it.
(C) I just had a break.

【訳】
誰か一緒にコーヒーを飲みませんか。
(A) それは価格に含まれています。
(B) 私たちはそれを本当に楽しみました。
(C) ちょうど休憩したばかりなんです。

【解説】
鉄則10▶問題文への応答になり得る選択肢を柔軟に判断する
「〜したい人は誰?」で、誘っている言い方です。(A)と(B)は全く会話になっていないので外せます。(C)は「休憩したばかりだから、もうコーヒーを飲む時間はない」と間接的に断っており、適切な応答です。

12. 正解 (B) 選択疑問文

Should we stay near the airport **or** downtown?

(A) **No**, it's not that far away.
(B) Wherever's cheapest, I'd say.
(C) By the end of the week.

【訳】

空港に近い所か、都心部、どちらに泊まるべきでしょうか。
(A) いいえ、そこはそんなに遠くありません。
(B) まあ、一番安い所ならどこでも、ですかね。
(C) 週末までにです。

【解説】

鉄則8 ▶ 選択疑問文にはYes/Noで始まる選択肢は選ばない

選択疑問文なので、Noで始まる(A)はまず除外します。滞在場所の選択に対する質問への応答になっている(B)が正解です。I'd say.はI would say.の短縮形で、「(言うとすれば)言うだろう」という仮定法の控えめな言い方です。

---

13. 正解 (A) 平叙文

We need to **review** the **applications** for the sales position.

(A) Nicole's set up some interviews already.
(B) This is an award-winning **application**.
(C) Yes, it has a wonderful **view**.

【訳】

営業職への応募書類を検討する必要があります。
(A) Nicoleがすでに何件かの面接を設定しました。
(B) これは賞を取ったアプリです。
(C) はい、そこは素晴らしい景色です。

【解説】

鉄則9 ▶ 問題文に含まれる単語に似た音の単語は引っ掛けと疑う

鉄則10 ▶ 問題文への応答になり得る選択肢を柔軟に判断する

「求人への応募書類を検討すべき」という発言に対して、その一歩先の「面接まで段取りできている」と言及している(A)が、あり得る応答です。Nicole'sはNicole hasの短縮形です。(B)は問題文中のapplicationを含みますが、こちらは「アプリ」なので意味が異なります。(C)は問題文のreviewに似たviewを含む引っ掛けです。

14. 正解 (C) 疑問詞で始まる疑問文

Who supplies our office equipment?

(A) **Yes**, it's much roomier than the old place.
(B) I was **surprised** at that, too.
(C) We use a few different vendors.

【訳】
わが社のオフィス機器はどこが卸しているのですか。
(A) はい、それは前の場所よりかなり広いです。
(B) 私もそれには驚きました。
(C) わが社は複数の業者を使っています。

【解説】
鉄則6 ▶ 疑問詞で始まる疑問文にはYes/Noで始まる選択肢は選ばない

鉄則9 ▶ 問題文に含まれる単語に似た音の単語は引っ掛けと疑う

Whoで始まる疑問文なので、Yesで始まる(A)はまず除外します。(B)も問題文にあるsuppliesと似た単語surprisedを含む引っ掛けです。「どこが卸しているのか」→「数社を使っている」という自然な流れになる(C)が適切な応答です。

語注 roomier 形 より広々した（roomyの比較級） vendor 名 業者

----

15. 正解 (A) 疑問詞で始まらない疑問文

Have we met the new **accounting manager before**?

(A) She **does** look familiar.
(B) I **managed** to get there **before** six.
(C) We'd better **count** it again.

【訳】
私たちは、新しい経理部長に前に会ったことありましたかね。
(A) 彼女は確かに見覚えがある感じですね。
(B) 私はなんとかそこに6時前に着けました。
(C) それをもう一度数えた方がいいですね。

【解説】
鉄則9 ▶ 問題文に含まれる単語に似た音の単語は引っ掛けと疑う

鉄則10 ▶ 問題文への応答になり得る選択肢を柔軟に判断する

「会ったことがあるか」という質問に対して、「見覚えがあるようだ」という(A)はごく自然な応答です。does lookのdoesは強調の意味を足す助動詞です。(B)のmanaged、before、(C)のcountは問題文にある単語と同じか似ていますが、どちらも単なる引っ掛けで、内容は全く不適切です。

語注 accounting manager 経理部長 familiar 形 見覚えがある
we'd better 私たちは〜した方がよい（＝we had better）

16. 　正解 (B) 　疑問詞で始まらない疑問文

This is the way to the convention center, isn't it?

(A) The fans are for ventilation.
(B) If I remember rightly.
(C) It should be cheaper than last time.

【訳】
コンベンションセンターへはこの道ですよね。
(A) その扇風機は換気用です。
(B) もし私の記憶が正しければ。
(C) それは前回よりも安いはずです。

【解説】
鉄則7 ▶ 否定疑問文と付加疑問文は普通の疑問文と考えて応答する

鉄則10 ▶ 問題文への応答になり得る選択肢を柔軟に判断する

付加疑問文ですが、「これがその道か?」という普通の質問と考えて応答を選びましょう。(B)は「自分の記憶が正しければ」と言うことで間接的に「そう思う」と答えており、正解です。

語注 ventilation 图 換気

17.-19. 🔊146 🇨🇦 🇺🇸

Questions 17 through 19 refer to the following conversation.

W : William, I met with Dearborn Consulting while you were away. ❶ **They had some useful ideas about how to improve occupancy rates at our hotels** in the off-season.

M : Dearborn's supposed to be very knowledgeable about ❷**the hotel industry.** ❸**Do you have time to give me a quick overview?**

W : I have to finish writing a quarterly report that's due today. But they gave us an executive summary. If you'd like to read it, ❹**come get it at my office and make a photocopy for yourself.**

【訳】
問題17-19は次の会話に関するものです。
女性：William、あなたが留守の間にDearbornコンサルティングと打ち合わせをしました。彼らはうちのホテルのオフシーズンの稼働率をどうやって改善するかについて有益なアイデアを持っていましたよ。
男性：Dearbornはホテル業界について大変精通しているということですからね。さっと要約してくれる時間はありますか。
女性：私は、今日締め切りの四半期報告書を書き上げなければならないんです。でも、彼らは事業計画の概要をくれました。それを読みたいなら私のオフィスに取りに来て、ご自分用にコピーしてください。

語注　meet with ~ ～と打ち合わせをする　occupancy rate 稼働率　knowledgeable 形 精通している　overview 图 概要　quarterly 形 四半期の　executive summary 事業計画概要

17.　**正解** (D)　テーマ問題

【設問】	【訳】
What kind of business do the speakers work for?	話し手たちはどんな業種で働いていますか。
(A) A real estate developer	(A) 不動産開発業
(B) A legal firm	(B) 法律事務所
(C) An accounting consultancy	(C) 経理コンサルタント業
(D) A hotel chain	(D) ホテルチェーン

【解説】
鉄則11 ▶ 目的・場所・業種は冒頭に注意し、後のキーワードで確認

冒頭❶の発言で女性はour hotelsと言っているので、(D)が選べます。その後の男性の発言❷のthe hotel industryからも再確認できます。

語注　real estate 不動産

18. 正解 (A) 未来の行動を問う問題

【設問】

What does the man ask the woman to do?

(A) Summarize a meeting
(B) Make some recommendations
(C) Postpone an appointment
(D) Watch a video

【訳】

男性は女性に何をするように頼んでいますか。

(A) 会合の内容を要約する
(B) 幾つかの提案をする
(C) 約束を延期する
(D) 動画を見る

【解説】

鉄則15▶ キーワードの言い換え表現にアンテナを張る

女性がコンサルタントと話したと聞いて、男性は❸でquick overview（素早い要約）を依頼しています。(A)がその言い換えになり、正解です。

----

19. 正解 (C) 未来の行動を問う問題

【設問】

What does the woman suggest?

(A) Meeting in her office
(B) Taking a coffee break
(C) Copying a document
(D) Reading a quarterly report

【訳】

女性は何を提案していますか。

(A) 彼女のオフィスで会うこと
(B) コーヒー休憩を取ること
(C) 書類をコピーすること
(D) 四半期報告書を読むこと

【解説】

鉄則12▶ 過去の行動は中盤、未来の行動は後半にヒントあり

女性は最後の❹で「来て、コピーを取ってください」と言っているので、(C)が正解です。

設問18-19の語注 summarize 動 要約する postpone 動 延期する

20.-22.

Questions 20 through 22 refer to the following conversation.

M : Hi Sun-yee, it's Roberto from the payroll department. I'm just going over your expense report for last month, and ❶**there seems to be one receipt missing.**

W : Really? I thought I included everything.

M : ❷**It's for filling up a rental car with gas on March 17.** There was a forty-dollar charge for that.

W : Oh I see it here on my desk, under some papers. I'll bring it over to you right away.

M : You know, with the amount of traveling you do, ❸**you should really apply for a corporate credit card.** You can charge all your expenses to that and simplify your paperwork.

W : That's a good idea.

【訳】

問題20-22は次の会話に関するものです。

男性：もしもし、Sun-yee、こちら給与部のRobertoです。先月のあなたの経費報告書をチェックしているところなんですが、領収書が1枚足りないみたいなんです。

女性：本当？ 全部入れたつもりなんですが。

男性：3月17日にレンタカーを満タンにしたときのものです。それに40ドルかかりましたよね。

女性：ああ、それ、ちょうど私の机の上にあります。書類の下になってる。すぐにあなたの所に持っていきます。

男性：あの、あなたの出張の頻度なら、絶対に法人のクレジットカードを申請すべきです。全ての経費をそのカードにつければ、事務処理を簡略化できますよ。

女性：いい考えですね。

語注 payroll 图 給与台帳　go over ~ ～を調べる　expense report 経費報告書　fill up a car 車をガソリン満タンにする　corporate 圏 法人の　simplify 動 簡略化する

Part

3

ハーフ②
普通

時短模試 解答・解説

321

20.　正解 (B)　テーマ問題

【設問】

Why is the man calling?

(A) To approve an expense claim
(B) To request a missing document
(C) To remind Sun-yee about a deadline
(D) To explain an additional charge

【訳】

なぜ男性は電話しているのですか。

(A) 経費の請求を承認するため
(B) 欠けている文書を求めるため
(C) Sun-yeeに締め切りを思い出させるため
(D) 追加の料金を説明するため

【解説】

鉄則11 ▶ 目的・場所・業種は冒頭に注意し、後のキーワードで確認

鉄則15 ▶ キーワードの言い換え表現にアンテナを張る

男性は最初の発言❶で「経費の領収書が足りない」と伝えているので、receiptをdocumentで言い換えている(B)が正解です。

21.　正解 (D)　過去の行動を問う問題

【設問】

What did the woman do on March 17?

(A) She submitted a report.
(B) She paid a monthly fee.
(C) She picked up a rental car.
(D) She purchased some gas.

【訳】

女性は3月17日に何をしましたか。

(A) 彼女はリポートを提出した。
(B) 彼女は毎月の手数料を支払った。
(C) 彼女はレンタカーを取りに行った。
(D) 彼女はガソリンを購入した。

【解説】

鉄則12 ▶ 過去の行動は中盤、未来の行動は後半にヒントあり

鉄則15 ▶ キーワードの言い換え表現にアンテナを張る

男性の2回目の発言❷にMarch 17が出てきます。そこから女性がガソリンを入れたことが分かるので、fill up をpurchaseで言い換えた(D)が正解です。レンタカーを引き取りに行った日がガソリンを満タンにした日と同じかどうかは判断できないので、(C)は引っ掛けです。

22.　正解 (C)　未来の行動を問う問題

【設問】

What does the man recommend?

(A) Getting travel insurance
(B) Submitting paperwork early
(C) Obtaining a credit card
(D) Eliminating some expenses

【訳】

男性は何を勧めていますか。

(A) 旅行保険に入ること
(B) 書類を早く提出すること
(C) クレジットカードを取得すること
(D) 経費を幾らか削減すること

【解説】

鉄則12▶ 過去の行動は中盤、未来の行動は後半にヒントあり

男性の最後の発言❸で、法人クレジットカードの申請を勧めているので、(C)が言い換えになり正解です。

設問20-22の語注 approve 動 承認する　expense claim 経費の請求　fee 名 手数料 insurance 名 保険　obtain 動 獲得する　eliminate 動 取り除く

23.-25. 🔊 148 🇬🇧 🇺🇸

Questions 23 through 25 refer to the following conversation.

W : George, ❶**the office assistant we interviewed is starting next week.** She'll use that workstation by the window, and she'll need a computer and a mobile phone.

M : ❷**All of our recent hires have requested a tablet computer instead of a laptop for their work computer.** I think we should get her one of those.

W : Yes, that sounds fine. ❸**I'll send you the budget for onboarding the assistant** by the end of the day.

M : Great. ❹**I have to go by Malik's desk later this morning. I'll give him the purchase order for the new equipment.**

【訳】

問題23-25は次の会話に関するものです。

女性：George、私たちが面接したオフィスアシスタントは、来週から働き始めます。彼女は窓際のワークステーションを使うのですが、コンピューターと携帯電話が必要です。

男性：最近のわが社の新人は全員、業務用のコンピューターにラップトップよりタブレットコンピューターを要望しています。彼女にはそれを入手してあげた方がいいと思います。

女性：はい、それがよさそうですね。そのアシスタントの新人研修用の予算を今日中に送ります。

男性：よかったです。私は今朝この後、Malikの席の近くを通る必要があるんです。新しい備品の購入注文書を彼に渡しておきます。

語注 hire 图（新入りの）従業員　instead of ~ ~の代わりに　budget 图 予算　onboard 動 新人研修をする

----

23. 正解 (B) テーマ問題

【設問】

What are the speakers discussing?

(A) Rearranging an office layout
(B) Setting up an employee
(C) Scheduling an interview
(D) Reviewing a hiring policy

【訳】

話し手たちは何について話していますか。

(A) オフィスのレイアウトを並べ変えること
(B) 社員の準備を整えること
(C) 面接を設定すること
(D) 雇用方針を検討すること

【解説】

鉄則11 ▶ 目的・場所・業種は冒頭に注意し、後のキーワードで確認

女性が冒頭❶で新人が入社すると話して、その後備品をそろえる相談をしているので、(B)が適切です。また、後の❸のonboarding the assistant（アシスタント

を新人研修すること）というキーワードからも再確認できます。

----

24. 正解 (A) 詳細問題

【設問】

What does the man mention about tablet computers?

(A) They are preferred by new staff.
(B) They are cheap to replace.
(C) They rarely have technical problems.
(D) They have improved security features.

【訳】

男性はタブレットコンピューターについてどんなことを述べていますか。

(A) 新しいスタッフによってより好まれている。
(B) 交換するのに安価だ。
(C) めったに技術的な問題を起こさない。
(D) セキュリティー関連の特徴を改善した。

【解説】

鉄則15▶ キーワードの言い換え表現にアンテナを張る

男性の発言❷に「新人全員がタブレットコンピューターを要望している」とあるので、(A)が正解です。recent hires がnew staff, have requested a tablet computer instead ofがpreferred に言い換えられています。

----

25. 正解 (C) 未来の行動を問う問題

【設問】

What does the man plan to do?

(A) Plan a training session
(B) Attend a budget meeting
(C) Speak to a colleague
(D) Purchase a new desk

【訳】

男性は何をするつもりですか。

(A) 研修会を計画する
(B) 予算委員会に出席する
(C) 同僚と話す
(D) 新しい机を購入する

【解説】

鉄則12▶ 過去の行動は中盤、未来の行動は後半にヒントあり

男性は最後の❹で、Malikの席近くに行く必要があるので、書類を渡すと述べています。Malik's deskという言い方からMalikは同じ会社の同僚と考えられるので、(C)が正解です。

設問23-25の語注 set up ~ ～の準備をする、～を手配する prefer 動 より好む replace 動 交換する rarely 副 めったに～ない feature 名 特徴

Part 3

ハーフ②普通

時短模試 解答・解説

26.-28. 🔊 149 🇺🇸 🇨🇦

Questions 26 through 28 refer to the following conversation.

M : Hello, ❶**I'm moving from Brookdale to Wilmington Heights, and I was wondering how soon your company would be available to move my furniture.** It's a one-bedroom apartment and I don't have that much.

W : Let's see . . . It's a three-hour job, so it would be 450 dollars. We've had a cancellation, so there's an opening on Monday morning. Does that work?

M : That's pretty soon! ❷**Sure, that would be great.** What's the next step?

W : You should go to our Web site to confirm the location and date of your move. Can you give me your e-mail address? ❸**I'll send you the link now.**

【訳】

問題26-28は次の会話に関するものです。

男性：こんにちは、私はブルックデールからウィルミントンハイツへ引っ越すんですが、おたくの会社では、私の家具の移動を早ければいつごろしてもらえるかなと思って。ワンベッドルームのアパートで、そんなに物は多くないです。

女性：そうですね……。3時間の作業なので、450ドルですね。キャンセルがあったばかりなので、月曜の朝に空きがありますが。いかがでしょう？

男性：かなり早いですね！　もちろん、それならすごく助かります。次は何をすればいいですか？

女性：弊社のウェブサイトにアクセスしていただいて、場所と引っ越しの日にちを確認してください。Eメールアドレスを教えていただけますか。すぐにリンクをお送りします。

> **語注** pretty 副 かなり

---

26. 正解 (A) テーマ問題

【設問】	【訳】
What does the man want to do?	男性は何をしたいのですか。
(A) Relocate his belongings	(A) 彼の身の回り品を移動する
(B) Shop for furniture	(B) 家具の買い物をする
(C) Look for a new apartment	(C) 新しいアパートを探す
(D) Cancel a reservation	(D) 予約をキャンセルする

【解説】

鉄則15 ▶ キーワードの言い換え表現にアンテナを張る

男性は❶で、引っ越しするので家具の移動をいつやってもらえるかと聞いています。従って、moveをrelocate、furnitureをbelongingsで言い換えている(A)が正

解です。

---

27. 正解 (B) 意図推定問題

【設問】
What does the man imply when he says, "That's pretty soon"?

(A) He needs more time to make preparations.
(B) He is pleased a job can be done so quickly.
(C) He thought a delivery would take a long time.
(D) He is concerned about meeting a deadline.

【訳】
男性は "That's pretty soon" という発言で何を示唆していますか。

(A) 彼は準備にもっと時間が必要だ。
(B) 彼は作業がそんなにも早くなされることを喜んでいる。
(C) 彼は配達には長い時間かかると思っていた。
(D) 彼は締め切りに間に合うかを心配している。

【解説】
鉄則13 ▶ 意図推定問題は、話の流れに注意

男性は❶で、how soonという疑問詞を使って引っ越し作業が可能な日を聞いているので、「早く」対処してもらいたいことが分かります。さらに❷でSure, that would be great.と評価しているので、(B)が適切です。(C)のdeliveryはあくまで何かの「配達」で、引っ越しの運搬を配達とは言わないので不適切です。

---

28. 正解 (D) 未来の行動を問う問題

【設問】
What will the woman give to the man?

(A) An e-mail address
(B) Directions to her office
(C) A discount code
(D) Access to an online form

【訳】
女性は男性に何を与えますか。

(A) Eメールアドレス
(B) 彼女の会社までの道順
(C) 割引コード
(D) オンラインフォームへのアクセス

【解説】
鉄則15 ▶ キーワードの言い換え表現にアンテナを張る

女性は❸で「リンクを送る」と言っているので、(D)が言い換えになります。(A)は女性が男性に「求めているもの」なので、間違いです。

設問26-28の語注 relocate 動 移転させる　belongings 名 身の回り品　be concerned about ~ ～を心配している　directions 名 道順

ハーフ② 普通

時短模試 解答・解説

29.-31.

Questions 29 through 31 refer to the following conversation with three speakers.

W1 : Lucas, how was the meeting with the product development team at our new Seoul office?

M : OK, Victoria, I suppose. Communication was harder than I expected. My Korean is rusty, and ❶the discussion about the new smartphones we're developing was quite technical.

W2 : I know it would cost money, but maybe we should hire a professional interpreter.

W1 : ❷I think keeping it in-house would be better, especially since you'll be discussing sensitive product information with them.

W2 : ❸That's true. In that case, why doesn't the company pay for him to have classes so that he can brush up.

M : ❹Actually, that is something I've been wanting to do.

【訳】
問題29-31は3人の話し手による次の会話に関するものです。
女性1：Lucas、わが社の新しいソウルオフィスでの製品開発チームとの会議はどうでしたか。
男性 ：大丈夫、だと思います、Victoria。コミュケーションを取るのが予想より難しかったです。私の韓国語はさびついていますし、開発中の新しいスマートフォンに関する話し合いはかなり技術的なものでしたからね。
女性2：費用がかかるのは分かりますが、プロの通訳を雇うべきかもしれません。
女性1：話し合いは社内の人間の間だけに限っておく方がいいと思いますね、特に、彼らとは機密の製品情報を交わすでしょうからね。
女性2：それはそうですね。その場合、彼が学び直すためにクラスを取る費用を会社が払ってはどうでしょう。
男性：実は、それをずっと望んでいたのです。

■語注■ suppose 動 ～だと思う interpreter 名 通訳 in-house 副 社内に sensitive 形 機密の brush up 学び直す

----

29. 正解 (D) 詳細問題

【設問】
What most likely was the meeting about?

(A) Resolving a technical problem
(B) Researching the South Korean market
(C) Implementing a communications strategy
(D) Developing new products

【訳】
会議は何に関するものであったと考えられますか。
(A) 技術的な問題を解決すること
(B) 韓国市場を研究すること
(C) コミュニケーション戦略を実施すること
(D) 新製品を開発すること

【解説】

男性が❶で「開発中の新しいスマートフォンに関する話し合い」と言っているので、(D)が正解です。

30.　正解 (C)　詳細問題

【設問】

What is Victoria concerned about?

(A) Remaining within the budget
(B) Understanding another culture
(C) Keeping information confidential
(D) Meeting business targets

【訳】

Victoriaは何を心配しているのですか。

(A) 予算内に収めること
(B) ほかの文化を理解すること
(C) 情報を極秘に保つこと
(D) 事業目標を達成すること

【解説】

鉄則15▶ キーワードの言い換え表現にアンテナを張る

「会議にプロの通訳を雇ってはどうか」と言う女性2の発言に対し、Victoriaは❷で、「機密情報も話されるから社内の人間に限る方がいい」という趣旨の発言をしています。従って、sensitiveをconfidentialで言い換えている(C)が正解です。他の選択肢については言及がないので、女性のどちらがVictoriaか悩む必要はありません。

31.　正解 (C)　詳細問題

【設問】

What activity is the man interested in?

(A) Recruiting another employee
(B) Acquiring a professional certification
(C) Taking language classes
(D) Requesting a transfer

【訳】

男性はどんな活動に興味がありますか。

(A) 別の社員を雇うこと
(B) 専門的な資格を獲得すること
(C) 語学クラスを取ること
(D) 転勤を要望すること

【解説】

鉄則15▶ キーワードの言い換え表現にアンテナを張る

最初の発言で男性が「韓国語はさびついている」と言ったのを受け、女性2が❸で「brush upには会社から費用を出しては」と言っています。その後男性は❹で「それをずっと望んでいた」と言っているので、(C)が正解です。have been wantingが設問ではbe interested inに言い換えられ、brush upが選択肢ではtaking language classesに言い換えられています。

設問29-31の語注　resolve 動 解決する　implement 動 実施する　remain 動 とどまる
confidential 形 機密の　acquire 動 獲得する

32.-34.   🔊151   🇺🇸   🇬🇧

Questions 32 through 34 refer to the following conversation and building guide.

M : Risa, I've just gotten your voicemail message. ❶**You're bringing me a package?**

W : **Yes,** I'm meeting a client for lunch at Galleria. I thought I'd give you the product samples since your office is also in Frampton Towers. I can't seem to find it, though.

M : It's on the top floor, Suite 2025. Where are you?

W : ❷**I took the elevator all the way up to the top floor, but it says level 10.**

M : Oh, that's the wrong building. Tell you what, ❸**why don't you go back down and I'll see you in front of the elevators in Galleria?** Then you can go to your lunch meeting.

【訳】

問題32-34は次の会話とビルの案内に関するものです。

男性：Risa、あなたのボイスメッセージをちょうど受け取りました。荷物を私に持ってきてくれているのですか。

女性：はい、私は昼食の際にGalleriaで顧客と会うんです。あなたのオフィスもFramptonタワーズにあるので、製品サンプルを渡そうと思ったんです。でも、見つからないみたいです。

男性：最上階のスイート2025です。どこにいるんですか。

女性：エレベーターに乗ってはるばる最上階まで来たのですが、10階と表示されています。

男性：あ、それは違うビルです。じゃあこうしましょう、下まで戻ってもらって、Galleriaのエレベーター前で会いませんか。それなら、あなたはそこからランチミーティングに向かえますし。

> **語注**   Tell you what. じゃあこうしよう（提案などをするときの表現）

----

32.   正解 **(B)**   テーマ問題

【設問】	【訳】
What does the woman want to do?	女性は何をしたがっていますか。
(A) Mail some documents	(A) 文書を郵送する
(B) Drop off some items	(B) 品物を届ける
(C) Invite the man to lunch	(C) 男性を昼食に誘う
(D) Demonstrate a product	(D) 製品の実演をする

【解説】

鉄則15 ▶ キーワードの言い換え表現にアンテナを張る

❶で男性が「荷物を持ってきてくれているの？」と尋ねると、女性はYesと答えているので、(B)が正解です。bringをdrop off、packageをitemsで言い換えています。

33. 正解 (A)　詳細問題+図表問題

【設問】

Look at the graphic. Where most likely is the woman now?

(A) In the West Tower
(B) In the East Tower
(C) In Galleria
(D) In the Main Tower

【訳】

図を見てください。女性は今どこにいると考えられますか。

(A) ウエストタワー
(B) イーストタワー
(C) ガレリア
(D) メインタワー

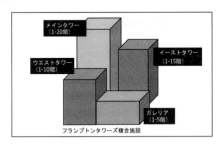

【解説】

鉄則14 ▶ 選択肢と図表の共通項目以外の情報が聞き所

選択肢と図に共通していない情報はビルの階数なので、階数を伝える数字に聞き耳を立てます。女性は❷で「最上階が10階」の所にいる、と言っています。図から10階が最上階である(A)を選びましょう。

----

34. 正解 (D)　未来の行動を問う問題

【設問】

What does the man suggest?

(A) Contacting a client
(B) Meeting on a different day
(C) Waiting at a restaurant
(D) Going to another meeting place

【訳】

男性は何を提案していますか。

(A) 顧客に連絡すること
(B) 別の日に会うこと
(C) レストランで会うこと
(D) 別の待ち合わせ場所に行くこと

【解説】

鉄則12 ▶ 過去の行動は中盤、未来の行動は後半にヒントあり

鉄則15 ▶ キーワードの言い換え表現にアンテナを張る

男性は提案を述べるときのフレーズTell you whatに続けて、❸で「下まで降りて別のタワーのエレベーター前で会う」ことを提案しています。(D)がその言い換えになり正解です。

設問32-34の語注　drop off ~（荷物）を下ろす、置いていく　invite 動 招待する

35.-37. 🔊 152 🇬🇧 🇺🇸

Questions 35 through 37 refer to the following conversation and map.

W : ❶**Hi. I'd like to register as a vendor for the Warner Park Festival.** I'm opening a café soon, and I want to promote it at the festival.

M : Well, congratulations! ❷**Here's our vendor booth arrangement. Our big** restaurant sponsors usually have booths in the Elite section.

W : ❸**I understand the Standard booths are the cheapest. Isn't being by the entrance a good location?**

M : ❹**We'll close that entrance to the public during the festival.** It's going to be a loading area for vendors.

W : Hmm. It's a tough decision.

M : There are still booths available in all sections. Once you pay the registration fee, ❺**you can reserve a booth now and change it later if you want to.**

【訳】

問題35-37は次の会話と地図に関するものです。

女性：こんにちは。Warnerパークフェスティバルの販売業者として登録したいのですが。近くカフェを開店予定なので、フェスティバルで宣伝したいのです。

男性：それは、おめでとうございます！　これが、販売業者ブースの配置です。大手レストランのスポンサーさんたちは、通常エリートセクションにブースを構えます。

女性：スタンダードブースが一番安いんですよね。入り口のそばはいい場所ではないのですか？

男性：その入り口はフェスティバルの間、一般の方には閉鎖するのです。販売業者たちの荷物の積み込み場所になるのです。

女性：うーん、難しい決断ですね。

男性：全てのセクションでまだ空きブースがあります。登録料を払われたら、とりあえずブースを予約して、ご希望なら後で変更することもできますよ。

----

35. 正解 (B) テーマ問題

【設問】	【訳】
Who most likely is the man?	男性は誰だと考えられますか。
(A) A food supplier	(A) 食品卸売業者
(B) An event organizer	(B) イベント開催者
(C) A restaurant owner	(C) レストランオーナー
(D) A performer	(D) 演技者

【解説】

鉄則11 ▶ 目的・場所・業種は冒頭に注意し、後のキーワードで確認

冒頭の❶で女性から「フェスティバルに申し込みたい」と話し掛けられているので、フェスティバルの関係者であると予想でき、(B)が選べます。直後の❷にある our vendor booth arrangementのourからも、開催者側の人と確認できます。

36. 正解 (C) 詳細問題＋図表問題

【設問】

Look at the graphic. Which entrance will be closed to the public?

(A) The West Gate
(B) The South Gate
(C) The North Gate
(D) The East Gate

【訳】

図を見てください。どの入り口が一般の人々に対して閉鎖されますか。

(A) 西門
(B) 南門
(C) 北門
(D) 東門

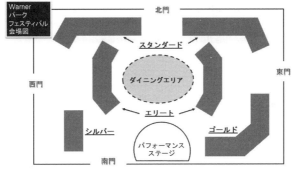

【解説】

鉄則14 ▶ 選択肢と図表の共通項目以外の情報が聞き所

選択肢と地図に共通していない情報は、「ブースの場所」に関する情報です。従って、場所を示す言葉を手掛かりにゲートを選びます。❸で女性が「スタンダードブースは入り口に近い」と指摘すると、男性は「その入り口は閉鎖される」と❹で答えています。会場図から、閉鎖されるゲートはスタンダードブースの近くの(C)と分かります。

----

37. 正解 (D) 未来の行動を問う問題

【設問】

What does the man suggest?

(A) Choosing a booth near the stage
(B) Viewing the location in person
(C) Arriving at a venue early
(D) Making a tentative selection

【訳】

男性は何を提案していますか。

(A) ステージの近くのブースを選ぶこと
(B) 場所を直接見ること
(C) 会場に早く来ること
(D) 仮の選択をしておくこと

【解説】

鉄則12 ▶ 過去の行動は中盤、未来の行動は後半にヒントあり
鉄則15 ▶ キーワードの言い換え表現にアンテナを張る

決断に迷う女性に、男性は❺で、「いったん予約して後で変更もできる」と言っています。それを言い換えているのが(D)です。

設問35-37の語注　in person 直接　venue 图 会場　tentative 形 仮の

38.-40. 🔊154 🇨🇦

Questions 38 through 40 refer to the following telephone message.

Hi Dennis, my name's Sarah Nakajima and I'm the communications manager at Vargas Corporation. ❶**An associate of mine told me you do excellent work at very reasonable rates.** I'm calling to see if you'd be interested in doing a project for us. ❷**We need a professional to produce some short videos featuring our employees.** These will be shared on social media as part of a recruitment campaign that we're planning. ❸**Our budget for this project is limited, but** there should be more opportunities in the future **if it works out.** If you're interested, please call me back at 418-555-0371.

【訳】
問題38-40は次の電話メッセージに関するものです。
こんにちは、Dennis、私の名前はSarah Nakajimaで、Vargas Corporationのコミュニケーションマネジャーです。同僚の1人から、あなたがとても手頃な料金で素晴らしい仕事をしてくれると聞きました。私たちのためにプロジェクトで働くことに興味があるかと思ってお電話しています。弊社の社員が登場する短い動画を作るためのプロを求めています。私たちが予定している求人活動の一環として、これらの動画をソーシャルメディアで共有するつもりなのです。このプロジェクトの予算は限られていますが、これがうまくいけば、将来さらなる機会もあるはずです。ご興味があれば、418-555-0371まで、折り返しお電話をお願いします。

語注 associate 图 同僚　reasonable 形 手頃な　feature 動 特集している　budget 图 予算

----

38. 正解 (D)　詳細問題

【設問】
Why does the speaker want to work with Dennis?

(A) He offered a discounted rate.
(B) He has worked with her company before.
(C) He was featured in a media campaign.
(D) He was recommended by a colleague.

【訳】
なぜ、話し手はDennisと一緒に仕事をしたいのですか。

(A) 彼が割引料金を申し出た。
(B) 彼は彼女の会社と以前仕事をしたことがある。
(C) 彼がメディアでのキャンペーンに出演していた。
(D) 彼は同僚から推薦された。

【解説】
鉄則15 ▶ キーワードの言い換え表現にアンテナを張る

話し手は❶で、「Dennisが手頃な価格で素晴らしい仕事をすると同僚が言っていた」と話しているので、associateをcolleagueで言い換えている(D)が正解です。同僚が推薦したのですから、(B)のようにDennisが話し手の会社と以前仕事をした可能性もありますが、それだけでは今回電話をする理由になりません。

39. 正解 (C) 詳細問題

【設問】

What does the speaker want Dennis to do?

(A) Appear in an advertisement
(B) Apply for a job opening
(C) Shoot some videos
(D) Interview employees

【訳】

話し手はDennisに何をしてほしいと思っていますか。

(A) 広告に出演する
(B) 仕事の空きに応募する
(C) 何本かの動画を撮影する
(D) 社員にインタビューする

【解説】

鉄則15▶ キーワードの言い換え表現にアンテナを張る

話し手は❷で、動画を作るためのプロが必要と述べているので、produceをshootで言い換えている(C)が正解です。

---

40. 正解 (B) 意図推定問題

【設問】

What does the speaker imply when she says, "there should be more opportunities in the future"?

(A) She expects to receive more funding.
(B) A project could lead to additional work.
(C) There are currently no job openings.
(D) The company's market is expanding.

【訳】

話し手は "there should be more opportunities in the future" という発言で何を示唆していますか。

(A) 彼女はもっと資金を受けると期待している。
(B) 1つのプロジェクトが追加の仕事へとつながる可能性がある。
(C) 現在は仕事の空きはない。
(D) 会社の市場は拡大している。

【解説】

鉄則13▶ 意図推定問題は、話の流れに注意

話し手は❸で、「予算は限られているが、将来さらなる機会もあるはず」と言っています。今回の低予算プロジェクトが将来の大きな仕事につながる可能性をほのめかしていると考えられるので、(B)が正解です。

設問38-40の語注 apply for ~ ~に応募する opening 图 欠員 shoot 動 撮影する currently 副 現在

Part
4

ハーフ②
普通

時短模試 解答・解説

335

41.-43. 🔊155 🇬🇧

Questions 41 through 43 refer to the following broadcast.

In local news, ❶the city has announced a two-year project to improve the Condor River Bridge on Highway 59. Thousands of drivers cross the bridge daily, but the aging structure is off-limits to heavy vehicles like trucks, school buses, and ambulances. ❷The project will strengthen the bridge and extend its lifespan by decades. <u>Residents will need to be patient</u>, however. ❸The work will close two lanes of the highway, slowing traffic in the area for the duration of the project.

【訳】

問題41-43は次の放送に関するものです。

ローカルニュースです。市は、ハイウエー 59のコンドル川橋を補修するための2年プロジェクトを発表しました。日に何千というドライバーが橋を渡っていますが、この老朽化した建造物には、トラック、スクールバス、救急車のような重量車両は乗り入れ禁止となっています。このプロジェクトで橋は補強され、耐用年数が数十年延びるでしょう。しかし、住民は忍耐が必要です。プロジェクト期間中、工事でこの幹線道路の2車線が閉鎖され、地域の交通を遅滞させるでしょう。

語注 off-limits to ~ ~に対して立ち入り禁止の ambulance 图 救急車 strengthen 動 強化する extend 動 延ばす lifespan 图 寿命 decade 图 10年 duration 图 期間

---

41. 正解 (A) テーマ問題

【設問】	【訳】
What does the city plan to do?	市は何を計画していますか。
(A) Renovate an old bridge	(A) 古い橋を改修する
(B) Improve a riverfront area	(B) 川沿いの地域をよくする
(C) Build a highway overpass	(C) 幹線道路の高架橋を作る
(D) Pass new laws for drivers	(D) ドライバーのための新しい法案を通過させる

【解説】

鉄則15 ▶ キーワードの言い換え表現にアンテナを張る

話し手は❶で、「市が橋の補修プロジェクトを発表した」と述べているので、improve をrenovateで言い換えている(A)が正解です。

42. 正解 (A) 詳細問題

【設問】
According to the broadcast, what benefit will the project have?
(A) It will make a structure more durable.
(B) It will add more school buses.
(C) It will lower fuel prices.
(D) It will introduce new ambulances.

【訳】
放送によると、プロジェクトはどんな利益をもたらしますか。
(A) 建造物をより丈夫にする。
(B) スクールバスを追加する。
(C) 燃料価格を下げる。
(D) 新しい救急車を導入する。

【解説】
鉄則15 ▶ キーワードの言い換え表現にアンテナを張る

❷でプロジェクトが橋を補強して寿命を延ばすと述べているので、(A)がその言い換えになり正解です。bridgeをstructure、extend its lifespanをmore durableで言い換えています。

----

43. 正解 (A) 意図推定問題

【設問】
What does the speaker mean when she says, "Residents will need to be patient"?
(A) Traffic conditions will worsen.
(B) Construction work will be noisy.
(C) A project is behind schedule.
(D) Fees to use a highway will go up.

【訳】
話し手は "Residents will need to be patient" という発言で何を意図していますか。
(A) 交通状況が悪化する。
(B) 建設作業が騒がしくなる。
(C) プロジェクトが予定より遅れている。
(D) 幹線道路の利用料が上がる。

【解説】
鉄則13 ▶ 意図推定問題は、話の流れに注意

この発言の後に、話し手は「住人はなぜ忍耐が必要になるか」の理由を述べています。❸で、2車線が閉鎖され、slowing trafficと言っているので、(A)がその意図するところと判断できます。

設問41-43の語注　renovate 動 改修する　riverfront 名 河岸地区　overpass 名 高架　benefit 名 利益　durable 形 丈夫な

Part 4

44.-46.

Questions 44 through 46 refer to the following excerpt from a meeting.

Next, ❶**in our effort to expand our Internet presence,** our PR manager, Linda, is updating our Web site and social media platforms. This includes updating online staff profile pages and photos. ❷**So, I'd like everyone to set aside fifteen minutes of your time next week for Linda to take your profile photo** as well as some candid photos of you at work. ❸**I'm passing around her schedule now—just put down your name** on your preferred day and time.

【訳】

問題44-46は次の会議の抜粋に関するものです。

次に、インターネット上でのわが社の存在感をアップさせる私たちの試みの一環として、広報責任者のLindaが、わが社のウェブサイトとソーシャルメディアのプラットフォームを更新中です。これには、オンライン上のスタッフ紹介ページや写真の更新が含まれます。ですから、来週はLindaのために15分の時間を取り、仕事中の皆さんの素顔とプロフィール紹介用の写真を撮らせてあげてほしいのです。今彼女のスケジュール表を回します——希望する日時の所に、あなたの名前を書いてください。

> **語注**　effort 图 取り組み、試み　expand 動 拡大する　set aside ~ ~を取っておく　candid 形 ありのままの　put down ~ ~を書き留める

44.　正解 (B)　テーマ問題

【設問】	【訳】
What does the company intend to do?	会社は何をするつもりですか。
(A) Add new staff	(A) 新しい人員を増やす
(B) Increase its visibility online	(B) オンライン上での注目度を上げる
(C) Move to a larger building	(C) より大きなビルに移転する
(D) Target younger consumers	(D) より若い消費者をターゲットにする

【解説】
鉄則15▶ キーワードの言い換え表現にアンテナを張る

❶で「インターネット上でのわが社の存在感をアップさせる試み」と言っているので、(B)が正解です。設問ではour effortがintend、選択肢ではexpandがincrease、Internetがonline、presenceがvisibilityにそれぞれ言い換えられています。

45. 正解 (C) 詳細問題

【設問】

What are the listeners asked to do?

(A) Rearrange their work stations
(B) Review a Web site
(C) Make time for a photo session
(D) Meet with a new client

【訳】

聞き手は何をするよう頼まれていますか。

(A) 彼らのワークステーションを並べ替えること
(B) ウェブサイトを見直すこと
(C) 写真撮影のための時間を作ること
(D) 新しい顧客と会うこと

【解説】

鉄則15▶ キーワードの言い換え表現にアンテナを張る

「聞き手が頼まれている」つまり「話し手が頼んでいる」ので、後半の❷のI'd like everyone to（皆さんに〜していただきたい）で始まる部分に聞き耳を立てましょう。写真撮影のために15分を取ってくださいと言っているので、(C)が正解です。set aside fifteen minutesをmake timeで言い換えています。

----

46. 正解 (D) 未来の行動を問う問題

【設問】

What is the speaker giving to the listeners?

(A) A photographer's profile
(B) A design sample
(C) A contract
(D) A sign-up sheet

【訳】

話し手は聞き手に何を渡すつもりですか。

(A) 写真家のプロフィール
(B) デザインの見本
(C) 契約書
(D) 登録用紙

【解説】

鉄則15▶ キーワードの言い換え表現にアンテナを張る

質問文のgivingは❸のpassing around（回す）の言い換えですから、その目的語になっているscheduleの言い換えを選びます。消去法からも(D)が選べそうですが、話し手が「スケジュール表の希望日時に自分の名前を書く」ように述べているので、そこからスケジュール表が登録用紙となっていると判断して、(D)のsign-up sheetを選びましょう。

設問44-46の語注　intend 動 意図する　visibility 图 注目度

Part
4

ハーフ②
普通

時短模試 解答・解説

47.-49. 🔊 157 🇺🇸

Questions 47 through 49 refer to the following announcement.

❶**Attention, please. Shaysville Plaza will be closing in 15 minutes. All stores, food court counters, and other facilities will shut down.** We'll be open again tomorrow, from eight thirty A.M. to ten P.M. ❷**To take advantage of daily discount coupons and other exclusive offers, download the Shaysville Plaza smartphone app.** ❸**And be sure to visit us on June second for a special show by Frankie Manuel** from the hit TV show *Soul Kitchen*. Check out our Web site for a video preview of Frankie's family-friendly comedy! Good night and see you next time at Shaysville Plaza.

【訳】
問題47-49は次のアナウンスに関するものです。
ご案内致します。Shaysvilleプラザはあと15分で閉店いたします。全ての店舗、フードコートカウンター、その他の施設が閉まります。明日また午前8時半から午後10時まで営業致します。毎日の割引クーポンやその他の当店独自の特典のご利用には、Shaysvilleプラザのスマホアプリをダウンロードしてください。そして、人気テレビ番組「ソウルキッチン」のFrankie Manuelによる特別ショーを見に、6月2日にはぜひご来店ください。私どものウェブサイトで、家族みんなで楽しめるFrankieのコメディーの予告動画をご覧ください！　おやすみなさい、またShaysville プラザでお会いしましょう。

語注 facility 图 施設　take advantage of ~ ～を利用する　exclusive 厖 独占的な　preview 图 予告

----

47. 正解 (D)　テーマ問題

【設問】	【訳】
Where most likely are the listeners?	聞き手たちはどこにいると考えられますか。
(A) At a science museum	(A) 科学博物館
(B) At a botanical garden	(B) 植物園
(C) At an airport	(C) 空港
(D) At a shopping mall	(D) ショッピングモール

【解説】
鉄則11 ▶ 目的・場所・業種は冒頭に注意し、後のキーワードで確認

アナウンス冒頭❶で、「プラザが閉まる」と言っています。次の文のstores、food courtなどのキーワードからも(D)のショッピングモールが正解と分かります。

48. 正解 (A) 詳細問題

【設問】

What can listeners do using an app?

(A) Get special prices
(B) Order food
(C) See job opportunities
(D) Enter a contest

【訳】

聞き手たちはアプリを使って何ができますか。
(A) 特別価格を得る
(B) 食べ物を注文する
(C) 求人を見る
(D) コンテストにエントリーする

【解説】

鉄則15▶ キーワードの言い換え表現にアンテナを張る

❷で、「割引クーポンを利用するにはアプリをダウンロードしてください」という内容が流れています。従って、discountをspecial pricesで言い換えた(A)が正解です。

---

49. 正解 (C) 未来の行動を問う問題

【設問】

According to the speaker, what will happen on June second?

(A) A site will be renovated.
(B) A Web site will be launched.
(C) A live performance will take place.
(D) A video will be released.

【訳】

話し手によると、6月2日に何が起きますか。
(A) ある場所が改装される。
(B) ウェブサイトが立ち上げられる。
(C) 生のパフォーマンスが行われる。
(D) 動画が公開される。

【解説】

鉄則15▶ キーワードの言い換え表現にアンテナを張る

日付は言い換え表現がほぼないので、そのままの表現June 2という言葉に聞き耳を立てましょう。❸のspecial show by ...で、テレビ番組の出演者本人が来てショーをすることが述べられています。performanceは「演奏」だけでなく「演技」や「実演」も含むので、その言い換えとして(C)が正解になります。コメディーの予告動画については公開日に言及されていないので、(D)は不正解です。

設問47-49の語注 botanical 形 植物の renovate 動 改装する launch 動 開始する take place 動 行われる

50.-52.

Questions 50 through 52 refer to the following talk and schedule.

Hi, everyone. I hope you've been enjoying your first day at Goruma Solutions so far. ❶**I'm Dan Fowler from human resources, and I'm here to talk about our corporate culture and policies.** We have certain standards we expect all employees to meet. ❷**I'm going to distribute our code of conduct and non-disclosure rules** now, then go over them with you in detail. If anything's not clear, ❸**don't hesitate to request an explanation.** Afterward, you'll need to sign a form indicating that you will respect these policies. After that, I'll take you on a tour of the facilities before we break for lunch.

【訳】
問題50-52は次のトークと予定表に関するものです。
こんにちは、皆さん。ここまで、Goruma Solutionsでの初日を楽しんでいただけているでしょうか。私は人事部のDan Fowlerで、わが社の企業文化と方針についてお話しするために来ています。わが社には、全社員に守ってもらいたい特定の基準があります。今から行動規範と機密保持ルールを配布しますので、皆さんと一緒に詳しく見ていきましょう。何か不明点があれば、遠慮なく説明を求めてください。その後、これらの方針を尊重することを示す用紙に署名してもらう必要があります。その後、昼食休憩の前に、社内見学にお連れします。

> **語注**　human resources 人事部　distribute 動 配布する　code of conduct 名 行動規範　disclosure 名 暴露　go over ~ ~について(綿密に)調べる、~についてよく考える

50.　正解 (C)　詳細問題＋図表問題

【設問】	【訳】
Look at the graphic. When is the talk most likely taking place?	表を見てください。トークはいつ行われていると考えられますか。
(A) At 9:00 A.M.	(A) 午前9時
(B) At 10:00 A.M.	(B) 午前10時
(C) At 10:30 A.M.	(C) 午前10時30分
(D) At 11:00 A.M.	(D) 午前11時00分

オリエンテーションの予定

午前9時	給与と年金プラン
午前10時	ITシステム
午前10時30分	倫理感と機密保持
午前11時30分	オフィスツアー
正午	昼食

【解説】

鉄則14 ▶ 選択肢と図表の共通項目以外の情報が聞き所

鉄則15 ▶ キーワードの言い換え表現にアンテナを張る

図と選択肢に共有されていない情報は予定の具体的な内容なので、トークでどの内容が話されるかを聞き取りましょう。❷でcode of conduct（行動規範）やnon-disclosure rules（機密保持ルール）を配布すると言っています。従って、code of conductを言い換えたethicsと、non-disclosureを言い換えたconfidentialityについて話される(C)の時間が正解です。

51. 　正解　(D)　詳細問題

【設問】

What will the speaker give to the listeners?

(A) An instruction manual
(B) An orientation package
(C) A schedule
(D) Some rules

【訳】

話し手は聞き手に何を与えますか。
(A) 取り扱い説明書
(B) オリエンテーションのためのセット
(C) 予定表
(D) 幾つかの規則

【解説】

鉄則15 ▶ キーワードの言い換え表現にアンテナを張る

設問では、❷のdistributeをgiveで言い換えています。配布するのはcodeやrulesなので、(D)が正解です。

52. 　正解　(D)　未来の行動を問う問題

【設問】

What does the speaker encourage the listeners to do?

(A) Respect their colleagues
(B) Bring their lunch
(C) Keep a document
(D) Ask questions

【訳】

話し手は聞き手に何をするように勧めていますか。
(A) 同僚を敬う
(B) 昼食を持ってくる
(C) 文書を保管する
(D) 質問をする

【解説】

鉄則12 ▶ 過去の行動は中盤、未来の行動は後半にヒントあり

話し手は後半の❸で、don't hesitate to request an explanationと言っているので、(D)が言い換えになり正解です。

　設問50-52の語注　encourage 動 勧める

53. 正解 (D) 語彙問題

【訳】
燃料価格の下落により、この夏、旅行や輸送にかかる費用はわずかに下がりそうだ。
(A) 形 本当の　(B) 形 等しい　(C) 形 有名な　(D) 形 ありそうな

【解説】
どの選択肢も直後のtoとはコロケーションがあります。ただし、(A) true to（〜に当てはまる）、(B) equal to（〜と等しい）、(C) notable to（〜にとって有名な）に続くのは3つとも動詞ではなく名詞なので不適切です。不定詞が続くのは、(D) likely to（〜しそうな）だけです。

語注 decrease 動 減少する　slightly 副 わずかに

---

54. 正解 (B) 文法問題：品詞

【訳】
Celia JuradoのNordberg EnterprisesのCEO就任を祝う宴会には、今も健在である会社の創設者3名も出席するだろう。
(A) 動 生きた　(B) 形 生きている　(C) 形 生きていける　(D) 動 生きる

【解説】
鉄則19▶ 名詞を修飾するのは形容詞、それ以外を修飾するのは副詞

名詞の前にある空所には形容詞が入ります。通常は分詞より、純粋な形容詞が正解になることが多いです。しかし、(C) livableはlivable house（居住可能な家）やlivable salary（暮らしていける給料）のように使うので、founders（創設者）の修飾には不適切です。現在分詞からできた(B) livingであれば、「生きている→現存の」創設者という適切な意味になります。

語注 banquet 名 宴会　appointment 名 任命　founder 名 創設者

---

55. 正解 (B) 語彙問題

【訳】
Brock保険の営業研修生は、マネージャーの同伴なしで営業訪問に出る前に、監督下で2カ月間働く。
(A) 前 〜のために　(B) 前 〜の下で　(C) 前 〜の中に　(D) 前 〜の前に

【解説】
鉄則16▶ 語彙問題はコロケーションで選択肢を絞る

各選択肢とsupervision（監督）とのコロケーションを考えればOKです。該当するのは(B) under（〜の下で）だけで、「研修生は監督下で働く」と意味もつながります。

56. 正解 (C)　文法問題：品詞

【訳】

Corinne Fashionのオンラインショップの問題が解決するとすぐに、同社の売り上げは再び増え始めた。

(A) 前 〜の間　(B) 前接 〜まで　(C) 接 〜するとすぐに　(D) 接 〜とすれば

【解説】

鉄則20▶ 後ろに主語＋動詞があれば接続詞、語句だけなら前置詞を選ぶ

空所の後ろにはthe problems . . . were resolvedで「主語＋動詞」、文後半にはsales beganで「主語＋動詞」があるので、接続詞の働きをする(B)、(C)、(D)が候補として残ります。後は、大きく文意を取って正解を絞るしかありません。「問題は解決した」と「売り上げは増え始めた」の概念をつなぐには、(C) Onceが最適です。

語注 resolve 動 解決する

57. 正解 (A)　語彙問題

【訳】

Abella建築は依頼されて、Nashvilleの繁華街にある元小売店だった場所をHobart Systemsの新しい本社社屋に改築した。

(A) 動 改築する　(B) 動 均衡を取る　(C) 動 実践する　(D) 動 維持する

【解説】

鉄則16▶ 語彙問題はコロケーションで選択肢を絞る

空所の前後はto ------- a former retail locationとなっているので、location（場所）を目的語に取りそうな動詞に絞り、(A)と(D)が残ります。もう少し範囲を広げて問題文を見ると、後ろにintoがあるので、convert A into B（AをBに改築する）というセット表現で使う(A)を選びます。

語注 commission 動 依頼する　former 形 元の　retail 形 小売り

58. 正解 (C) 文法問題：品詞

【訳】

配達員は、「壊れ物」のステッカーが貼ってある包みを、そのようなラベルがない品物よりもさらに注意深く取り扱う。

※選択肢の訳は省略

【解説】

鉄則19 ▶ 名詞を修飾するのは形容詞、それ以外を修飾するのは副詞

鉄則24 ▶ as ~ as などの比較表現でも、品詞のチェックを忘れない

選択肢に比較級、最上級が含まれています。そこで、級を選ぶ目印を探すと、空所の後ろに比較級と共に用いられるthanがあります。比較級は、(B) more careful（形容詞）と(C) more carefully（副詞）の2つ。それぞれ品詞が違いますが、空所の前にはare handledと一般動詞があるので、動詞を修飾する副詞の(C)が正解です。

> **語注** bear 動 有する　fragile 形 もろい　personnel 名 人員

---

59. 正解 (D) 語彙問題

【訳】

歴史家のJennifer Guptaが、来たるQuimby博物館でのアメリカ民族アートの展示を監督するだろう。

(A) 名 バージョン　(B) 名 外出　(C) 名 観点　(D) 名 展示（品）

【解説】

鉄則16 ▶ 語彙問題はコロケーションで選択肢を絞る

空所の前の形容詞upcoming（来たる）とコロケーションがありそうな名詞は、(A)、(B)、(D)です。正解候補が2つ以上残るときは、もう少し後ろまで見ましょう。後ろにart at the . . . Museumがあるので、「博物館でのアートの-------」の空所には、(D) exhibitが適切です。

> **語注** curate 動 （美術館などの企画を）監督する　upcoming 形 来たる　folk 形 民族の

---

60. 正解 (B) 文法問題：品詞

【訳】

調査によると、消費者はキッチン家電を購入する際、最も重要な要素として信頼性を選択することが多い。

(A) 形 信頼できる　(B) 名 信頼性　(C) 名 依存　(D) 副 確実に

【解説】

choose ------- as the quality（要素として-------を選ぶ）の空所には、chooseの目的語となる名詞が必要なので、(B)と(C)が残ります。「要素として選ばれる」

ものですから(B)が最適です。

語注 survey 图 調査　consumer 图 消費者　kitchen appliance キッチン家電

----

61. **正解** (A)　語彙問題

【訳】
その会社は、元々はJohnsonスポーツ用品として知られていたが、後に名称がBig Jスポーツに変更された。
(A) 圖 後で　(B) 圖 根本的に　(C) 圖 統計的に　(D) 圖 以前は

【解説】
鉄則16 ▶ 語彙問題はコロケーションで選択肢を絞る

副詞の語彙問題なので、後ろの動詞changedとのコロケーションを見ると(A)、(B)、(D)が残ります。問題文の大意は「元A が-------B に変更された」なので、空所には(A) subsequently（後に）が適切です。

語注 originally 圖 元は

----

62. **正解** (C)　文法問題：動詞

【訳】
フライトがキャンセルされたので、乗客はホテルの宿泊と食事券を提供された。
※選択肢の訳は省略

【解説】
鉄則18 ▶ 動詞は、形・数・態・時制をチェック

問題文は「接続詞（Because）＋主語＋動詞, 主語＋-------」という構造なので、空所には、後半の複数形の主語the passengersを受ける述語動詞が必要です。従って、(C) were offeredが正解です。offerはoffer＋A＋B（AにBを提供する）のように目的語を2つ取れるので、Aを主語にした場合、空所の直後に名詞（B、ここではhotel accommodations以下）がくる受動態が成立します。

語注 accommodation 图 宿泊　voucher 图（サービスの）引換券

Part
5

ハーフ②
普通

時短模試 解答・解説

347

63. 正解 (A) 語彙問題

【訳】
Crownホテルは、主宴会場を改装、拡大して、収容力を500人まで増やした。
(A) 图 収容能力　(B) 图 全体　(C) 图 満足感　(D) 图 期待

【解説】
鉄則16 ▶ 語彙問題はコロケーションで選択肢を絞る

空所前後のincreasing its maximum ------- to 500 guests（最大の-------を500人にまで増やす）だけを見て、(A) capacity（収容力）が選べます。Hotelという主語に気付けばさらに確信できるでしょう。

---

64. 正解 (B) 文法問題：品詞

【訳】
Lucky Candiesが地元で出した広告の成果が素晴らしかったので、同社はキャンペーンを全国規模に拡大することにした。
(A) 前 〜を除いて　(B) 圏 特に優れた　(C) 副 例外的に　(D) 图 例外

【解説】
空所には主語results（結果）の補語となる形容詞が必要なので、(B) exceptionalが正解です。wereの直後なので(A) exceptingも可能に思えますが、exceptingを前置詞ととっても動詞の現在分詞ととっても、その目的語がなく不完全な形になります。

> **語注**　prompt 動 する気にさせる　expand 動 拡大する

---

65. 正解 (D) 語彙問題

【訳】
臨床試験は、Roxenaの試験薬が糖尿病患者に有益な効果があることを示している。
(A) 圏 取り巻いている　(B) 圏 本物の　(C) 圏 無傷の　(D) 圏 有益な

【解説】
鉄則16 ▶ 語彙問題はコロケーションで選択肢を絞る

has ------- effects（-------な効果を持つ）だけ見てさっと判断しましょう。effectsを修飾しそうな形容詞としては(D) beneficial（有益な）が最適です。

> **語注**　clinical testing 臨床試験　experimental 圏 実験的な　medication 图 薬剤　diabetes 图 糖尿病

66. 正解 (C) 文法問題：数量形容詞、数量代名詞

【訳】
その洗濯機には寝具用とひどい汚れ用の設定がありますが、毛布やキルトにはどちらのモードも使えます。
(A) 厖 両方の　(B) 厖 複数の　(C) 厖 どちらでも任意の　(D) 〜の中のそれぞれ

【解説】
鉄則22 ▶ 数量を表す語の選択は後ろの名詞の数をチェック

空所直後のmodeは問題文前半のa setting for beddingとa heavy-duty setting を指すので、(A) bothを選びたくなりますが、このmodeが単数形であることに注意しましょう。bothの直後の名詞は必ず複数形のはずです。同様に(B) multiple、(D) each ofの後も複数名詞しかきません。(C) eitherだけが可能な選択肢になります。

> **語注**　bedding 图 寝具　heavy-duty 厖 重労働の（ここでは「ひどい汚れ用の」くらいの意味）

---

67. 正解 (D) 語彙問題

【訳】
レオンとコロニアの都市をつなぐ急行線は、10年前に開通して以来、ずっと利益を上げ続けている。
(A) 副 容易に　(B) 副 （法的に）正当に　(C) 副 用心深く　(D) 副 一貫して

【解説】
鉄則16 ▶ 語彙問題はコロケーションで選択肢を絞る

選択肢には副詞が並んでいるので、それらが修飾する形容詞とのコロケーションを考えます。profitable（利益がある）を修飾できそうな語は(D) consistentlyだけです。この単語を知らなかった人は、(A) readily、(B) rightfully、(C) cautiouslyが比較的簡単な単語なので消去法で選ぶのもアリです。

> **語注**　profitable 厖 利益がある

Part 5

ハーフ②

普通

時短模試 解答・解説

68.-71.

※下線部は設問の正解の訳です。

【訳】

問題68-71は次の広告に関するものです。

> 全国に支店を持つ服飾小売業のSpirit Fashionは、マーケティングマネジャーを探しています。経験者のみご応募可能です。もしあなたが、ファッション業界で7年以上のマネジャー職の経験をお持ちならご連絡ください！
>
> 私たちは、創造力とやる気があってきちょうめんな方を求めています。主な職責は、独創的な販促キャンペーンの策定、ソーシャルメディアと広報の管理です。マーケティングマネジャーは、5人のスタッフから成るチームの監督業務も行います。業務内容の詳細は弊社のウェブサイトでご覧になれます。応募者は6月5日金曜日までに履歴書をwww.spiritfashion.com/jobsにアップロードしてください。

【設問】

68. (A) current
(B) licensed
(C) experienced
(D) local

69. (A) You
(B) We
(C) They
(D) It

70. (A) The marketing manager also supervises a team of five staff.
(B) Direct any other inquiries to our communications department.
(C) The company was founded in Brighton twenty years ago.
(D) These duties are increasingly being outsourced to contractors.

71. (A) Recruiters
(B) Participants
(C) Organizers
(D) Applicants

【訳】

68. (A) 形 現在の
(B) 形 免許のある
(C) 形 経験のある
(D) 形 地元の

69. (A) 代 あなたは
(B) 代 私たちは
(C) 代 彼らは
(D) 代 それは

70. (A) マーケティングマネジャーは、5人のスタッフから成るチームの監督業務も行います。
(B) ほかの問い合わせは全て弊社のコミュニケーション部へお願いします。
(C) 当社は20年前にブライトンで設立されました。
(D) これらの仕事はますます請負業者に外注されていっています。

71. (A) 图 採用担当者
(B) 图 参加者
(C) 图 運営者
(D) 图 応募者

語注 retailer 图 小売り業者　seek 動 探し求める　no later than ~ ～より遅れることなく

68. 正解 (C) 語彙問題

【解説】
全ての選択肢が空所直後の名詞candidates（候補者）とコロケーションがあります。次の文If you have held 以下で「7年以上ファッション業界でマネジャー経験があれば連絡して」という旨が述べられているので、求められている人材に付く修飾語には(C) experiencedが最適です。

-----

69. 正解 (B) 文法問題：代名詞

【解説】
鉄則26 ▶ 代名詞は単複や人か物かを考えて選ぶ

空所の後のrequireの後には応募者に求める資質が列挙されているので、その主語には、求人側を表す(B) Weが適切です。空所の前でもwe want to hear from you!と、すでにwe が用いられているのもヒントになります。

-----

70. 正解 (A) 文選択問題

【解説】
鉄則25 ▶ 文挿入は代名詞やつなぎ言葉をヒントに文脈から判断

(A)にはalso（〜もまた）が含まれています。前の文では職責を列挙しており、(A)も別の職責に触れているのでalsoでつなぐのにふさわしい内容となり正解です。(B)は「ほかのいかなる問い合わせも」で始まっていますが、その前にどんな「問い合わせ」も出てきてないので不自然です。空所の前後では求人の仕事内容が述べられているのに、(C)では急に「会社の歴史」が挿入されることになり不自然です。(D)を選ぶとThese dutiesは「職責」を指すことになりますが、それが外注になるなら求人は必要ないことになり、筋が通りません。

-----

71. 正解 (D) 語彙問題

【解説】
求人広告ですから、履歴書をアップロードするのは(D)の「応募者」が最適です。

設問68-71の語注 supervise 動 監督する　inquiry 图 問い合わせ　outsource 動 外注する
contractor 图 請負業者

72.-75.

【訳】

問題72-75は次の手紙に関するものです。

Grace Sanderson   2月3日
トリニティ通り474　オンタリオ州トロント　M1B4S9

Grace Sanderson様

Pathways to Education Foundationは、毎年、何百万という子供たちが質の高い学校や学習教材に手が届くよう支援しています。 自分たちの使命を追求するため、 私たちは寛大な寄付者の皆様のご寄付に頼っております。 それゆえ、あなたからのご寄付をお願いすべく心を込めてお便りを差し上げております。 昨年、あなたは200ドルの寄付をしてくださいました。 また同様のご寄付をご検討いただければ幸いです。もし、 私たちの大義への貢献を望まれるなら、 同封の封筒に小切手を入れて送金していただくか、www.pathways.org/donate/にてオンライン寄付をお願い致します。 ウェブサイトでは、 私たちの目標や活動についてもより詳しくご覧いただけます。 ご寄付いただける場合は、ご寄付受領後、 税金控除用の領収書をお送り致します。

ご支援に感謝致します。

Miranda Hooper
Global Education Access Foundation ディレクター

語注　pursue 動 追求する　generous 形 気前のいい　donor 名 寄贈者　kindly 副 心を込めて　check 名 小切手　enclosed 形 同封の　tax receipt 税控除用の領収書

【設問】

72. (A) Accordingly
(B) Otherwise
(C) Nevertheless
(D) In addition

73. (A) All of them were used to directly fund our global activities.
(B) This year's deadline of February 28 is approaching.
(C) Further information about your financial status is required.
(D) We hope that you are able to consider giving a similar amount again.

【訳】

72. (A) 接副 それゆえに
(B) 接副 さもなければ
(C) 接副 それにもかかわらず
(D) 接副 それに加えて

73. (A) それらの全ては私たちの世界中での活動資金に直接充てられました。
(B) 今年の締め切り日2月28日が近付いています。
(C) あなたの財政状態のさらなる情報が求められています。
(D) また同様のご寄付をご検討いただければ幸いです。

74. (A) appeal   (C) cause
    (B) situation   (D) matter

75. (A) will be receiving
    (B) have received
    (C) received
    (D) receiving

74. (A) 訴え   (C) 大義
    (B) 状況   (D) 用件

75. 選択肢の訳は省略

---

72. 正解 (A) 語彙問題

【解説】

選択肢には、つなぎの語句が並んでいます。大きく話の流れをとると、空所の前は「寄付に頼っている」、後ろは「寄付をお願いしたい」という内容になっているので、順接の意味になる(A) Accordinglyが最適です。

---

73. 正解 (D) 文選択問題

【解説】

鉄則25 ▶ 文挿入は代名詞やつなぎ言葉をヒントに文脈から判断

ここまでにthemが指す複数名詞が出てきていない(A)と、「あなたの財政状態」についての言及がないのにfurther（さらなる）を用いている(C)はすぐ外せます。(B)は、寄付に締め切りがあるのは不自然です。(D)にはsimilar amount（似たような金額）が指す200ドルが前にあるのでこれが適切です。

---

74. 正解 (C) 語彙問題

【解説】

慈善団体のような組織の「大義、信条」はcauseで表せるので、(C)が適切です。(A) appeal は、例えば、We would like to raise funds for providing a computer to each elementary school student in the city. (市の各小学生にコンピューターを1台ずつ提供するために資金を集めたい) のような具体的な要望が示されているときに用います。(B) situation、(D) matter は漠然とし過ぎており、募金の対象を表すには不適切です。

設問72-74の語注　directly 副 直接　similar 形 似ている

Part
6

ハーフ②
普通

時短模試 解答・解説

75. 　正解　(B)　文法問題：動詞

【解説】
鉄則18 ▶ 動詞は、形・数・態・時制をチェック

空所の前のa tax receipt will be mailed to youは未来の話をしているので、過去形の(C) receivedは外せます。述語動詞にならない(D) receivingも除外できます。領収書はお金が支払われてから渡すものなので、(B)が正解です。after以下は時・条件を表す副詞節です。時・条件を表す副詞節では未来時制は使わないので、未来完了のwill have receivedが現在完了形で代用されています。

76.-77.

【訳】
問題76-77は次の広告に関するものです。

> 雑誌*Consumer Advocate*において、5年連続で宅配業者ナンバーワンに選ばれているEFSが、来たるホリデーシーズンに向けて宅配ドライバー、倉庫スタッフを急募しています。仕事はパートタイムで、以前の経験は不問です。最低8週間の仕事が保証されます。宅配ドライバーの応募者は、21歳以上で、有効な運転免許を有し、最大25キロの重さを持ち上げられなければなりません。倉庫の仕事に応募される方は、夜間勤務が可能で、最大25キロの重さを持ち上げられなくてはなりません。応募書類はただ今www.efs.com/joinusで受け付け中です。

76. お知らせの目的は何ですか。
(A) 新しいフルタイムの仕事を広告すること
(B) 社員に追加のシフト勤務を頼むこと
(C) 臨時社員を雇うこと
(D) 業界の賞を発表すること

77. EFSについて何が示されていますか。
(A) 国内各地に倉庫を持っている。
(B) 創業して5年になる。
(C) ホリデーシーズンのみ営業している。
(D) そのサービスは高く評価されている。

　語注　in a row 連続して　immediate 形 即時の　warehouse 图 倉庫　upcoming 形 来たる　guarantee 動 保証する　valid 形 有効な　temporary 形 一時的な　industry award 業界の賞

76. 正解 (C) テーマ問題

【解説】
鉄則11▶ 目的・場所・業種は冒頭に注意し、後のキーワードで確認
鉄則15▶ キーワードの言い換え表現にアンテナを張る

冒頭でEFS . . . has immediate job openingsとありその次の文でPositions are part-timeと述べているので、part-timeをtemporaryで言い換えている(C) To recruit temporary workersが正解です。

----

77. 正解 (D) 内容一致問題

【解説】
鉄則15▶ キーワードの言い換え表現にアンテナを張る

1文目にranked the country's number one delivery companyとあるので、(D) It has been highly rated for its service.が言い換えとなり正解です。このように、2つ目の設問のヒントが1つ目の設問のヒントの前にさりげなくあると、見逃すこともあります。この問題のように2度読みしなければいけないところが1、2行であれば、2度読みしてしっかり正解しましょう。でも、もっと長い文の場合は、2度読みするくらいならスルーもアリです。

78.-80.

【訳】
問題78-80は次の手紙に関するものです。

Day歯科医院
21番通り 222 ミネアポリス
612-625-9823

Emma Walker様
19番通り 309 ミネアポリス
ミネソタ州　55455

Walker様

この手紙は、あなたが3月14日午後3時のJudith Day 医師との歯科予約に来院されなかったことをお知らせするものです。当院は24時間前キャンセルポリシーがあり、初診時にご署名いただいた同意書に明記されています。

記録では、予約に来院されなかったのは、過去12カ月でこれが2回目です。前回は11月2日で、その時は、15ドルのキャンセル料を免除させていただきました。残念ながら、再び同様の対応はできかねます。キャンセル料は次回の請求書に加算され、次の予約された受診日にお支払いいただきます。これは保険ではカバーされないことをご了承ください。

あなたは、Day 歯科医院の大事な患者様です。ご予約の変更、またはこの手紙に関して何かご質問があればお電話くださいませ。

失礼します。

Lisa Dutch
オフィスマネジャー

---

78. 手紙によると、Walkerさんは何をしましたか。
(A) 歯科医院に忘れ物をした。
(B) ぎりぎりで予定を変えた。
(C) 予約に現れなかった。
(D) 歯科医院からの請求の支払いが遅れた。

79. Walkerさんは何をするように頼まれましたか。
(A) 用紙に署名する
(B) 書類を郵送する
(C) 罰金を払う
(D) 請求を無効にする

80. Day Dental Practice について何が示唆されていますか。
(A) 歯科保険を受け入れている。
(B) 約1年前に開業した。
(C) スタッフに歯科医師は1人しかいない。
(D) 現金支払いは受け付けていない。

語注　miss 動 逃す　state 動 述べる　consent form 同意書　previous 形 以前の　waive 動 無効にする　due 形 支払い期日の　valued 形 貴重な　show up 現れる　bill 名 請求書

---

78. 正解 (C)　詳細問題

【解説】
鉄則15▶ キーワードの言い換え表現にアンテナを張る

Walkerさんは手紙の受け取り人で、冒頭にyou missed your dental appointmentとあるので、(C) She did not show up to an appointment.が言い換えになり正解です。

---

79. 正解 (C)　詳細問題

【解説】
鉄則15▶ キーワードの言い換え表現にアンテナを張る

第1段落で、「予約のキャンセルは24時間前までに行わなければならない」というルールを思い出させた上で、第2段落2文目で15ドルのキャンセル料について言及しています。さらに第2段落後半で、The fee will be added to your next billと述べています。(C) Pay a penaltyがその言い換えとなり、正解です。

---

80. 正解 (A)　内容一致問題

【解説】
第2段落最終文にit is not covered by your insuranceとあります。ということは、通常の治療には保険が使えるということなので、(A) It accepts dental insurance.が正解です。

81.-84.

【訳】

問題81-84は次のお知らせに関するものです。

オスウエゴ湖州立公園をご利用の皆様へ:

環境品質管理部は、9月30日の時点で今シーズンの水質監視を終了しました。有害アオコ(HABs)の監視は来年6月に再開します。しかしながら、有毒藻は1年中存在する可能性があります。それらは、人体やペットに深刻な健康リスクをもたらす可能性があります。オレゴンの水域の中あるいは周辺での活動に参加する前には、HABsからの身の守り方を知っておきましょう。

これらは、自然発生する水性バクテリアがある状況で急速に増殖し、広範囲の水域を覆ってしまう際に生まれます。水面に緑色の線状あるいは点状の層として現れるものもあります。水の表面に緑や青の塗料が浮いているように見えるものもあります。また池や小川があたかも緑の塗料やエンドウ豆のスープで一杯になったかのように、水を完全に緑に変えてしまうものもあります。

オレゴンの湖、池、川、小川を楽しむときは注意してください。泳ぐ際には、水を飲まないように気を付けてください。食事や食事を準備する前には、きれいな水と石けんで手を洗ってください。調理する前に、魚は全てよく洗い、内臓は取り除いてください。もしHABを見つけたと確信したら、(503) 555-0113の環境品質管理部のホットラインまでご連絡ください。

---

81. お知らせによると、次の6月に何がありますか。
(A) ペットはもう公園に入ることを許されない。
(B) オスウエゴ湖のレクリエーション利用は禁止される。
(C) 幾つかの公園施設は工事中となる。
(D) 当局が水の安全点検を再開する。

82. お知らせの目的は何ですか。
(A) 訪れる人に湖での塗料の流出について注意喚起すること
(B) 公園の開園時間の変更を知らせること
(C) 危険な状態の認識の仕方を説明すること
(D) 毒に冒された際の応急手当の方法を説明すること

83. なぜ、来園者は電話をかけなければならないのですか。
(A) 清掃活動に志願するため
(B) 潜在的危険を発見したことを報告するため
(C) 危険な漁業行為を警告するため
(D) 宿泊用のキャンプ場を予約するため

84. [1]、[2]、[3]、[4] と記載された箇所のうち、次の文が入るのに最もふさわしいのはどれですか。

「泳ぐ際には、水を飲まないように気を付けてください」

(A) [1]　　　　(C) [3]
(B) [2]　　　　(D) [4]

語注 harmful 形 有害な algal blooms アオコ藻類ブルーム（藍藻の大量発生） toxic 形 毒性の algae 图（alga[藻]の複数形） body of water（湖や海の）水域 aquatic 形 水の multiply 動 繁殖する streak 图 筋、しま resume 動 再開する spill 图 流出 first-aid procedures 応急手当 poisoning 图 中毒

---

81. 正解 (D) 詳細問題

【解説】
鉄則15 ▶ キーワードの言い換え表現にアンテナを張る

第1段落の2文目に設問文のJune が見つかります。ここで、「水質監視は来年6月に再開する」と述べているので、正解は(D)です。

---

82. 正解 (C) テーマ問題

【解説】
この設問の解答には消去法が効果的です。第1段落3文目では、有毒生物は通年存在する可能性があることに触れています。第1段落を読み終わった時点で選択肢を見ると、(A)と(B)は全く方向性が違うと分かります。第2段落は、有毒生物の外見の詳述です。第3段落では、危険を避けるための注意が述べられていますが、(D)の「応急手当」にまでは言及がありません。第2段落の要約となる(C) To explain how to recognize dangerous conditionsが適切です。

---

83. 正解 (B) 詳細問題

【解説】
鉄則15 ▶ キーワードの言い換え表現にアンテナを張る

「電話番号」が登場する最終段落の最後の文に注目しましょう。If you believe you may have discovered an HABと言っています。HABは有毒生物なので、(B) To report finding a potential hazardが言い換えとなり、正解です。

---

84. 正解 (D) 文挿入問題

【解説】
鉄則25 ▶ 文挿入は代名詞やつなぎ言葉をヒントに文脈から判断

[1]だと、次の文の主語Theyとそれが指すalgaeが離れてしまいます。[2]でも、後ろのTheseとそれが指すHABsが不自然に離れます。[3]だと、その前の文で説明している汚れた水で泳ぐことを勧めているようで不自然です。(D)の[4]であれば、水に入るときの注意が羅列され、後ろにも自然につながります。

Part 7

ハーフ② 普通

時短模試 解答・解説

85.-88.

【訳】
問題85-88は次のウェブページに関するものです。

www.sunshinecounseling.com/about

サマーセットの中心街で患者の相談に乗っていたころ、Randal Peterson 医師はよく、彼らにもっと戸外で過ごすように訴えていました。定期的に歩くことは、身体的健康に良いことに加え、メンタルヘルスの改善にも役立ちます。Peterson 医師は、運動と新鮮な空気が彼らの気分や総合的な健康にもたらす治療的な恩恵を、患者に体験してもらいたかったのです。

9年後、Peterson 医師は、町の外に診療所を移してSunshine Counselingを設立し、彼の提供するサービスに屋外セッションを加えました。セッションでは、患者とカウンセラーは公園や、起伏に富んだ田舎道を、屋内でのセッションと同じように話をしながら散策します。典型的なカウンセラーのオフィスではぎこちなかったり、心地悪く感じたりする傾向のある患者たちも、屋外を歩いていると、心を開きやすくなることがよくあります。患者自身が歩くペースを決め、いつでも座ったり、休憩したりできます。

カウンセリングの効果を見るには、こちらをクリックしてください。Sunshine Counselingは、数時間以内にお返事して、無料の初回オンライン診療を設定します。そこで、あなたとPeterson医師が面会して、あなたに最適のセラピーのタイプを決めることができます。

---

85. ウェブページの目的は何ですか。
(A) 来たる記念日を発表すること
(B) サービスの恩恵を説明すること
(C) セラピストの資格をリストアップすること
(D) カウンセラーの選び方についてアドバイスすること

86. Peterson医師について示されていることは何ですか。
(A) 9年前にサマーセットに引っ越しした。
(B) Sunshine Counseling を自宅から運営している。
(C) 複数の場所でオフィスを営んでいる。
(D) 彼の仕事場を移転した。

87. 第2段落6行目の"open up"に最も意味が近いのは
(A) より幅が広くなる
(B) 伸びていく
(C) 自由に話す
(D) 運営を開始する

88. Sunshine Counselingについて何が示唆されていますか。
(A) 屋内のカウンセリングは提供していない。
(B) 初回の話し合いは無料で提供している。
(C) 患者が相談の予定を簡単に変えることを許している。
(D) 現在新規患者は受け付けていない。

語注 urge 動 力説する　therapeutic 形 治療の　well-being 名 幸福、健康　practice 名 開業場所　rolling 形 なだらかな起伏がある　awkward 形 ぎこちない、気まずい　open up 心を開くassessment 名 査定　upcoming 形 来たる　qualification 名 資格　multiple 形 複数の　relocate 動 移転する　currently 副 現在

85.　正解 (B)　テーマ問題

【解説】
鉄則11▶ 目的・場所・業種は冒頭に注意し、後のキーワードで確認
冒頭で運動のメンタルヘルスへの恩恵について述べ、その後もそれをカウンセリングに取り入れたことを述べているので、(B) To describe the benefits of a serviceが正解です。

86.　正解 (D)　内容一致問題

【解説】
鉄則15▶ キーワードの言い換え表現にアンテナを張る
第2段落で、Dr. Peterson moved his practice just outside of townとあるので、(D) He relocated his place of business.が正解です。彼の自宅には言及がないので、(B)は間違いです。

87.　正解 (C)　語彙問題

【解説】
open upが使われている文では、Patients who tend to feel awkward or uncomfortable in a typical counselor's officeでも戸外だとopen upすることがあると述べています。従って、ここでのopen upは「心を開いて話せる」というニュアンスなので、(C) talk freelyが最も近い意味になります。

88.　正解 (B)　内容一致問題

【解説】
鉄則15▶ キーワードの言い換え表現にアンテナを張る
段3段落のSunshine Counselingの説明にあるa free initial online assessmentを言い換えた(B) It provides the first meeting at no charge.が正解です。屋内カウンセリングを全くしていないという記述はないので、(A)は不適切です。

89.-93.

【訳】

問題89-93は次のテキストメッセージとウェブページに関するものです。

Rachel Burton

Sarah Yamada（5月5日 午後2時58分）

Rachel、今年の国際接客業協会見本市のための、あなたのロンドン行きフライトの旅程を送ります。リントンビル市営空港を6月16日土曜日、午前7時55分に出発します。フライトはボストンで接続して、ロンドンのヒースローに向かい、帰りも同じ経路で6月24日日曜日午後10時着です。利用するのはリントンビル市営空港で、リントンビル地方空港ではないのでご注意ください！　両空港の間にはシャトルバスがないので、もしうっかり間違った空港に行ってしまうと、フライトに間に合う時間までに正しい空港に着かないでしょう。

見本市の入場許可証とホテルの詳細は入手次第転送します。何かご質問があればお知らせください。
［Rachel_Burton_旅程ファイル］

www.lintonville-municipal-airport.com/announcements

リントンビル市営空港（LMA）

ホーム　スケジュール　発表　LMAについて

発表：駐車場の一時閉鎖

6月1日

予定されていた工事のため、メインの駐車場は、6月23日から26日まで閉鎖されます。その期間に置かれている車両はレッカー移動されます。旅行の予定が閉鎖期間に重なっている方は、E-J列のレンタカーの返却エリアに車を止めておくこともできます。短時間駐車エリアに夜をまたいで止めることはしないでください。

閉鎖期間中にあなたの車がメインの駐車場あるいは短時間駐車エリアから移動された場合は、(213) 555-0345 に電話して引き取り指示を受けてください。詳細については、午前8時半から午後7時半の間に勤務中の係員にご相談いただくか、空港内外に掲示されているお知らせをご覧ください。

89. 山田さんは、彼女のメッセージと一緒に何を送りましたか。
(A) イベントのプログラム
(B) ホテルの情報
(C) 飛行機の旅程
(D) 見本市の入場券

90. Burtonさんについて何が示されていますか。
(A) 業界のイベントに出席する予定である。
(B) 毎年ロンドンに旅行している。
(C) 医療分野で働いている。
(D) もっと遅いフライトを希望していた。

91. テキストメッセージによると、Burtonさんはなぜ気を付けなくてはならないのですか。
(A) 空港のシャトルバスサービスのチケットは売り切れているかもしれない。
(B) 彼女の旅で、2種類の異なった航空会社を使う。
(C) ボストンでの乗り継ぎ時間が短い。
(D) 1つの地域に2つ以上の空港がある。

92. 誰かが、ウェブページに載っている電話番号に電話しなければならない理由は何ですか。
(A) 駐車許可書を購入するため
(B) 移動された車を見つけるため
(C) 行方不明の荷物について尋ねるため
(D) 空港までの道順を教えてもらうため

93. 空港まで自分の車を運転していく場合、Burtonさんは何をすべきですか。
(A) レンタカー返却エリアに駐車する
(B) シャトルバスサービスを使う
(C) 係員に相談する
(D) 車を短時間駐車エリアに置いておく

語注 itinerary 图 旅程（表） municipal 形 地方自治の note 動 注意を払う forward 動 転送する temporary 形 一時的な overlap 動 重なる retrieval 图 回収 attendant 图 係員 on duty 勤務中の parking permit 駐車許可証 relocate 動 移動させる confer 動 話し合う

----

89. 正解 (C) 詳細問題

【解説】
鉄則15▶ キーワードの言い換え表現にアンテナを張る

Sarah Yamadaさんは、このメッセージの発信者です。冒頭にhere's the itinerary for your flightとあるので、(C) An airline travel scheduleが言い換えになり正解です。

90. 正解 (A) 内容一致問題

【解説】
鉄則15 ▶ キーワードの言い換え表現にアンテナを張る

Burtonさんはメッセージの受信者です。その1文目にyour flight to London for this year's International Hospitality Association Expoとあります。つまり、彼女は見本市に行くということですから、(A) She plans to attend an industry event.が言い換えで、正解です。

----

91. 正解 (D) 詳細問題

【解説】
鉄則15 ▶ キーワードの言い換え表現にアンテナを張る

テキストメッセージ中盤に、設問のbe carefulと同様の意味になるNote(注意してください)で始まる箇所があり、「間違って別の空港に行くと間に合わなくなる」と述べられています。この地域に空港が複数あるということなので、(D) An area has more than one airport.がbe carefulの理由になり正解です。more than oneで「1つより多い」ですから、空港が2カ所以上あるという意味です。

----

92. 正解 (B) 詳細問題

【解説】
鉄則15 ▶ キーワードの言い換え表現にアンテナを張る

設問にある電話番号をウェブページ上で探すと、第2段落の1文目に出てきます。この文前半のIf your car has been removed(あなたの車が移動された場合には)と後半のfor retrieval instructions(引き取り指示を求めて)を要約して言い換えた、(B) To find a relocated vehicleが正解です。

----

93. 正解 (A) 内容一致問題＋CR問題

【解説】
鉄則27 ▶ CR問題のヒントは、他の設問のヒントがない部分にある

CR問題がまだ一つもないので、絶対にこの設問がそうであるはずです。ほかの問題のヒントになっていない所に注目しましょう。ウェブページの前半にthe main parking lot will be closed from June 23 to June 26とあり、その期間は、you may leave your car in the rental return areaとあります。テキストメッセージ中盤で、Burtonさんは空港閉鎖期間中の6月24日に帰ってくると書かれているので、すべきことは、(A) Park in the rental return areaです。

94.-98.

【訳】
問題94-98は次の広告、Eメールと手紙に関するものです。

求む：会計事務所の受付

Schneider & McQuarrieは、私たちの忙しいオフィスのために、強力な対人スキルを持った受付担当者を探しています。受付担当者は、ほかのチームメンバーと密に働き、オフィスの円滑な運営において重要な役割を担います。業務は、接客、電話の応対、紙やEメールでの通信業務を含みます。受付担当者はまた、事務備品の管理もして、必要に応じて新しい物を購入します。

これは他社に負けない給与と待遇の正社員職です。ご応募には、履歴書、短い自己紹介、そして署名入り推薦状のPDFをhiring@schneidermcquarrie.comまでEメールでお送りください。お電話や直接来社によるご応募は受け付けておりません。

送信者：isabellemeade@abcmail.com
受信者：hiring@schneidermcquarrie.com
日付：3月26日
件名：受付の仕事
添付：IM形式ファイルの履歴書、IM形式ファイルの推薦状

ご担当者様

御社の求人に関してご連絡しております。私は受付の経験があり、歯科医院、広報代理店、そして現在は法律事務所といった、異なる分野のさまざまな雇用主の下で正社員として働いてきました。私のしっかりと物事をまとめていくスキルと、前向きでプロフェッショナルな関係を構築する能力で、Schneider & McQuarrieの貴重な人材になれると信じております。

履歴書と推薦状を添付致しました。この機会について御社とさらに話し合えることを楽しみにしております。

敬具
Isabelle Meade

Part
7

ハーフ②
普通

時短模試 解答・解説

3月4日

ご担当者様

Isabelle Meadeは過去2年間、Fitzroy & Partnersにて勤務しております。この間、彼女は非常に有能で信頼できるということを証明してきました。明るい態度と職業倫理感を持つ理想的な受付係です。彼女を推薦できることは喜びです。彼女がいなくなるのは残念ですが、自宅により近い所で働きたいという彼女の希望も理解しております。

さらにお知りになりたいことがあれば、(604) 555-0338までご連絡ください。

敬具
Andrew Fitzroy

94. 広告によると、受付係の職務の一つでないのは何ですか。
(A) 郵便物に対処すること
(B) 資材を注文すること
(C) 予約を設定すること
(D) ほかのスタッフと協力すること

95. 仕事への応募者は何をするように頼まれていますか。
(A) 会計の知識を示す
(B) 申込書に記入する
(C) 希望給与を明記する
(D) 書類をEメールでのみ送る

96. Meadeさんは彼女のEメールでどの応募要件に言及していますか。
(A) 専門的な資格
(B) フルタイムで働けること
(C) 対人スキル
(D) 事務備品の管理能力

97. 手紙によると、Meadeさんについて正しいと考えられることは何ですか。
(A) 彼女は3月4日に退職した。
(B) 彼女は小さな会社で働くことをより望む。
(C) 彼女は個人的な理由で転職する予定だ。
(D) 彼女は別の都市に転居する予定だ。

98. Fitzroyとは誰であると考えられますか。
(A) 法律家
(B) 広報専門家
(C) 会計士
(D) 人事部長

語注 accounting 图 会計　interpersonal 形 対人関係の　play a key role 重要な役割を果たす　ensure 動 確実にする　correspondence 图 通信　competitive 形 他に負けない　reference 图 推薦状　in-person 直接の　with regard to ~ ~に関して　attached 形 添付された　competent 形 有能な　ethic 图 倫理　desire 图 要望　collaborate 動 協力する　fill out ~ ~に記入する　specify 動 明記する

94.　正解 (C)　NOT 問題

【解説】
鉄則15▶ キーワードの言い換え表現にアンテナを張る
広告第3〜4文目のTasks include以下に職務が列挙されています。(A)は handling print and e-mail correspondenceの、(B)はmanage office supplies and purchase new ones の、(D)はWorking closelyで始まる広告2文目の言い換えです。従って、言及のない(C) Setting up appointments が正解です。

95.　正解 (D)　詳細問題

【解説】
鉄則15▶ キーワードの言い換え表現にアンテナを張る
広告後半で「応募はEメールで」と説明しており、特に最後の文で No phone calls or in-person applications.とあるので、(D)が正解です。

96.　正解 (C)　詳細問題＋CR問題

【解説】
鉄則15▶ キーワードの言い換え表現にアンテナを張る
Eメール3文目のability to build positive professional relationshipsが、広告の応募要件1文目のstrong interpersonal skillsの言い換えとなるので、(C)が正解です。募集要項の第2段落にfull-time position（正社員職）とあります。Eメールで、過去にフルタイムで働いていたことに触れていますが、今回もフルタイムで働けるとは明言していないので(B)は正解ではありません。

97.　正解 (C)　内容一致問題

【解説】
鉄則15▶ キーワードの言い換え表現にアンテナを張る
現在の雇用主からの推薦状の第1段落最終文に we understand her desire to work closer to homeとあります。「自宅により近い所で働きたい」というのは個人的な理由なので、(C) She is changing jobs for personal reasons.が言い換えになり正解です。(A)の3月4日は推薦状の日付ですが、そこではIsabelle Meade has been an employee of Fitzroy & Partners . . .と現在完了形を用いて書かれており、まだ雇用中であることが分かります。

98. 正解 (A) 詳細問題＋CR問題

【解説】

鉄則27 ▶ CR問題のヒントは、他の設問のヒントがない部分にある

Fitzroyさんは、推薦状の書き手で、Meadeさんの現在の雇用者です。しかし、推薦状だけでは彼の職種を特定する情報がないので、CR問題だと分かります。MeadeさんのEメールの第1段落前半の職歴は、結構な行数が割かれているのに、どの問題のヒントにもなっていません。そこに注目すると、at present, a law firm（現在は法律事務所）とあるので、(A) A lawyerが正解です。

99.-103.

【訳】

問題99-103は次のウェブページ、見積書、テキストメッセージに関するものです。

当社のサービス

お住まいや会社のお引っ越しサービス全般に加えて、Franzino Movingは、数多くのサービスを個別にもご提供しています。ご自身の車でお引っ越しされるお客様には、積み込み、荷下ろしに加え、プロによる梱包、荷ほどきを提供しています。また、箱やテープ、気泡シート、その他も販売しております。

弊社は十分なライセンスを取得しており、シニアの方々（65歳以上）には割引も提供しています。無料お見積もりは今すぐお電話を。お待ちしています！

Franzino引っ越し社
ウエストプラザ4086
ジョージア州アトランタ

お客様名：Elizabeth Martinez　　　　　　　　　　お見積もり日：5月1日

引っ越し日：5月27日土曜日～5月28日日曜日
出発地：アーモンドコート4005、マリエッタ、ジョージア州
移転先：ヴァーノン通り907B、フェルナンディナビーチ、フロリダ州
お引っ越しタイプ：一般住居、377マイル
見積もり容量：687立方フィート　＠3.75ドル
　　　　　基本見積もり料金：　　2576.25ドル
　　　　　シニア割引　　　：　－257.63ドル
　　　　　別途サービス　　：　　0　（ご利用なし）
　　　　　お見積もり合計　：　　2318.62ドル

注：内金463.72ドル（5月1日カード払い済み）は、最終請求書に充当。

提供される見積もりは、記載された在庫と条件に基づいています。場所の変更、在庫の
増減、およびその他の変動要因によって、引越しの総時間と費用が変わります。

作成：Kayla Todd

Kayla Todd
5月29日午前10時55分

こんにちは、Elizabeth Martinezです。お電話に出られなくて失礼しました。昨日Eメールで新しい見積書をいただきましたが、全てよさそうです。ジョージア州からの元のフライトがキャンセルになった後の変更に対応していただき、再度お礼申し上げます。

フロリダに着いたところですが、トラックが来るころにはアパートに着いているはずです。でも万一また遅れた場合に備えて、前もってアパートの管理人に電話して、引っ越し作業員の方が到着次第、荷下ろしを開始させてもらうようお願いしました。

99. Franzino引っ越し社によって提供されていないサービスは何ですか。
(A) 引っ越し用品の販売
(B) 引っ越し車両のレンタル
(C) 引っ越しのために身の回り品を準備すること
(D) 品物を車両に積み込むこと

100. 見積書、注の1行目の"deposit"という語句に最も意味が近いのは
(A) 蓄積
(B) 層
(C) 支払い
(D) 貯金

101. Martinezさんについて正しいと考えられることは何ですか。
(A) 彼女の事業所を移転させている。
(B) 請求金額の全額を事前に支払った。
(C) 請求書を現金で支払う予定である。
(D) 65歳以上である。

102. Martinezさんのテキストメッセージの目的は何ですか。
(A) 引っ越し会社に遅延を連絡すること
(B) 建物に入れることを確認すること
(C) Toddさんに新しい見積もりの準備を依頼すること
(D) 引っ越し作業員に道順を教えること

103. 引っ越しのどの側面が5月1日以降に変更されましたか。
(A) 荷物の大きさ
(B) 目的地の住所
(C) 出発地の場所
(D) 到着日

語注 standalone 厖 独立した　bubble wrap 気泡シート　estimate 图 見積もり　residential 厖 住宅の　deposit 图 内金　accommodate 動 対応する　belongings 图 身の回り品

----

99. 正解 (B) NOT問題

【解説】
鉄則15▶キーワードの言い換え表現にアンテナを張る

(A) Sales of moving suppliesは、ウェブページの3文目のWe also sell boxes以下の言い換えです。(C) Preparing belongings for moving、(D) Putting items into vehiclesは、ウェブページ2文目のWe offer professional packing and unpacking as well as loading/unloadingの言い換えです。従って、言及のない(B) Renting out moving vehiclesが正解です。

100. 正解 (C) 語彙問題

【解説】

deposit will be applied to final billの直訳は「内金は最終請求書に適用される」です。ここでのdepositは事前に支払われた費用の一部（sown paymentと言います）なので、(C) paymentが正解です。

----

101. 正解 (D) 内容一致問題＋CR問題

【解説】

鉄則27▶ CR問題のヒントは、他の設問のヒントがない部分にある

ウェブページ最後のoffer discounts for senior citizens (65 and older)というただし書き部分がまだヒントになっていないことを意識してMartinezさん宛ての見積書を見ると、Senior Discountが適用されているので、(D) She is at least 65 years old.が選べます。見積書のMove typeはResidentialなので(A)は不正解です。(B)は見積書のNoteで「内金を支払い済み」となっています。(C)は見積書のNoteで「内金をクレジットカードで支払い済み」となっていますし、残額の支払い方法には言及されていないので、不正解です。

----

102. 正解 (B) テーマ問題

【解説】

鉄則15▶ キーワードの言い換え表現にアンテナを張る

メッセージの第2段落後半にasked the apartment manager to let the crew begin unloadingと書いて、「自分が遅れて現地に着いた場合に備えて、引っ越し荷物の荷下ろしを作業員に始めさせるよう管理人に頼んだ旨を述べています。それがこのメッセージの目的と考えられるので、その言い換えの(B) To confirm that a building can be accessedが正解です。

----

103. 正解 (D) 詳細問題＋CR問題

【解説】

5月1日は見積書の日付で、その冒頭にある引っ越し予定日は5月27日～5月28日になっています。しかし、5月29日付のメッセージ第2段落1行目では、I just landed in Floridaとあり、その日にトラックも着くと書いています。つまり、到着予定が5月28日から29日に変更されたことになるので、(D) The arrival dateが正解です。

時短模試 クオーター①② 解答用紙

※[?]の□は、勘で解いた際にチェックしておくと復習時に役立ちます。

クオーター①

Part 1		Part 2		Part 3		Part 4		Part 5		Part 6		Part 7			
NO.	ANSWER A B C D [?]	NO.	ANSWER A B C [?]	NO.	ANSWER A B C D [?]	NO.	ANSWER A B C D [?]	NO.	ANSWER A B C D [?]	NO.	ANSWER A B C D [?]	NO.	ANSWER A B C D [?]	NO.	ANSWER A B C D [?]
1	ⒶⒷⒸⒹ□	2	ⒶⒷⒸ □	8	ⒶⒷⒸⒹ□	17	ⒶⒷⒸⒹ□	23	ⒶⒷⒸⒹ□	30	ⒶⒷⒸⒹ□	34	ⒶⒷⒸⒹ□	44	ⒶⒷⒸⒹ□
		3	ⒶⒷⒸ □	9	ⒶⒷⒸⒹ□	18	ⒶⒷⒸⒹ□	24	ⒶⒷⒸⒹ□	31	ⒶⒷⒸⒹ□	35	ⒶⒷⒸⒹ□		
		4	ⒶⒷⒸ □	10	ⒶⒷⒸⒹ□	19	ⒶⒷⒸⒹ□	25	ⒶⒷⒸⒹ□	32	ⒶⒷⒸⒹ□	36	ⒶⒷⒸⒹ□		
		5	ⒶⒷⒸ □	11	ⒶⒷⒸⒹ□	20	ⒶⒷⒸⒹ□	26	ⒶⒷⒸⒹ□	33	ⒶⒷⒸⒹ□	37	ⒶⒷⒸⒹ□		
		6	ⒶⒷⒸ □	12	ⒶⒷⒸⒹ□	21	ⒶⒷⒸⒹ□	27	ⒶⒷⒸⒹ□			38	ⒶⒷⒸⒹ□		
		7	ⒶⒷⒸ □	13	ⒶⒷⒸⒹ□	22	ⒶⒷⒸⒹ□	28	ⒶⒷⒸⒹ□			39	ⒶⒷⒸⒹ□		
				14	ⒶⒷⒸⒹ□			29	ⒶⒷⒸⒹ□			40	ⒶⒷⒸⒹ□		
				15	ⒶⒷⒸⒹ□							41	ⒶⒷⒸⒹ□		
				16	ⒶⒷⒸⒹ□							42	ⒶⒷⒸⒹ□		
												43	ⒶⒷⒸⒹ□		

クオーター②

Part 1		Part 2		Part 3		Part 4		Part 5		Part 6		Part 7			
NO.	ANSWER A B C D [?]	NO.	ANSWER A B C [?]	NO.	ANSWER A B C D [?]	NO.	ANSWER A B C D [?]	NO.	ANSWER A B C D [?]	NO.	ANSWER A B C D [?]	NO.	ANSWER A B C D [?]	NO.	ANSWER A B C D [?]
1	ⒶⒷⒸⒹ□	2	ⒶⒷⒸ □	8	ⒶⒷⒸⒹ□	17	ⒶⒷⒸⒹ□	23	ⒶⒷⒸⒹ□	30	ⒶⒷⒸⒹ□	34	ⒶⒷⒸⒹ□	44	ⒶⒷⒸⒹ□
		3	ⒶⒷⒸ □	9	ⒶⒷⒸⒹ□	18	ⒶⒷⒸⒹ□	24	ⒶⒷⒸⒹ□	31	ⒶⒷⒸⒹ□	35	ⒶⒷⒸⒹ□	45	ⒶⒷⒸⒹ□
		4	ⒶⒷⒸ □	10	ⒶⒷⒸⒹ□	19	ⒶⒷⒸⒹ□	25	ⒶⒷⒸⒹ□	32	ⒶⒷⒸⒹ□	36	ⒶⒷⒸⒹ□	46	ⒶⒷⒸⒹ□
		5	ⒶⒷⒸ □	11	ⒶⒷⒸⒹ□	20	ⒶⒷⒸⒹ□	26	ⒶⒷⒸⒹ□	33	ⒶⒷⒸⒹ□	37	ⒶⒷⒸⒹ□	47	ⒶⒷⒸⒹ□
		6	ⒶⒷⒸ □	12	ⒶⒷⒸⒹ□	21	ⒶⒷⒸⒹ□	27	ⒶⒷⒸⒹ□			38	ⒶⒷⒸⒹ□		
		7	ⒶⒷⒸ □	13	ⒶⒷⒸⒹ□	22	ⒶⒷⒸⒹ□	28	ⒶⒷⒸⒹ□			39	ⒶⒷⒸⒹ□		
				14	ⒶⒷⒸⒹ□			29	ⒶⒷⒸⒹ□			40	ⒶⒷⒸⒹ□		
				15	ⒶⒷⒸⒹ□							41	ⒶⒷⒸⒹ□		
				16	ⒶⒷⒸⒹ□							42	ⒶⒷⒸⒹ□		
												43	ⒶⒷⒸⒹ□		

※拡大コピーして使うことをお勧めします。　※ダウンロードセンターからPDFが入手可能です（詳しくはp. 10）

鉄則チェック・練習問題　解答用紙

※②の□は、勘で解いた際にチェックしておくと復習時に役立ちます。

LISTENING SECTION

Part 1

NO.	ANSWER ABCD ?
1	ⓐⒷⒸⒹ □
2	ⓐⒷⒸⒹ □
3	ⓐⒷⒸⒹ □
4	ⓐⒷⒸⒹ □

Part 2

NO.	ANSWER ABC ?
1	ⓐⒷⒸ □
2	ⓐⒷⒸ □
3	ⓐⒷⒸ □
4	ⓐⒷⒸ □
5	ⓐⒷⒸ □
6	ⓐⒷⒸ □
7	ⓐⒷⒸ □
8	ⓐⒷⒸ □
9	ⓐⒷⒸ □
10	ⓐⒷⒸ □

Part 3

NO.	ANSWER ABCD ?	NO.	ANSWER ABCD ?
1	ⓐⒷⒸⒹ □	11	ⓐⒷⒸⒹ □
2	ⓐⒷⒸⒹ □	12	ⓐⒷⒸⒹ □
3	ⓐⒷⒸⒹ □	13	ⓐⒷⒸⒹ □
4	ⓐⒷⒸⒹ □	14	ⓐⒷⒸⒹ □
5	ⓐⒷⒸⒹ □	15	ⓐⒷⒸⒹ □
6	ⓐⒷⒸⒹ □		
7	ⓐⒷⒸⒹ □		
8	ⓐⒷⒸⒹ □		
9	ⓐⒷⒸⒹ □		
10	ⓐⒷⒸⒹ □		

Part 4

NO.	ANSWER ABCD ?	NO.	ANSWER ABCD ?
1	ⓐⒷⒸⒹ □		
2	ⓐⒷⒸⒹ □		
3	ⓐⒷⒸⒹ □		
4	ⓐⒷⒸⒹ □		
5	ⓐⒷⒸⒹ □		
6	ⓐⒷⒸⒹ □		
7	ⓐⒷⒸⒹ □		
8	ⓐⒷⒸⒹ □		
9	ⓐⒷⒸⒹ □		

READING SECTION

Part 5

NO.	ANSWER ABCD ?	NO.	ANSWER ABCD ?
1	ⓐⒷⒸⒹ □	11	ⓐⒷⒸⒹ □
2	ⓐⒷⒸⒹ □	12	ⓐⒷⒸⒹ □
3	ⓐⒷⒸⒹ □	13	ⓐⒷⒸⒹ □
4	ⓐⒷⒸⒹ □	14	ⓐⒷⒸⒹ □
5	ⓐⒷⒸⒹ □	15	ⓐⒷⒸⒹ □
6	ⓐⒷⒸⒹ □	16	ⓐⒷⒸⒹ □
7	ⓐⒷⒸⒹ □	17	ⓐⒷⒸⒹ □
8	ⓐⒷⒸⒹ □	18	ⓐⒷⒸⒹ □
9	ⓐⒷⒸⒹ □		

Part 6

NO.	ANSWER ABCD ?	NO.	ANSWER ABCD ?
1	ⓐⒷⒸⒹ □	21	ⓐⒷⒸⒹ □
2	ⓐⒷⒸⒹ □	22	ⓐⒷⒸⒹ □
3	ⓐⒷⒸⒹ □		
4	ⓐⒷⒸⒹ □		
5	ⓐⒷⒸⒹ □		
6	ⓐⒷⒸⒹ □		
7	ⓐⒷⒸⒹ □		
8	ⓐⒷⒸⒹ □		

Part 7

NO.	ANSWER ABCD ?	NO.	ANSWER ABCD ?	NO.	ANSWER ABCD ?
1	ⓐⒷⒸⒹ □	11	ⓐⒷⒸⒹ □	21	ⓐⒷⒸⒹ □
2	ⓐⒷⒸⒹ □	12	ⓐⒷⒸⒹ □	22	ⓐⒷⒸⒹ □
3	ⓐⒷⒸⒹ □	13	ⓐⒷⒸⒹ □	23	ⓐⒷⒸⒹ □
4	ⓐⒷⒸⒹ □	14	ⓐⒷⒸⒹ □	24	ⓐⒷⒸⒹ □
5	ⓐⒷⒸⒹ □	15	ⓐⒷⒸⒹ □	25	ⓐⒷⒸⒹ □
6	ⓐⒷⒸⒹ □	16	ⓐⒷⒸⒹ □	26	ⓐⒷⒸⒹ □
7	ⓐⒷⒸⒹ □	17	ⓐⒷⒸⒹ □	27	ⓐⒷⒸⒹ □
8	ⓐⒷⒸⒹ □	18	ⓐⒷⒸⒹ □	28	ⓐⒷⒸⒹ □
9	ⓐⒷⒸⒹ □	19	ⓐⒷⒸⒹ □	29	ⓐⒷⒸⒹ □
10	ⓐⒷⒸⒹ □	20	ⓐⒷⒸⒹ □		

時短模試 クォーター―③④ 解答用紙

※ ? の □ は、勘で解いた際にチェックしておくと復習時に役立ちます。

クォーター―③

Part 1 NO.	ANSWER A B C D ?	Part 2 NO.	ANSWER A B C ?	Part 3 NO.	ANSWER A B C D ?	Part 4 NO.	ANSWER A B C D ?	Part 5 NO.	ANSWER A B C D ?	Part 6 NO.	ANSWER A B C D ?	Part 7 NO.	ANSWER A B C D ?	NO.	ANSWER A B C D ?
1	Ⓐ Ⓑ Ⓒ Ⓓ □	3	Ⓐ Ⓑ Ⓒ □	9	Ⓐ Ⓑ Ⓒ Ⓓ □	18	Ⓐ Ⓑ Ⓒ Ⓓ □	27	Ⓐ Ⓑ Ⓒ Ⓓ □	35	Ⓐ Ⓑ Ⓒ Ⓓ □	39	Ⓐ Ⓑ Ⓒ Ⓓ □	49	Ⓐ Ⓑ Ⓒ Ⓓ □
2	Ⓐ Ⓑ Ⓒ Ⓓ □	4	Ⓐ Ⓑ Ⓒ □	10	Ⓐ Ⓑ Ⓒ Ⓓ □	19	Ⓐ Ⓑ Ⓒ Ⓓ □	28	Ⓐ Ⓑ Ⓒ Ⓓ □	36	Ⓐ Ⓑ Ⓒ Ⓓ □	40	Ⓐ Ⓑ Ⓒ Ⓓ □	50	Ⓐ Ⓑ Ⓒ Ⓓ □
		5	Ⓐ Ⓑ Ⓒ □	11	Ⓐ Ⓑ Ⓒ Ⓓ □	20	Ⓐ Ⓑ Ⓒ Ⓓ □	29	Ⓐ Ⓑ Ⓒ Ⓓ □	37	Ⓐ Ⓑ Ⓒ Ⓓ □	41	Ⓐ Ⓑ Ⓒ Ⓓ □	51	Ⓐ Ⓑ Ⓒ Ⓓ □
		6	Ⓐ Ⓑ Ⓒ □	12	Ⓐ Ⓑ Ⓒ Ⓓ □	21	Ⓐ Ⓑ Ⓒ Ⓓ □	30	Ⓐ Ⓑ Ⓒ Ⓓ □	38	Ⓐ Ⓑ Ⓒ Ⓓ □	42	Ⓐ Ⓑ Ⓒ Ⓓ □	52	Ⓐ Ⓑ Ⓒ Ⓓ □
		7	Ⓐ Ⓑ Ⓒ □	13	Ⓐ Ⓑ Ⓒ Ⓓ □	22	Ⓐ Ⓑ Ⓒ Ⓓ □	31	Ⓐ Ⓑ Ⓒ Ⓓ □			43	Ⓐ Ⓑ Ⓒ Ⓓ □		
		8	Ⓐ Ⓑ Ⓒ □	14	Ⓐ Ⓑ Ⓒ Ⓓ □	23	Ⓐ Ⓑ Ⓒ Ⓓ □	32	Ⓐ Ⓑ Ⓒ Ⓓ □			44	Ⓐ Ⓑ Ⓒ Ⓓ □		
				15	Ⓐ Ⓑ Ⓒ Ⓓ □	24	Ⓐ Ⓑ Ⓒ Ⓓ □	33	Ⓐ Ⓑ Ⓒ Ⓓ □			45	Ⓐ Ⓑ Ⓒ Ⓓ □		
				16	Ⓐ Ⓑ Ⓒ Ⓓ □	25	Ⓐ Ⓑ Ⓒ Ⓓ □	34	Ⓐ Ⓑ Ⓒ Ⓓ □			46	Ⓐ Ⓑ Ⓒ Ⓓ □		
				17	Ⓐ Ⓑ Ⓒ Ⓓ □	26	Ⓐ Ⓑ Ⓒ Ⓓ □					47	Ⓐ Ⓑ Ⓒ Ⓓ □		
												48	Ⓐ Ⓑ Ⓒ Ⓓ □		

クォーター―④

Part 1 NO.	ANSWER A B C D ?	Part 2 NO.	ANSWER A B C ?	Part 3 NO.	ANSWER A B C D ?	Part 4 NO.	ANSWER A B C D ?	Part 5 NO.	ANSWER A B C D ?	Part 6 NO.	ANSWER A B C D ?	Part 7 NO.	ANSWER A B C D ?	NO.	ANSWER A B C D ?
1	Ⓐ Ⓑ Ⓒ Ⓓ □	3	Ⓐ Ⓑ Ⓒ □	10	Ⓐ Ⓑ Ⓒ Ⓓ □	20	Ⓐ Ⓑ Ⓒ Ⓓ □	22	Ⓐ Ⓑ Ⓒ Ⓓ □	31	Ⓐ Ⓑ Ⓒ Ⓓ □	39	Ⓐ Ⓑ Ⓒ Ⓓ □	43	Ⓐ Ⓑ Ⓒ Ⓓ □	53	Ⓐ Ⓑ Ⓒ Ⓓ □
2	Ⓐ Ⓑ Ⓒ Ⓓ □	4	Ⓐ Ⓑ Ⓒ □	11	Ⓐ Ⓑ Ⓒ Ⓓ □	21	Ⓐ Ⓑ Ⓒ Ⓓ □	23	Ⓐ Ⓑ Ⓒ Ⓓ □	32	Ⓐ Ⓑ Ⓒ Ⓓ □	40	Ⓐ Ⓑ Ⓒ Ⓓ □	44	Ⓐ Ⓑ Ⓒ Ⓓ □	54	Ⓐ Ⓑ Ⓒ Ⓓ □
		5	Ⓐ Ⓑ Ⓒ □	12	Ⓐ Ⓑ Ⓒ Ⓓ □			24	Ⓐ Ⓑ Ⓒ Ⓓ □	33	Ⓐ Ⓑ Ⓒ Ⓓ □	41	Ⓐ Ⓑ Ⓒ Ⓓ □	45	Ⓐ Ⓑ Ⓒ Ⓓ □	55	Ⓐ Ⓑ Ⓒ Ⓓ □
		6	Ⓐ Ⓑ Ⓒ □	13	Ⓐ Ⓑ Ⓒ Ⓓ □			25	Ⓐ Ⓑ Ⓒ Ⓓ □	34	Ⓐ Ⓑ Ⓒ Ⓓ □	42	Ⓐ Ⓑ Ⓒ Ⓓ □	46	Ⓐ Ⓑ Ⓒ Ⓓ □	56	Ⓐ Ⓑ Ⓒ Ⓓ □
		7	Ⓐ Ⓑ Ⓒ □	14	Ⓐ Ⓑ Ⓒ Ⓓ □			26	Ⓐ Ⓑ Ⓒ Ⓓ □	35	Ⓐ Ⓑ Ⓒ Ⓓ □			47	Ⓐ Ⓑ Ⓒ Ⓓ □	57	Ⓐ Ⓑ Ⓒ Ⓓ □
		8	Ⓐ Ⓑ Ⓒ □	15	Ⓐ Ⓑ Ⓒ Ⓓ □			27	Ⓐ Ⓑ Ⓒ Ⓓ □	36	Ⓐ Ⓑ Ⓒ Ⓓ □			48	Ⓐ Ⓑ Ⓒ Ⓓ □		
		9	Ⓐ Ⓑ Ⓒ □	16	Ⓐ Ⓑ Ⓒ Ⓓ □			28	Ⓐ Ⓑ Ⓒ Ⓓ □	37	Ⓐ Ⓑ Ⓒ Ⓓ □			49	Ⓐ Ⓑ Ⓒ Ⓓ □		
				17	Ⓐ Ⓑ Ⓒ Ⓓ □			29	Ⓐ Ⓑ Ⓒ Ⓓ □	38	Ⓐ Ⓑ Ⓒ Ⓓ □			50	Ⓐ Ⓑ Ⓒ Ⓓ □		
				18	Ⓐ Ⓑ Ⓒ Ⓓ □			30	Ⓐ Ⓑ Ⓒ Ⓓ □					51	Ⓐ Ⓑ Ⓒ Ⓓ □		
				19	Ⓐ Ⓑ Ⓒ Ⓓ □									52	Ⓐ Ⓑ Ⓒ Ⓓ □		

※拡大コピーして使うことをお勧めします。　※ダウンロードセンターから PDF が入手可能です（詳しくは p. 10）。

時短模試 ハーフ① 解答用紙

※?の□は、勘で解いた際にチェックしておくと復習時に役立ちます。

LISTENING SECTION

Part 1

NO.	ANSWER A B C D ?
1	Ⓐ Ⓑ Ⓒ Ⓓ □
2	Ⓐ Ⓑ Ⓒ Ⓓ □
3	Ⓐ Ⓑ Ⓒ Ⓓ □

Part 2

NO.	ANSWER A B C ?
4	Ⓐ Ⓑ Ⓒ □
5	Ⓐ Ⓑ Ⓒ □
6	Ⓐ Ⓑ Ⓒ □
7	Ⓐ Ⓑ Ⓒ □
8	Ⓐ Ⓑ Ⓒ □
9	Ⓐ Ⓑ Ⓒ □
10	Ⓐ Ⓑ Ⓒ □
11	Ⓐ Ⓑ Ⓒ □
12	Ⓐ Ⓑ Ⓒ □
13	Ⓐ Ⓑ Ⓒ □
14	Ⓐ Ⓑ Ⓒ □
15	Ⓐ Ⓑ Ⓒ □

Part 3

NO.	ANSWER A B C D ?
16	Ⓐ Ⓑ Ⓒ Ⓓ □
17	Ⓐ Ⓑ Ⓒ Ⓓ □
18	Ⓐ Ⓑ Ⓒ Ⓓ □
19	Ⓐ Ⓑ Ⓒ Ⓓ □
20	Ⓐ Ⓑ Ⓒ Ⓓ □
21	Ⓐ Ⓑ Ⓒ Ⓓ □
22	Ⓐ Ⓑ Ⓒ Ⓓ □
23	Ⓐ Ⓑ Ⓒ Ⓓ □
24	Ⓐ Ⓑ Ⓒ Ⓓ □
25	Ⓐ Ⓑ Ⓒ Ⓓ □
26	Ⓐ Ⓑ Ⓒ Ⓓ □
27	Ⓐ Ⓑ Ⓒ Ⓓ □
28	Ⓐ Ⓑ Ⓒ Ⓓ □
29	Ⓐ Ⓑ Ⓒ Ⓓ □
30	Ⓐ Ⓑ Ⓒ Ⓓ □
31	Ⓐ Ⓑ Ⓒ Ⓓ □
32	Ⓐ Ⓑ Ⓒ Ⓓ □
33	Ⓐ Ⓑ Ⓒ Ⓓ □

Part 4

NO.	ANSWER A B C D ?
34	Ⓐ Ⓑ Ⓒ Ⓓ □
35	Ⓐ Ⓑ Ⓒ Ⓓ □
36	Ⓐ Ⓑ Ⓒ Ⓓ □
37	Ⓐ Ⓑ Ⓒ Ⓓ □
38	Ⓐ Ⓑ Ⓒ Ⓓ □
39	Ⓐ Ⓑ Ⓒ Ⓓ □
40	Ⓐ Ⓑ Ⓒ Ⓓ □
41	Ⓐ Ⓑ Ⓒ Ⓓ □
42	Ⓐ Ⓑ Ⓒ Ⓓ □
43	Ⓐ Ⓑ Ⓒ Ⓓ □
44	Ⓐ Ⓑ Ⓒ Ⓓ □
45	Ⓐ Ⓑ Ⓒ Ⓓ □
46	Ⓐ Ⓑ Ⓒ Ⓓ □
47	Ⓐ Ⓑ Ⓒ Ⓓ □
48	Ⓐ Ⓑ Ⓒ Ⓓ □

READING SECTION

Part 5

NO.	ANSWER A B C D ?
49	Ⓐ Ⓑ Ⓒ Ⓓ □
50	Ⓐ Ⓑ Ⓒ Ⓓ □
51	Ⓐ Ⓑ Ⓒ Ⓓ □
52	Ⓐ Ⓑ Ⓒ Ⓓ □
53	Ⓐ Ⓑ Ⓒ Ⓓ □
54	Ⓐ Ⓑ Ⓒ Ⓓ □
55	Ⓐ Ⓑ Ⓒ Ⓓ □
56	Ⓐ Ⓑ Ⓒ Ⓓ □
57	Ⓐ Ⓑ Ⓒ Ⓓ □
58	Ⓐ Ⓑ Ⓒ Ⓓ □

NO.	ANSWER A B C D ?
59	Ⓐ Ⓑ Ⓒ Ⓓ □
60	Ⓐ Ⓑ Ⓒ Ⓓ □
61	Ⓐ Ⓑ Ⓒ Ⓓ □
62	Ⓐ Ⓑ Ⓒ Ⓓ □
63	Ⓐ Ⓑ Ⓒ Ⓓ □

Part 6

NO.	ANSWER A B C D ?
64	Ⓐ Ⓑ Ⓒ Ⓓ □
65	Ⓐ Ⓑ Ⓒ Ⓓ □
66	Ⓐ Ⓑ Ⓒ Ⓓ □
67	Ⓐ Ⓑ Ⓒ Ⓓ □
68	Ⓐ Ⓑ Ⓒ Ⓓ □
69	Ⓐ Ⓑ Ⓒ Ⓓ □
70	Ⓐ Ⓑ Ⓒ Ⓓ □
71	Ⓐ Ⓑ Ⓒ Ⓓ □

Part 7

NO.	ANSWER A B C D ?
72	Ⓐ Ⓑ Ⓒ Ⓓ □
73	Ⓐ Ⓑ Ⓒ Ⓓ □
74	Ⓐ Ⓑ Ⓒ Ⓓ □
75	Ⓐ Ⓑ Ⓒ Ⓓ □
76	Ⓐ Ⓑ Ⓒ Ⓓ □
77	Ⓐ Ⓑ Ⓒ Ⓓ □
78	Ⓐ Ⓑ Ⓒ Ⓓ □
79	Ⓐ Ⓑ Ⓒ Ⓓ □
80	Ⓐ Ⓑ Ⓒ Ⓓ □
81	Ⓐ Ⓑ Ⓒ Ⓓ □

NO.	ANSWER A B C D ?
82	Ⓐ Ⓑ Ⓒ Ⓓ □
83	Ⓐ Ⓑ Ⓒ Ⓓ □
84	Ⓐ Ⓑ Ⓒ Ⓓ □
85	Ⓐ Ⓑ Ⓒ Ⓓ □
86	Ⓐ Ⓑ Ⓒ Ⓓ □
87	Ⓐ Ⓑ Ⓒ Ⓓ □
88	Ⓐ Ⓑ Ⓒ Ⓓ □
89	Ⓐ Ⓑ Ⓒ Ⓓ □
90	Ⓐ Ⓑ Ⓒ Ⓓ □
91	Ⓐ Ⓑ Ⓒ Ⓓ □

NO.	ANSWER A B C D ?
92	Ⓐ Ⓑ Ⓒ Ⓓ □
93	Ⓐ Ⓑ Ⓒ Ⓓ □
94	Ⓐ Ⓑ Ⓒ Ⓓ □
95	Ⓐ Ⓑ Ⓒ Ⓓ □
96	Ⓐ Ⓑ Ⓒ Ⓓ □
97	Ⓐ Ⓑ Ⓒ Ⓓ □

※拡大コピーして使うことをお勧めします。　※ダウンロードセンターから PDF が入手可能です（詳しくは p. 10）。

時短模試 パート② 解答用紙

※②の□は、勘で解いた際にチェックしておくと復習時に役立ちます。

LISTENING SECTION

Part 1
NO.	ANSWER A B C D ②
1	Ⓐ Ⓑ Ⓒ Ⓓ □
2	Ⓐ Ⓑ Ⓒ Ⓓ □
3	Ⓐ Ⓑ Ⓒ Ⓓ □

Part 2
NO.	ANSWER A B C ②
4	Ⓐ Ⓑ Ⓒ □
5	Ⓐ Ⓑ Ⓒ □
6	Ⓐ Ⓑ Ⓒ □
7	Ⓐ Ⓑ Ⓒ □
8	Ⓐ Ⓑ Ⓒ □
9	Ⓐ Ⓑ Ⓒ □
10	Ⓐ Ⓑ Ⓒ □
11	Ⓐ Ⓑ Ⓒ □
12	Ⓐ Ⓑ Ⓒ □
13	Ⓐ Ⓑ Ⓒ □
14	Ⓐ Ⓑ Ⓒ □
15	Ⓐ Ⓑ Ⓒ □
16	Ⓐ Ⓑ Ⓒ □

Part 3
NO.	ANSWER A B C D ②
17	Ⓐ Ⓑ Ⓒ Ⓓ □
18	Ⓐ Ⓑ Ⓒ Ⓓ □
19	Ⓐ Ⓑ Ⓒ Ⓓ □
20	Ⓐ Ⓑ Ⓒ Ⓓ □
21	Ⓐ Ⓑ Ⓒ Ⓓ □
22	Ⓐ Ⓑ Ⓒ Ⓓ □
23	Ⓐ Ⓑ Ⓒ Ⓓ □
24	Ⓐ Ⓑ Ⓒ Ⓓ □
25	Ⓐ Ⓑ Ⓒ Ⓓ □
26	Ⓐ Ⓑ Ⓒ Ⓓ □
27	Ⓐ Ⓑ Ⓒ Ⓓ □
28	Ⓐ Ⓑ Ⓒ Ⓓ □
29	Ⓐ Ⓑ Ⓒ Ⓓ □
30	Ⓐ Ⓑ Ⓒ Ⓓ □
31	Ⓐ Ⓑ Ⓒ Ⓓ □
32	Ⓐ Ⓑ Ⓒ Ⓓ □
33	Ⓐ Ⓑ Ⓒ Ⓓ □
34	Ⓐ Ⓑ Ⓒ Ⓓ □
35	Ⓐ Ⓑ Ⓒ Ⓓ □
36	Ⓐ Ⓑ Ⓒ Ⓓ □
37	Ⓐ Ⓑ Ⓒ Ⓓ □

Part 4
NO.	ANSWER A B C D ②
38	Ⓐ Ⓑ Ⓒ Ⓓ □
39	Ⓐ Ⓑ Ⓒ Ⓓ □
40	Ⓐ Ⓑ Ⓒ Ⓓ □
41	Ⓐ Ⓑ Ⓒ Ⓓ □
42	Ⓐ Ⓑ Ⓒ Ⓓ □
43	Ⓐ Ⓑ Ⓒ Ⓓ □
44	Ⓐ Ⓑ Ⓒ Ⓓ □
45	Ⓐ Ⓑ Ⓒ Ⓓ □
46	Ⓐ Ⓑ Ⓒ Ⓓ □
47	Ⓐ Ⓑ Ⓒ Ⓓ □
48	Ⓐ Ⓑ Ⓒ Ⓓ □
49	Ⓐ Ⓑ Ⓒ Ⓓ □
50	Ⓐ Ⓑ Ⓒ Ⓓ □
51	Ⓐ Ⓑ Ⓒ Ⓓ □
52	Ⓐ Ⓑ Ⓒ Ⓓ □

READING SECTION

Part 5
NO.	ANSWER A B C D ②
53	Ⓐ Ⓑ Ⓒ Ⓓ □
54	Ⓐ Ⓑ Ⓒ Ⓓ □
55	Ⓐ Ⓑ Ⓒ Ⓓ □
56	Ⓐ Ⓑ Ⓒ Ⓓ □
57	Ⓐ Ⓑ Ⓒ Ⓓ □
58	Ⓐ Ⓑ Ⓒ Ⓓ □
59	Ⓐ Ⓑ Ⓒ Ⓓ □
60	Ⓐ Ⓑ Ⓒ Ⓓ □
61	Ⓐ Ⓑ Ⓒ Ⓓ □
62	Ⓐ Ⓑ Ⓒ Ⓓ □

Part 6
NO.	ANSWER A B C D ②
63	Ⓐ Ⓑ Ⓒ Ⓓ □
64	Ⓐ Ⓑ Ⓒ Ⓓ □
65	Ⓐ Ⓑ Ⓒ Ⓓ □
66	Ⓐ Ⓑ Ⓒ Ⓓ □
67	Ⓐ Ⓑ Ⓒ Ⓓ □
68	Ⓐ Ⓑ Ⓒ Ⓓ □
69	Ⓐ Ⓑ Ⓒ Ⓓ □
70	Ⓐ Ⓑ Ⓒ Ⓓ □
71	Ⓐ Ⓑ Ⓒ Ⓓ □
72	Ⓐ Ⓑ Ⓒ Ⓓ □
73	Ⓐ Ⓑ Ⓒ Ⓓ □
74	Ⓐ Ⓑ Ⓒ Ⓓ □
75	Ⓐ Ⓑ Ⓒ Ⓓ □

Part 7
NO.	ANSWER A B C D ②
76	Ⓐ Ⓑ Ⓒ Ⓓ □
77	Ⓐ Ⓑ Ⓒ Ⓓ □
78	Ⓐ Ⓑ Ⓒ Ⓓ □
79	Ⓐ Ⓑ Ⓒ Ⓓ □
80	Ⓐ Ⓑ Ⓒ Ⓓ □
81	Ⓐ Ⓑ Ⓒ Ⓓ □
82	Ⓐ Ⓑ Ⓒ Ⓓ □
83	Ⓐ Ⓑ Ⓒ Ⓓ □
84	Ⓐ Ⓑ Ⓒ Ⓓ □
85	Ⓐ Ⓑ Ⓒ Ⓓ □
86	Ⓐ Ⓑ Ⓒ Ⓓ □
87	Ⓐ Ⓑ Ⓒ Ⓓ □
88	Ⓐ Ⓑ Ⓒ Ⓓ □
89	Ⓐ Ⓑ Ⓒ Ⓓ □
90	Ⓐ Ⓑ Ⓒ Ⓓ □
91	Ⓐ Ⓑ Ⓒ Ⓓ □
92	Ⓐ Ⓑ Ⓒ Ⓓ □
93	Ⓐ Ⓑ Ⓒ Ⓓ □
94	Ⓐ Ⓑ Ⓒ Ⓓ □
95	Ⓐ Ⓑ Ⓒ Ⓓ □
96	Ⓐ Ⓑ Ⓒ Ⓓ □
97	Ⓐ Ⓑ Ⓒ Ⓓ □
98	Ⓐ Ⓑ Ⓒ Ⓓ □
99	Ⓐ Ⓑ Ⓒ Ⓓ □
100	Ⓐ Ⓑ Ⓒ Ⓓ □
101	Ⓐ Ⓑ Ⓒ Ⓓ □
102	Ⓐ Ⓑ Ⓒ Ⓓ □
103	Ⓐ Ⓑ Ⓒ Ⓓ □

※拡大コピーして使うことをお勧めします。　※ダウンロードセンターからPDFが入手可能です（詳しくはp. 10）。

ダウンロード特典　完全模試(200問)　解答用紙

※⑦の□は、勘で解いた際にチェックしておくと復習時に役立ちます。

LISTENING SECTION

Part 1

NO.	ANSWER
1	Ⓐ Ⓑ Ⓒ
2	Ⓐ Ⓑ Ⓒ
3	Ⓐ Ⓑ Ⓒ
4	Ⓐ Ⓑ Ⓒ
5	Ⓐ Ⓑ Ⓒ
6	Ⓐ Ⓑ Ⓒ

Part 2

NO.	ANSWER
7	Ⓐ Ⓑ Ⓒ
8	Ⓐ Ⓑ Ⓒ
9	Ⓐ Ⓑ Ⓒ
10	Ⓐ Ⓑ Ⓒ
11	Ⓐ Ⓑ Ⓒ
12	Ⓐ Ⓑ Ⓒ
13	Ⓐ Ⓑ Ⓒ
14	Ⓐ Ⓑ Ⓒ
15	Ⓐ Ⓑ Ⓒ
16	Ⓐ Ⓑ Ⓒ
17	Ⓐ Ⓑ Ⓒ
18	Ⓐ Ⓑ Ⓒ
19	Ⓐ Ⓑ Ⓒ
20	Ⓐ Ⓑ Ⓒ
21	Ⓐ Ⓑ Ⓒ
22	Ⓐ Ⓑ Ⓒ
23	Ⓐ Ⓑ Ⓒ
24	Ⓐ Ⓑ Ⓒ
25	Ⓐ Ⓑ Ⓒ
26	Ⓐ Ⓑ Ⓒ
27	Ⓐ Ⓑ Ⓒ
28	Ⓐ Ⓑ Ⓒ
29	Ⓐ Ⓑ Ⓒ
30	Ⓐ Ⓑ Ⓒ
31	Ⓐ Ⓑ Ⓒ

Part 3

NO.	ANSWER	NO.	ANSWER
32	Ⓐ Ⓑ Ⓒ Ⓓ ⑦	51	Ⓐ Ⓑ Ⓒ Ⓓ ⑦
33	Ⓐ Ⓑ Ⓒ Ⓓ ⑦	52	Ⓐ Ⓑ Ⓒ Ⓓ ⑦
34	Ⓐ Ⓑ Ⓒ Ⓓ ⑦	53	Ⓐ Ⓑ Ⓒ Ⓓ ⑦
35	Ⓐ Ⓑ Ⓒ Ⓓ ⑦	54	Ⓐ Ⓑ Ⓒ Ⓓ ⑦
36	Ⓐ Ⓑ Ⓒ Ⓓ ⑦	55	Ⓐ Ⓑ Ⓒ Ⓓ ⑦
37	Ⓐ Ⓑ Ⓒ Ⓓ ⑦	56	Ⓐ Ⓑ Ⓒ Ⓓ ⑦
38	Ⓐ Ⓑ Ⓒ Ⓓ ⑦	57	Ⓐ Ⓑ Ⓒ Ⓓ ⑦
39	Ⓐ Ⓑ Ⓒ Ⓓ ⑦	58	Ⓐ Ⓑ Ⓒ Ⓓ ⑦
40	Ⓐ Ⓑ Ⓒ Ⓓ ⑦	59	Ⓐ Ⓑ Ⓒ Ⓓ ⑦
41	Ⓐ Ⓑ Ⓒ Ⓓ ⑦	60	Ⓐ Ⓑ Ⓒ Ⓓ ⑦
42	Ⓐ Ⓑ Ⓒ Ⓓ ⑦	61	Ⓐ Ⓑ Ⓒ Ⓓ ⑦
43	Ⓐ Ⓑ Ⓒ Ⓓ ⑦	62	Ⓐ Ⓑ Ⓒ Ⓓ ⑦
44	Ⓐ Ⓑ Ⓒ Ⓓ ⑦	63	Ⓐ Ⓑ Ⓒ Ⓓ ⑦
45	Ⓐ Ⓑ Ⓒ Ⓓ ⑦	64	Ⓐ Ⓑ Ⓒ Ⓓ ⑦
46	Ⓐ Ⓑ Ⓒ Ⓓ ⑦	65	Ⓐ Ⓑ Ⓒ Ⓓ ⑦
47	Ⓐ Ⓑ Ⓒ Ⓓ ⑦	66	Ⓐ Ⓑ Ⓒ Ⓓ ⑦
48	Ⓐ Ⓑ Ⓒ Ⓓ ⑦	67	Ⓐ Ⓑ Ⓒ Ⓓ ⑦
49	Ⓐ Ⓑ Ⓒ Ⓓ ⑦	68	Ⓐ Ⓑ Ⓒ Ⓓ ⑦
50	Ⓐ Ⓑ Ⓒ Ⓓ ⑦	69	Ⓐ Ⓑ Ⓒ Ⓓ ⑦
		70	Ⓐ Ⓑ Ⓒ Ⓓ ⑦

Part 4

NO.	ANSWER	NO.	ANSWER
71	Ⓐ Ⓑ Ⓒ Ⓓ ⑦	81	Ⓐ Ⓑ Ⓒ Ⓓ ⑦
72	Ⓐ Ⓑ Ⓒ Ⓓ ⑦	82	Ⓐ Ⓑ Ⓒ Ⓓ ⑦
73	Ⓐ Ⓑ Ⓒ Ⓓ ⑦	83	Ⓐ Ⓑ Ⓒ Ⓓ ⑦
74	Ⓐ Ⓑ Ⓒ Ⓓ ⑦	84	Ⓐ Ⓑ Ⓒ Ⓓ ⑦
75	Ⓐ Ⓑ Ⓒ Ⓓ ⑦	85	Ⓐ Ⓑ Ⓒ Ⓓ ⑦
76	Ⓐ Ⓑ Ⓒ Ⓓ ⑦	86	Ⓐ Ⓑ Ⓒ Ⓓ ⑦
77	Ⓐ Ⓑ Ⓒ Ⓓ ⑦	87	Ⓐ Ⓑ Ⓒ Ⓓ ⑦
78	Ⓐ Ⓑ Ⓒ Ⓓ ⑦	88	Ⓐ Ⓑ Ⓒ Ⓓ ⑦
79	Ⓐ Ⓑ Ⓒ Ⓓ ⑦	89	Ⓐ Ⓑ Ⓒ Ⓓ ⑦
80	Ⓐ Ⓑ Ⓒ Ⓓ ⑦	90	Ⓐ Ⓑ Ⓒ Ⓓ ⑦
91	Ⓐ Ⓑ Ⓒ Ⓓ ⑦		
92	Ⓐ Ⓑ Ⓒ Ⓓ ⑦		
93	Ⓐ Ⓑ Ⓒ Ⓓ ⑦		
94	Ⓐ Ⓑ Ⓒ Ⓓ ⑦		
95	Ⓐ Ⓑ Ⓒ Ⓓ ⑦		
96	Ⓐ Ⓑ Ⓒ Ⓓ ⑦		
97	Ⓐ Ⓑ Ⓒ Ⓓ ⑦		
98	Ⓐ Ⓑ Ⓒ Ⓓ ⑦		
99	Ⓐ Ⓑ Ⓒ Ⓓ ⑦		
100	Ⓐ Ⓑ Ⓒ Ⓓ ⑦		

READING SECTION

Part 5

NO.	ANSWER
101	Ⓐ Ⓑ Ⓒ Ⓓ ⑦
102	Ⓐ Ⓑ Ⓒ Ⓓ ⑦
103	Ⓐ Ⓑ Ⓒ Ⓓ ⑦
104	Ⓐ Ⓑ Ⓒ Ⓓ ⑦
105	Ⓐ Ⓑ Ⓒ Ⓓ ⑦
106	Ⓐ Ⓑ Ⓒ Ⓓ ⑦
107	Ⓐ Ⓑ Ⓒ Ⓓ ⑦
108	Ⓐ Ⓑ Ⓒ Ⓓ ⑦
109	Ⓐ Ⓑ Ⓒ Ⓓ ⑦
110	Ⓐ Ⓑ Ⓒ Ⓓ ⑦
111	Ⓐ Ⓑ Ⓒ Ⓓ ⑦
112	Ⓐ Ⓑ Ⓒ Ⓓ ⑦
113	Ⓐ Ⓑ Ⓒ Ⓓ ⑦
114	Ⓐ Ⓑ Ⓒ Ⓓ ⑦
115	Ⓐ Ⓑ Ⓒ Ⓓ ⑦
116	Ⓐ Ⓑ Ⓒ Ⓓ ⑦
117	Ⓐ Ⓑ Ⓒ Ⓓ ⑦
118	Ⓐ Ⓑ Ⓒ Ⓓ ⑦
119	Ⓐ Ⓑ Ⓒ Ⓓ ⑦
120	Ⓐ Ⓑ Ⓒ Ⓓ ⑦
121	Ⓐ Ⓑ Ⓒ Ⓓ ⑦
122	Ⓐ Ⓑ Ⓒ Ⓓ ⑦
123	Ⓐ Ⓑ Ⓒ Ⓓ ⑦
124	Ⓐ Ⓑ Ⓒ Ⓓ ⑦
125	Ⓐ Ⓑ Ⓒ Ⓓ ⑦
126	Ⓐ Ⓑ Ⓒ Ⓓ ⑦
127	Ⓐ Ⓑ Ⓒ Ⓓ ⑦
128	Ⓐ Ⓑ Ⓒ Ⓓ ⑦
129	Ⓐ Ⓑ Ⓒ Ⓓ ⑦
130	Ⓐ Ⓑ Ⓒ Ⓓ ⑦

Part 6

NO.	ANSWER
131	Ⓐ Ⓑ Ⓒ Ⓓ ⑦
132	Ⓐ Ⓑ Ⓒ Ⓓ ⑦
133	Ⓐ Ⓑ Ⓒ Ⓓ ⑦
134	Ⓐ Ⓑ Ⓒ Ⓓ ⑦
135	Ⓐ Ⓑ Ⓒ Ⓓ ⑦
136	Ⓐ Ⓑ Ⓒ Ⓓ ⑦
137	Ⓐ Ⓑ Ⓒ Ⓓ ⑦
138	Ⓐ Ⓑ Ⓒ Ⓓ ⑦
139	Ⓐ Ⓑ Ⓒ Ⓓ ⑦
140	Ⓐ Ⓑ Ⓒ Ⓓ ⑦

Part 7

NO.	ANSWER	NO.	ANSWER
141	Ⓐ Ⓑ Ⓒ Ⓓ ⑦	171	Ⓐ Ⓑ Ⓒ Ⓓ ⑦
142	Ⓐ Ⓑ Ⓒ Ⓓ ⑦	172	Ⓐ Ⓑ Ⓒ Ⓓ ⑦
143	Ⓐ Ⓑ Ⓒ Ⓓ ⑦	173	Ⓐ Ⓑ Ⓒ Ⓓ ⑦
144	Ⓐ Ⓑ Ⓒ Ⓓ ⑦	174	Ⓐ Ⓑ Ⓒ Ⓓ ⑦
145	Ⓐ Ⓑ Ⓒ Ⓓ ⑦	175	Ⓐ Ⓑ Ⓒ Ⓓ ⑦
146	Ⓐ Ⓑ Ⓒ Ⓓ ⑦	176	Ⓐ Ⓑ Ⓒ Ⓓ ⑦
147	Ⓐ Ⓑ Ⓒ Ⓓ ⑦	177	Ⓐ Ⓑ Ⓒ Ⓓ ⑦
148	Ⓐ Ⓑ Ⓒ Ⓓ ⑦	178	Ⓐ Ⓑ Ⓒ Ⓓ ⑦
149	Ⓐ Ⓑ Ⓒ Ⓓ ⑦	179	Ⓐ Ⓑ Ⓒ Ⓓ ⑦
150	Ⓐ Ⓑ Ⓒ Ⓓ ⑦	180	Ⓐ Ⓑ Ⓒ Ⓓ ⑦
151	Ⓐ Ⓑ Ⓒ Ⓓ ⑦	181	Ⓐ Ⓑ Ⓒ Ⓓ ⑦
152	Ⓐ Ⓑ Ⓒ Ⓓ ⑦	182	Ⓐ Ⓑ Ⓒ Ⓓ ⑦
153	Ⓐ Ⓑ Ⓒ Ⓓ ⑦	183	Ⓐ Ⓑ Ⓒ Ⓓ ⑦
154	Ⓐ Ⓑ Ⓒ Ⓓ ⑦	184	Ⓐ Ⓑ Ⓒ Ⓓ ⑦
155	Ⓐ Ⓑ Ⓒ Ⓓ ⑦	185	Ⓐ Ⓑ Ⓒ Ⓓ ⑦
156	Ⓐ Ⓑ Ⓒ Ⓓ ⑦	186	Ⓐ Ⓑ Ⓒ Ⓓ ⑦
157	Ⓐ Ⓑ Ⓒ Ⓓ ⑦	187	Ⓐ Ⓑ Ⓒ Ⓓ ⑦
158	Ⓐ Ⓑ Ⓒ Ⓓ ⑦	188	Ⓐ Ⓑ Ⓒ Ⓓ ⑦
159	Ⓐ Ⓑ Ⓒ Ⓓ ⑦	189	Ⓐ Ⓑ Ⓒ Ⓓ ⑦
160	Ⓐ Ⓑ Ⓒ Ⓓ ⑦	190	Ⓐ Ⓑ Ⓒ Ⓓ ⑦
161	Ⓐ Ⓑ Ⓒ Ⓓ ⑦	191	Ⓐ Ⓑ Ⓒ Ⓓ ⑦
162	Ⓐ Ⓑ Ⓒ Ⓓ ⑦	192	Ⓐ Ⓑ Ⓒ Ⓓ ⑦
163	Ⓐ Ⓑ Ⓒ Ⓓ ⑦	193	Ⓐ Ⓑ Ⓒ Ⓓ ⑦
164	Ⓐ Ⓑ Ⓒ Ⓓ ⑦	194	Ⓐ Ⓑ Ⓒ Ⓓ ⑦
165	Ⓐ Ⓑ Ⓒ Ⓓ ⑦	195	Ⓐ Ⓑ Ⓒ Ⓓ ⑦
166	Ⓐ Ⓑ Ⓒ Ⓓ ⑦	196	Ⓐ Ⓑ Ⓒ Ⓓ ⑦
167	Ⓐ Ⓑ Ⓒ Ⓓ ⑦	197	Ⓐ Ⓑ Ⓒ Ⓓ ⑦
168	Ⓐ Ⓑ Ⓒ Ⓓ ⑦	198	Ⓐ Ⓑ Ⓒ Ⓓ ⑦
169	Ⓐ Ⓑ Ⓒ Ⓓ ⑦	199	Ⓐ Ⓑ Ⓒ Ⓓ ⑦
170	Ⓐ Ⓑ Ⓒ Ⓓ ⑦	200	Ⓐ Ⓑ Ⓒ Ⓓ ⑦

※拡大コピーして使うことをお勧めします。　※ダウンロードセンターから PDF が入手可能です（詳しくは p. 10）。

小石裕子（こいし ゆうこ）

英語講師。京都産業大学非常勤講師。商社勤務を経て英語学校、大学、企業などで TOEIC、TOEFL、英検などの英語学習の指導に当たる。英検1級、TOEIC®L&R テスト990点（満点）取得。著書には『はじめて受ける TOEIC®L&R テスト全パート完全攻略』『TOEIC®L&R テスト全パート完全攻略800点＋』、『TOEIC®L&R テスト英文法出るとこだけ！』をはじめとする「出るとこだけ！」シリーズ、『TOEIC® テスト 中学英文法で600点！』（いずれもアルク刊）など多数。著者累計部数は100万部を突破している。

TOEIC® L&Rテスト 全パート完全攻略 問題集

発行日　2023年7月18日（初版）

著者　小石裕子

編集　株式会社アルク 出版編集部
編集協力　大塚智美
問題作成（一部）　合同会社トップクラウドコラボレーション
校正　いしもとあやこ／Peter Branscombe／Margaret Stalker
ナレーション　Howard Colefield（米）／Andree Dufleit（加）／Emma Howard（英）／
　　　　　　　Chris Koprowski（米）／Stuart O（豪）

ブックデザイン　池上幸一
DTP　朝日メディアインターナショナル株式会社
印刷・製本　シナノ印刷株式会社
録音・編集　一般財団法人 英語教育協議会（ELEC）
カバー写真　©SOURCENEXT CORPORATION/amanaimages

発行者　天野智之
発行所　株式会社アルク
〒102-0073　東京都千代田区九段北4-2-6　市ヶ谷ビル
Website：https://www.alc.co.jp/

地球人ネットワークを創る

アルクのシンボル
「地球人マーク」です。